a commentary
on the Acts
of the Apostles

전도 동력이 임하는
십자가 복음에서
하나님 나라 복음으로

민경설 지음

쿰란출판사

"이르되 주 예수를 믿으라
그리하면 너와 네 집이 구원을 받으리라 하고"

사도행전 16:31

들/어/가/며

십자가 복음에서 하나님 나라 복음으로

어느 기독교 신문에서 코로나 팬데믹(pandemic) 이후 한국교회 기독교인이 30% 이상 감소했다는 안타까운 기사를 보았다. 코로나 팬데믹(pandemic)이 지난 지 수년이 지났는데도 아직도 한국교회는 코로나 이전으로 회복되지 못하고 있어서 교회들의 걱정이 어느 때보다 커지고 있다. 그런 면에서 세상의 죄악과 어둠은 더욱 짙어가고 있고 사회가 교회를 바라보는 시각도 예전보다 더욱 차가워지고 있다. 그러면서 현대 교인들의 한없는 영적인 갈증의 허덕임과 끝없는 방황의 모습은 아모스 선지자의 말씀을 더 깊이 상기하게 한다.

"주 여호와의 말씀이니라 보라 날이 이를지라 내가 기근을 땅에 보내리니 양식이 없어 주림이 아니며 물이 없어 갈함이 아니요 여호와의 말씀을 듣지 못한 기갈이라 사람이 이 바다에서 저 바다까지, 북쪽에서 동쪽까지 비틀거리며 여호와의 말씀을 구하려고 돌아다녀도 얻지 못하리니"(암 8:11-12).

나는 40년간 목회를 하면서 35년 동안 전도 동력 세미나를 열어온 사람으로 오늘날 한국교회의 현 상황에 무한 책임을 통감한다. 어떻게 오늘의 교회가 다시 전도하며 부흥할 수 있을까? 수많은 날을 고뇌하면서 기도했다. 그러던 어느 날 마음속에 사도행전으로 돌아가라는 레마(Rhema)의 주님 음성을 들었다. 그리고 나는 사도행전을 처음부터 강해 설교하면서 초대교회가 그 엄청난 어려움과 어둠의 상황을 십자가 복음에서 하나님 나라 복음으로 나갈 때 어둠을

깨트리고 승리했다는 확신을 하게 되었다

"빌립이 하나님 나라와 및 예수 그리스도의 이름에 관하여 전도함을 그들이 믿고 남녀가 다 세례를 받으니 시몬도 믿고 세례를 받은 후에 전심으로 빌립을 따라다니며 그 나타나는 표적과 큰 능력을 보고 놀라니라"(행 8:12-13).

그렇다. 우리 한국교회는 기독교 복음이 십자가 부활의 복음, 죄 사함 복음을 전부로 알고 전파하여 왔지만 거기서 더 발전하지 못한 것이 사실이다. 그래서 우리 한국교회가 구원의 확신과 도덕적 행위 개선은 있었는지 모르지만, 실제 교회와 성도의 자신의 영적 능력은 약해지고 말만 앞세우고 분쟁이 많은 교회가 된 것도 사실이다.

"내 말과 내 전도함이 설득력 있는 지혜의 말로 하지 아니하고 다만 성령의 나타나심과 능력으로 하여 너희 믿음이 사람의 지혜에 있지 아니하고 다만 하나님의 능력에 있게 하려 하였노라"(고전 2:4-5).

"하나님의 나라는 말에 있지 아니하고 오직 능력에 있음이라"(고전 4:20).

여기서 우리는 사복음서에 담긴 주님의 공생애 동안 주님이 전하고자 하는 복음이 무엇인가를 생각해 보아야 한다. 주님이 우리에게 꼭 전하려고 했던 복음은 십자가 복음이 전부가 아니라 하나님 나라의 복음이라는 사실이다.

"예수께서 이르시되 내가 다른 동네들에서도 하나님의 나라 복음을 전하여야 하리니 나는 이 일을 위해 보내심을 받았노라 하시고"(눅 4:43).

십자가 복음이 중요하지 않다는 것이 아니다. 하나님의 나라 복음에 들어가기 위해 십자가 복음, 회개의 복음이 필요하다는 사실이다.

"이르시되 때가 찼고 하나님의 나라가 가까이 왔으니 회개하고 복음을 믿으라 하시더라"(막 1:15).

그런데 사탄, 마귀는 성도들이 하나님 나라 복음을 모르게 하고 오직 십자가 부활의 복음, 회개 복음만 믿으면 죄를 용서받고, 천국 간다는 말씀으로 우리를 속이고 있다. 이는 복음을 반밖에 모르는 것이다. 우리가 영적으로 깨달아서 하나님의 나라로 침노해야 한다. 이것이 절대적 복음의 요구이다. 하나님 나라는 지금 여기에 와 있기 때문이다.

"세례 요한의 때부터 지금까지 천국은 침노를 당하나니 침노하는 자는 빼앗느니라"(마 11:12).

"율법과 선지자는 요한의 때까지요 그 후부터는 하나님 나라의 복음이 전파되어 사람마다 그리로 침입하느니라"(눅 16:16).

"또 여기 있다 저기 있다고도 못하리니 하나님의 나라는 너희 안에 있느니라" (눅 17:21).

조지 엘든 레드(George Eldon Ladd), 헤르만 리델보스(Herrmann Ridderbos) 같은 학자는 현재적 하나님 나라와 미래적 하나님의 나라의 실존을 분명히 설명하고 있으며, 그 하나님 나라는 "Already but not yet"으로 이미 와 있지만 아직 완성은 아니라고 주장한다. 그러나 우리는 지금 여기 와 있는 하나님 나라 복음을 믿음으로 지금 하나님 나라를 체험할 때 현재의 한국교회의 어려움이나 나 자신의 난관을 극복하고 승리할 수 있다고 확신한다. 그래서 전도 동력이 임하고 성도의 승리의 삶으로 이끄는 진정한 복음은 십자가 복음에서 하나님 나라 복음으로 나아가야 한다. 본 사도행전 제3권 강해집은 이 점을 강조하고 있다.

끝으로 이 책을 위하여 기도하면서 아름다운 언어로 다듬고 교정해 준 변미경 권사에게 감사의 말을 전한다. 또 미래목회연구원의 직원들과 쿰란출판사, 광진교회 교우 여러분들에게 진심으로 감사를 드린다.

2025년 봄
미래목회연구원장
민경설 목사

들어가며 _ 04

제1부
십자가 복음을 넘어가다

생명을 얻는 회개의 복음(행 11:1-18)	12
그리스도인은 이렇게 산다(행 11:19-30)	33
성도들의 환난, 기도가 답이다(행 12:1-19)	44
사망으로 가는 죄에서 탈출하라(행 12:20-25; 롬 6:20-23)	58
성령님은 누구에게 역사하시는가?(행 13:1-3, 8)	72
전도와 선교, 어둠의 세력에서 승리하라(행 13:4-12; 골 1:13)	86
하나님은 누구를 통하여 뜻을 이루시는가?(행 13:13-23; 고후 4:7-10)	99

제2부
하나님 나라 복음에 눈뜨다

왜 예수님이신가?(행 13:23-41; 요 14:16-17)	114
하나님께 감사는, 가시밭길에서도 꽃을 피운다(행 13:42-52; 롬 8:28)	128
기독교인들은 이렇게 살아간다(행 14:1-7; 요삼 1:2)	141
구원을 받을 만한 믿음(행 14:8-10; 막 5:25-34)	157
성경을 모르는 자들에게 어떻게 전도하는가?(행 14:8-18; 렘 2:12-13)	174
하나님의 나라로 향하는 자는 두려움이 없다(행 14:19-28; 요 14:6)	190
베드로에게 구원을 배우라(행 15:1-11)	204

제3부
하나님 나라 복음을 체험하다

하나님의 구원의 길은 이렇게 열린다(행 15:12-21; 막 1:3)	218
하나님은 우리의 구원을 어떻게 지켜 주시는가?(행 15:22-35)	234
기도가 꽉 막힌 감옥에 길을 연다(행 16:16-31)	247
하나님을 사랑하는 자, 그럼에도 선을 이룬다(행 15:36-41; 롬 8:28)	262
당신은 사랑의 흔적이 있습니까?(행 16:1-5; 갈 6:17-18; 엡 6:1-4)	274
하나님이 우리의 삶을 인도하시는 비결(행 16:6-10; 롬 8:13-14)	288
당신의 관심은 거처입니까? 기도처입니까?(행 16:11-15; 시 90:1-4)	302
광야에서도 길은 열린다(행 16:25-40; 사 43:18-19)	316

제1부

십자가 복음을 넘어가다

생명을 얻는
회개의 복음

(행 11:1-18)

현시대의 복음주의 목사로 주목받았던 팀 켈러 목사의 저서 《탈기독교시대 전도》(두란노, 2022)는 미국이나 유럽 등 서방국가들이 탈기독교 국가가 되어, 이제 다시 서방에 복음을 전해야 하는 시대가 왔다는 충격적인 영적 현실에 대해 전하고 있습니다. 이것은 일찍이 예고된 일이기도 합니다.

저명한 복음주의 신학자인 마이클 호튼의 《그리스도 없는 기독교》(부흥과개혁사, 2009)라는 책을 보면 미국이 탈기독교 국가가 될 것을 미리 예언하고 있는데, 오래전부터 미국의 인기 있는 대형 교회들이 예수 그리스도가 없는 병든 복음을 전하고 있다고 지적하고 있습니다. 그 유명한 교회들이 예수 없는 성공적 삶, 예수 없는 행복한 삶, 예수 없는 긍정의 힘, 예수 없는 적극적 사고, 예수 없는 형통의 삶, 예수 없는 신비주의(영지주의) 등, 예수 없는 짝퉁 복음을 전함으로 미국의 대형 교회들이 이미 병들어가고 있다고 진단하고 있습니다.

이것은 한국교회도 예외가 아닙니다. 우리도 정말 영적인 눈을 바로 뜨고 직시해야 합니다. 예수 없이도 행복할 수 있고, 건강할 수 있고, 복받을 수 있다는 논리는 복음이 아닙니다. 한때 미국에서 유행하던 이러한 예수 없는 복음이 한국교회로 흘러와서 영향을 끼쳤고, 코로나가 지나간 지금 교회들의 무너지는 현실을 바라보게 되었습니다.

"다른 이로써는 구원을 받을 수 없나니 **천하 사람 중에 구원을 받을 만한 다른 이름을 우리에게 주신 일이 없음이라** 하였더라"(행 4:12).

구원받지 못한 상태, 즉 예수 생명이 없는데 몸이 건강하다고 한들 무슨 의미가 있겠습니까? 사랑하는 여러분! 저도 목회 40년 동안 각 지역 집회와 모임에서 설교를 하면서 수많은 교인들과 교회 중직자와 지도자들과 만나면서 한국교회가 중요한 복음 하나를 놓치고 있다는 것을 깨달았습니다. 그것은 회개의 복음입니다. 이 회개의 복음을 모르는 기독교는 생명이 없는 것입니다. 이 회개의 복음은 예수 부활의 복음과 함께 기독교 교리의 핵심 중의 핵심입니다.

첫째, 예수님도 회개의 복음이 인간 죄 사함의 증거가 됨을 말씀하십니다.

"또 이르시되 이같이 그리스도가 고난을 받고 제삼일에 죽은 자 가운데서 살아날 것과 또 **그의 이름으로 죄 사함을 받게 하는 회개**가 예루살렘에서 시작하여 모든 족속에게 전파될 것이 기록되었으니 너희는 이 모든 일의 증인이라"(눅 24:46-48).

성경 본문에서 누가는 '죄 사함을 받는 회개'에 대하여 기록했습니다. 회개는 단순히 자신의 잘못을 나열하는 것이 아닙니다. 그리고 여러분이 회개의 복음을 모른다면 죄 사함의 확신이 없는 것입니다. 회개는 복음이고, 회개의 복음에 대해 영적 눈이 열릴 때 여러분에게 진정한 죄 사함에 대한 깨달음이 옵니다. 이때 우리의 구원이 든든해지고 삶에 승리가 오는 것입니다.

한국교회가 가르치는 십자가 복음과 부활의 복음은 각 개인의 믿음으로도 깨닫고 알 수 있지만, 사변적일 수 있습니다. 십자가 복음이 있지만 회개의 복음이 없다면 대들보가 없는 것과 같습니다. 기독교에서 제일 중요한 복음이 부활의 복음이고, 그다음이 회개의 복음입니다. 쌍벽을 이루는 부활의 복음과 회개의 복음은 기독교의 핵심 중의 핵심입니다.

그러나 우리는 예수만 믿으면 죄 사함 받는다고 두루뭉술하게 알고 있고, 회개에 대해 너무 쉽게 생각하고 있습니다. 회개가 무엇인지 모르기 때문에 죄 사함의 확신이 없는 것입니다. 죄 사함의 확신이 없으니 거듭난 우리가 '하나님의 의(義)'라는 것조차 알지 못한 채, 구원은 받았다고 말하지만 항상 나는 죄인이라는 정체성을 가지고 죄책감에서 벗어나지 못한 채 신앙생활하고 있으니 얼마나 안타까운 일입니까?

둘째, 회개의 복음은 구원을 확증하는 복음이 됩니다.

"하나님의 뜻대로 하는 근심은 후회할 것이 없는 **구원에 이르게 하는 회개**를 이루는 것이요 세상 근심은 사망을 이루는 것이니라"(고후 7:10).

고린도후서에서도 회개에 눈이 떠져야 구원에 이른다고 말씀하고 있습니다. 우리가 회개의 복음에 눈이 떠져야만 구원에 도착한다는 말이며, 회개가 무엇인지 모르면 구원도 모른다는 것입니다. 결국 구원(salvation)을 모르기 때문에 우리의 삶에 능력이 없습니다. 여러분은 죽어서 가는 천국을 소망하지만 이 땅에 사는 동안 정작 죽음을 두려워하며 살아가고 있다면 아직 회개에 대한 복음에 눈이 떠지지 않은 것입니다.

셋째, 성경 본문에서 증언하는 회개의 복음은 생명을 얻는 복음을 말하는 것입니다.

"그들이 이 말을 듣고 잠잠하여 하나님께 영광을 돌려 이르되 그러면 하나님께서 이방인에게도 **생명 얻는 회개를 주셨도다** 하니라"(행 11:18).

'생명 얻는 회개'를 주셨다고 말씀하셨는데, 우리가 교회를 다닌다 할지라도 '생명을 얻는 회개'를 해야 한다는 사실입니다. 다시 말하면, '진정한 회개가 안 되면 생명을 얻지 못한다'는 의미입니다. 죄 사함받는 회개, 구원에 이르는 회개, 생명에 이르는 회개 이 세 가지가 기독교의 전부입니다.

그러나 한국교회는 회개에 대해서 가르치지도 않습니다. "만일 우리가 우리 죄를 자백하면 저는 미쁘시고 의로우사 우리 죄를 사하시며 우리를 모든 불의에서 **깨끗하게 하실 것**"(요일 1:9)이라는 성경 구절 하나 가지고 죄를 고백만 하면 죄 사함을 받는다고 하면서, 진정한 회개에 대해 가르치지 못하고 배우지 못하니 이 얼마나 안타까운 현실입니까.

회심을 한 사람이 죄를 고백할 때 죄 사함을 받습니다. 그러나 회심(회개)이 안 된 사람에게 죄 사함은 그림의 떡입니다. 우리는 단순히 회개를 죄를 뉘우치거나 후회하는 것으로 생각하지만 실제는 그렇지 않습니다. 인간은 자기 힘으로 회개를 할 수도 없으며 오직 은혜로 되어지는 것입니다. 그래서 복음이라는 말입니다.

이제 '회개의 복음'에 대해서 살펴보겠습니다.

회개(Repentance)는 문자적으로 '잘못을 후회하다, 죄를 뉘우친다'는 뜻이지만, 히브리어 '슈브'는 '돌아가다, 돌이키다'라는 뜻입니다. '원래의 자리로 돌아가다'라는 말은 타락하지 않은 자리로 돌아간다는 뜻을 가지고 있습니다. 또한 회개는 헬라어 '메타노이아'로 '생각을 바꾸다, 마음을 고치다'라는 의미입니다. 그러므로 우리가 옛사람(거짓 자아)의 생각과 마음만 바꾸면 정말 삶에 기적이 일어납니다.

그러나 인간은 스스로 자신의 생각과 마음을 바꾸지 못합니다. 인간은 자기 생각과 마음을 바꾸는 길을 모르기 때문에 죽을 때까지 거짓 자아인 '나'로 살아갑니다. 여러분이 지금도 여전히 내 마음과 생각대로 살고 있다면 '아직 회개가 안 된 것'이라고 스스로를 진단할 수 있을 것입니다.

예를 들어, 부부가 싸우는 이유에 대해 한번 생각해 보려고 합니다. 부부가 같이 살지만 각자 마음의 주인이 자기 자신이기 때문에 서로 성격이 맞지 않는다고 하면서 논쟁하고 다투게 됩니다. 그러나 남편도 예수가 주인이시고 아내도 예수가 주인이시라면, 남편도 예수의 마음이고 아내도 예수의 마음인데 예수님끼리 싸우겠습니까? 이처럼 우리 마음을 예수님의 마음으로 바꾸는 것이 회개이며, 이것이 바로 타락하기 이전 인간의 마음으로의 회복을 의미하는 것입니다.

그러므로 거짓 자아의 생각을 버리고 주님의 생각과 주님의 마음으로 바뀌는 회개가 될 때 우리의 죄 사함이 확실해지고 생명을 얻게 됩니다. 그때부터 하나님의 음성이 들리고 마귀는 쫓겨나가고 여러분 가정에 평강과 진정한 행복이 찾아오게 되는 것입니다.

그러나 십자가에서 내가 죽고 예수와 같이 부활했다는 거듭남(회심)이 확실하지 않으니 회개가 무엇인지도 잘 모릅니다. 진정한 회개는 성령과 말씀의 역사로 거듭남으로 십자가에서 내가 죽고 예수가 부활할 때, 예수의 생명을 갖게 되므로 생각이 바뀌고 마음이 새롭게 되는 것입니다. 그러므로 우리가 예수 생명을 소유할 때 비로소 우리의 생각이 바뀌게 됩니다. 내 마음이 예수 마음으로 바뀌는 이것을 바로 회개(회심)했다고 하는 것입니다. 그러므로 진정한 회개는 인생의 주인이 나에서 예수로 바뀐 것입니다. 그래서 성경에서도 '생명을 얻는 회개'라고 말씀하고 있습니다.

회개는 단순히 잘못을 후회하는 것이 아니라 '생명을 바꾸는 것', 즉 다른 말로 하면 '주인을 바꾸는 것'을 의미합니다. 그러므로 회개는 먼저 예수 생명을 소유할 때 나의 생각을 내던지고 그리스도의 생각으로 완전히 바꾸는 것(exchange)을 의미합니다. 그러므로 생명과 회개는 병렬 구조입니다. 예수 생명이 내 속에 들어올 때 예수 생각과 내 생각이 바뀌는 것입니다. 이처럼 우리가 진정한 회심(회개)의 상태에 있다면 비록 우리가 잘못한 것이 있을지라도 하나님께 자백하면 성령께서 죄를 사해 주신다는 영적 원리를 성도 여러분이 깨닫게 되시기를 축복합니다.

"그들이 이 말을 듣고 잠잠하여 하나님께 영광을 돌려 이르되 그러면 하나님께서 이방인에게도 **생명 얻는 회개**를 주셨도다 하니라"(행 11:18).

베드로는 복음을 받아들인 고넬료의 집에 모인 이방인들에게도 회개의 생명을 얻었다고 선포합니다. 먼저 회개가 있어야 죄 사함과 생명을 얻게 됩니다. 이제 예수로 주인을 바꾸는 회개가 이루어졌을 때, 우리가 어떤 생명으로 살게 되는가에 대해 생각해 보겠습니다.

1. 회개의 복음으로 얻는 새 생명은 남에게 심판받지 않는 생명을 말합니다

"유대에 있는 사도들과 형제들이 이방인들도 하나님의 말씀을 받았다 함을 들었더니 **베드로가 예루살렘에 올라갔을 때에 할례자들이 비난하여 이르되 네가 무할례자의 집에 들어가 함께 먹었다 하니**"(행 11:1-3).

베드로가 이방인에게 말씀을 전했다 하니 유대인들이 그를 다그칩니다. 그러나 베드로는 전혀 두려움과 동요함 없이 고넬료 집에 모인 이방인들에게 복음을 전한 이유를 자세히 설명합니다. 베드로는 이미 회개의 영으로 생명을 받았기 때문에 유대인의 신분으로 더러운 이방인에게 복음을 전한다는 비난으로부터 자유를 누리고 있는 것입니다. 베드로 안에 소유한 예수 생명은 사람들의 비판으로부터 영향을 받지 않으며, 성령의 인도하심에만 반응하게 합니다.

"또 하늘로부터 두 번째 소리 있어 **내게 이르되 하나님이 깨끗하게 하신 것을 네가 속되다고 하지 말라 하더라**"(행 11:9).

그러므로 베드로는 고넬료 집에서 복음을 전할 때, 하나님께서 유대인에게 새생명을 얻는 회개의 복음을 주셨던 것처럼 이방인에게도 동일하게 허락하셨다는 확신을 갖고 있었습니다. 그러므로 베드로는 어느 누구도 자신이 이방인들에게도 복음을 전하는 것에 대해 비판할 수 없다고 당당하게 말합니다. 그렇습니다. 회개를 통한 하나님의 새 생명을 받으면 누구에게도 판단받지 않는 새 생명이 된 것입니다. 왜냐하면, 이방인이라 할지라도 예수를 믿고 거듭나면 나는 죽고 예수로 인해 죄 사함을 받은 생명이기 때문입니다.

그러므로 성도 여러분, 우리는 어느 누구에게든 판단받는 존재가 아니라는 것에 자유함을 누리시기를 축복합니다.

"너희에게나 다른 사람에게나 판단받는 것이 내게는 매우 작은 일이라 나도 나를 판단하지 아니하노니"(고전 4:3).

우리는 때로 남의 소리에 너무 민감해서 상처를 받기도 합니다. 우리는 하나님의 음성에 민감해야 하는데, 사람들의 소리에 너무 민감합니다. 그러나 누가 나를 공격한다 할지라도 시간이 지나면 옳고 그름이 다 드러나고 주님이 우리를 높이십니다. 그러므로 상대방이 나에게 어떤 공격을 하고 어떤 욕을 해도 우리가 회개함으로 받은 생명, 회개를 통해서 받은 생명, 그 주님의 생명은 죄 사함받은 생명이므로 누구에게도 판단받지 않습니다.

우리 안에 이 믿음이 있을 때 누군가로부터 판단받아도 별일이 아니라고 느껴지며, 영향받지 않고 자유할 수 있습니다. 이것이 얼마나 놀라운 은혜입니까? 그러므로 회개의 복음으로 주님의 새 생명을 받으면 우리는 어떤 누구에게도 판단받지 않는 자가 됩니다. 이때 우리는 나 자신이나 남으로부터 참 자유를 누리며 하늘의 평강을 맛보게 됩니다.

"내가 자책할 아무것도 깨닫지 못하나 이로 말미암아 의롭다 함을 얻지 못하노라 다만 나를 심판하실 이는 주시니라"(고전 4:4).

그리고 다른 사람으로부터 자유하고, 나로부터도 자유해야 합니다. 회개의 영을 소유한 자는 남의 판단으로부터 자유하며, 더불어 자신도 판단하지 않고 자책감에 붙들려 있지 않습니다. 너무 심하게 자책하는 것도 교만입니다. 여러분은 이미 십자가에서 죽었는데, 자책할 내가 어디 있습니까? 자책하면 오히려 그것을 통해 어둠이 들어옵니다. 혹여 실수했다면 하나님께 고백하고 회개할 때 주님의 보혈이 깨끗이 씻어 주신다는 것을 믿으셔야 합니다. 그리할 때 비로소 우리 안에 평강이 오는 것입니다. 할렐루야!

그러나 상대방의 비난과 평가로 인해서 아직도 내가 많은 영향을 받고 있다면, 거짓 자아인 '나'를 아직 십자가에 넘기지 않은 것입니다. 거기에는 주님의 생명이 없으니 자신의 마음과 생각이 바뀌지 않는 것입니다. 바뀔 수가 없습니다. 그러므로 인간은 다른 사람의 평가와 시선 그리고 자책감에서 벗어날 때 타인으로부터의 자유와 평강과 행복을 경험하게 됩니다.

우리가 회개의 영을 소유했다면 축복받은 것입니다. 그 이유는 내가 타인으로부터 자유해졌기 때문입니다. 다시 말하면 상대방이 나를 어떻게 판단하든지 우리에게 더 이상 영향을 미치지 않는다는 의미이기도 합니다. 왜냐하면, 나는 죽었기 때문입니다. 여러분 자신이 죽었다고 말은 하면서 내 자존심을 세우고 남한테 잘 보이고 대단한 것처럼 보이려고 한다면 이것은 거짓 자아입니다. 우리는 하나님 은혜로 사는 자들입니다. 물을 먹든 밥을 먹든 숨을 쉬든 100% 하나님 은혜입니다. 그러므로 그런 하나님을 높이기만 하면 되는 것입니다.

그러나 다른 사람들의 시선에 많은 영향을 받고, 사람들 사이에서 자기를 나타내려고 한다면 어떻게 여러분에게 자유가 있겠습니까? 그러므로 이러한 내가 얼마나 병든 인간인가 볼 수 있어야 합니다. 사랑하는 여러분, 오늘도 정말 '나'라고 하는 이 무거운 어둠의 터널에서 벗어날 수 있는 회개의 새 생명을 받으시길 축원합니다.

"그때에 귀신 들려 눈멀고 말 못하는 사람을 데리고 왔거늘 예수께서 고쳐주시매 그 말 못하는 사람이 말하며 보게 된지라 무리가 다 놀라 이르되 이는 다윗의 자손이 아니냐 하니 바리새인들은 듣고 이르되 **이가 귀신의 왕 바알세불을 힘입지 않고는 귀신을 쫓아내지 못하느니라 하거늘**"(마 12:22-24).

예수님은 사람들이 자신에게 미친놈이라고 하든, 바알세불의 왕이라 하든 상관하지 않으십니다.

"예수께서 그들의 생각을 아시고 이르시되 **스스로 분쟁하는 나라마다 황폐하여질 것이요 스스로 분쟁하는 동네나 집마다 서지 못하리라**"(마 12:25).

예수께서는 "내가 가는 곳에 평강이 있을 것이다. 너희에게 평강을 끼치노니 내가 주는 평강은 세상과 같지 아니하노라. 환난을 당하나 담대하라. 내가 세상을 이겼다"라는 선포를 통해 '환난 속의 평강'이 무엇인지 말씀하고 계십니다.

여러분, 회개의 영이 바로 이런 것입니다. 예수님은 늘 마음에 평강의 상태를 유지하고 계십니다. 왜냐하면, 사람들이 말하는 것에 대해 주님은 전혀 영향을 받지 않으시기 때문입니다. 왜 그렇습니까? 그분 안에는 죄가 없기 때문입니다.

예수님의 놀라운 평강의 역사는 회개를 이룬 주님의 생명만이 누릴 수 있는 축복입니다. 할렐루야. 믿습니까? 또한 우리도 평강을 누릴 수 있는 이유는 회개를 한 우리 마음 안에 새 생명이 있기 때문입니다. 이때부터 여러분의 병이 고쳐지고 모든 삶의 문들이 열리며, 여러분 집안에 훈풍이 불어오기 시작합니다.

2. 회개로 얻는 새 생명은 남을 비판하지 않고 있는 그대로 받아들입니다

회개로 얻는 새 생명을 소유한 사람은 상대방의 비판에도 상관하지 않으며, 동시에 타인을 비판하지 않는 마음을 갖게 합니다. 이처럼 남을 판단하지 않는 마음을 갖는다는 것은 너무나도 큰 축복입니다. 눈만 뜨면 다른 사람을 비판하려는 것은 저주입니다. 상대방을 판단하는 것은 자기 속에 어둠이 있기 때문에 그 어둠으로 상대방을 투사해서 '너는 나쁜 사람'이라고 확정하고 판단하게 되는 것입니다.

내가 병들었기 때문에 늘 남을 판단하는 것이며, 판단하기 때문에 상대방을 사랑할 수가 없는 것입니다. 이것은 여러분이 회개가 안 되었다는 증거입니다. 그러므로 회개함으로 주님의 영이 내 안에 들어오시면 우리 안에 부족함이 없는 충만함이 있으니 남을 판단할 필요가 없게 됩니다.

> "유대에 있는 사도들과 형제들이 이방인들도 하나님의 말씀을 받았다 함을 들었더니 베드로가 예루살렘에 올라갔을 때에 **할례자들이 비난하여 이르되 네가 무할례자의 집에 들어가 함께 먹었다 하니**"(행 11:1-3).

회개를 통해서 예수의 생명이 우리 속에 들어올 때 받게 되는 두 번째 축복은 판단하지 않는 마음을 주님으로부터 받게 됩니다. 그러면 이제 남의 단점이 보이지 않습니다. 예수님께서도 "너희가 심판하는 그대로 너희도 심판을 받을 것이다. 형제의 눈 속에 티는 보면서 네 눈 속에 있는 들보를 보지 못한다"라고 말씀하시면서, 우리가 자신의 죄는 보지 못하고 상대방을 판단하고 있는 것을 책망하셨습니다.

우리가 진정한 회개(십자가에서 나는 죽고 예수의 마음으로 바뀌는 것)를 할 때 판단하지 않는 마음을 갖게 됨으로 자유함을 누리게 됩니다. 이러한 경험은 굉장히 황홀한 것입니다. 진정한 회개를 통해 여러분이 회개의 영을 받았다면 판단이 사라집니다. 판단하는 마음이 사라지면서 사랑이 시작됩니다. 그때부터 당신 주변에 사람이 모이기 시작할 것입니다.

그러므로 사랑하는 성도 여러분! 상대방으로부터 판단을 받지도 말고, 다른 사람을 판단하지 않는 마음을 구하셔야 합니다. 타락한 인간은 원래 사랑을 못하는 존재입니다. 우리 안에 판단하는 마음이 있으면 주님이 나타나실 수 있는 길을 막게 되는 것입니다. 그러나 판단하지 않으면 사랑할 수 있습니다. 판단이 끊어지면 내 안에 와 계신 주님이 나타나시기 시작합니다. 그분은 사랑이시기 때문입니다.

"그런즉 하나님이 우리가 주 예수 그리스도를 믿을 때에 주신 것과 같은 선물을 그들에게도 주셨으니 내가 누구이기에 하나님을 능히 막겠느냐 하더라"(행 11:17).

베드로도 이방인들과 교제를 했다고 해서 예루살렘에 있는 할례자들에게 심하게 비난을 받았습니다. 그러나 베드로는 자기를 비판하는 할례자들과 대립하지 않고 그들의 비판을 있는 그대로 받아들이고 있습니다. 그는 비난을 그대로 받아들이면서 이방인들도 우리와 동일하게 성령을 받았다는 것을 설명하며 설득합니다. 이처럼 우리가 회개의 영, 주님이 주신 생명을 받으면 판단하는 마음이 사라집니다. 여러분, 이것을 반드시 경험하셔야 합니다.

제가 목사이지만 부끄럽게도 부부간에 대화를 하면서 거짓 자아로 떨어지면 순간 저도 상대방을 판단하게 됩니다. 그러나 성령께서 판단하고 있는 제 마음을 비추어 주실 때 바로 깨닫고 예수의 마음으로 바꾸게 됩니다. 그러면 가정이 따뜻한 사랑의 분위기로 전환되는 것을 느끼게 됩니다. 사람이 물리적으로 가까이 있다고 해서 친밀해지는 것이 아니라, 서로 판단하지 않는 마음을 가질 때 가까워질 수 있는 것입니다. 율법은 서로를 판단하게 만듭니다. 반면에 예수님께서 율법을 완성하러 오셨다는 말씀은 이제 서로를 '판단하는 것을 폐하였다'는 의미인 것입니다.

"대답하되 주여 없나이다 **예수께서 이르시되 나도 너를 정죄하지 아니하노니 가서 다시는 죄를 범하지 말라 하시니라**"(요 8:11).

요한복음 8장에서 율법에 따라 간음한 여인을 돌로 치려 할 때 예수님이 그들에게 죄 없는 자가 먼저 치라고 하십니다. 양심의 가책을 받은 유대인들이 다 물러가자 주님이 그 여인에게 이제 너를 정죄하는 자가 있느냐 묻자 그 여인은 없다고 대답합니다. 그러자 예수님 자신도 그 여인을 정죄하지 않으신다고 말씀하십니다. 이것이 우리의 죄 사함의 근거인 것입니다. 우리에게 죄가 있다 할지라도 주님은 우리를 판단하지 않으시겠다는 의미입니다. 이 얼마나 놀라운 사랑의 말씀입니까?

예수님은 인간들의 죄를 판단하시고 처벌하실 수 있는 분이시지만, 죄가 없으신 그분은 간음한 여인의 죄를 대신 가져가셔서 십자가에 스스로 달리시겠다는 선언과도 같은 메시지를 전달하고 계신 것입니다. '여인아! 내가 너의 죗값을 대신 짊어지고 갈 것이고, 너의 죄가 흰 눈과 같이 깨끗해졌으니 나는 너를 판단하지 않겠다'는 이것이 죄 사함이고, 십자가 대속의 사랑인 것입니다.

주님의 이 마음을 받아들인 것을 우리는 '회개의 마음'이라고 말합니다. 우리도 회개의 영을 받아 내 안에 주님의 영이 들어오시면 상대방의 장점이 보이기 시작하고, 단점은 보이지 않습니다. 이것이 사랑의 시작입니다. 정말 이것을 구별할 줄 알아야 합니다. 그 이후에 이 여인은 예수를 평생 따라다니며 섬겼습니다.

누가복음에 나오는 탕자의 이야기에서도 아들이 돌아올 때 아버지는 탕자를 판단하지 않고 끌어안고 입 맞추며 "내 아들이 죽었다가 다시 살았구나" 하면서 기뻐합니다. 이 마음이 하나님의 사랑입니다. 반면 큰아들은 탕자를 판단하고 잔치를 베풀어준 아버지에게도 불평하는 모습을 보이는데, 그는 아직 회개하지 못했다는 증거입니다.

회개는 인간의 힘으로 되지 않습니다. 오직 여러분이 십자가에서 내가 죽고 부활의 그분을 영접하여 성령이 임할 때, 우리에게 이런 힘을 주시는 것입니다. 이것이 회개의 복음이며, 기쁜 소식입니다. 상대방의 단점이 계속 보인다면 내 안에 어둠이 있으니 기도하라는 것입니다. 성도 여러분, 이 축복을 받으시기를 축원합니다.

3. 새 생명의 삶은 문제해결을 위한 삶이 아니라, 하나님의 뜻을 나타내는 삶입니다

아직도 문제를 해결하기 위해 교회에 나오는 사람은 회개가 안 된 것입니다. 우리는 문제해결을 위한 삶이 아니라 하나님의 뜻을 나타내는 삶을 살아야 합니다. 목적이 이끄는 삶이 아니라, 과정이 목적이 되는 삶을 말하는 것입니다. 한때는 미국의 유명한 새들백교회 담임목사인 릭 워렌의 《목적이 이끄는 삶》(디모데, 2003)이라는 책이 폭발적인 인기가 있었는데, 부분적으로는 맞지만 맞지 않는 부분이 있습니다. 우리 성도는 목적이 이끄는 삶을 사는 것이 아니라 과정이 목적이 되어야 합니다. 어떤 목적을 이루려고 교회를 다니는 사람은 회개가 안 된 것입니다.

예수를 믿고 거듭난 우리는 이미 십자가에서 죽었기 때문에, 이제 우리에게 문제라고 여겨지는 것은 없습니다. 그리고 더 이상 세상 것을 추구하지 않게 됩니다. 그러나 아직도 내 목적을 이루기 위해 예수를 믿는다면 여러분 속에 사는 것은 예수가 아니라 여러분이 주인인 것이고, 그것은 거짓 자아입니다. 그러므로 내가 죽고 예수가 사는 삶에는 이제 내 목적은 없습니다. 다시 말해서 여러분이 나는 죽고 내 안에 예수가 사신다는 것을 인식하게 된다면, 이제는 내 목적이 아니라 주님 자체가 우리의 목적이 되신다는 것을 깨닫게 된다는 의미입니다. 내가 죽었기 때문에 내 목적은 사라지고, 오직 현재 삶의 과정이 하나님을 얼마나 나타내느냐에 우리의 영적 승패가 달려 있는 것입니다. 그러므로 지금 현재 우리가 성령의 인도하심을 따라가는 이 과정이 중요합니다.

그러나 자기 목적을 위해 사는 사람은 항상 현재를 살지 못하고 미래를 위해 계속 달려갑니다. 어떤 사람이 자기 목적이 이루어지기까지 매일 지금 현재를 희생하고 온몸을 다해서 결국 그 목적을 이루었다고 쳐봅시다. 기쁨은 그때뿐이며, 그 사람은 미해결된 자신의 과제를 해결하기 위해 다시 또 다른 목적을 세워야 합니다. 그러하니 얼마나 인생이 고달픕니까. 그리고 그 사람은 끝이 보이지 않는 미래에 대한 불안과 고통을 경험하게 될 것입니다.

그러므로 거듭난 우리는 '거짓 자아의 목적을 추구하며 살아가는 나'는 이미 십자가에서 죽었고 우리 안에 주님이 사시기 때문에, 매 순간 나를 통해 그분을 나타내는 것, 이것이 바로 우리 성도의 삶의 목적이 되어야만 합니다.

"만일 **누가 말하려면 하나님의 말씀을 하는 것같이 하고 누가 봉사하려면 하나님이 공급하시는 힘으로 하는 것같이 하라** 이는 범사에 예수 그리스도로 말미암아 하나님이 영광을 받으시게 하려 함이니 그에게 영광과 권능이 세세에 무궁하도록 있느니라 아멘"(벧전 4:11).

그러므로 무슨 일을 해도 주님의 공급하시는 힘으로 하고, 말을 해도 주님의 은혜로 하는 이 모든 것들이 하나님의 영광을 나타내는 삶이라는 것입니다. 그러나 우리 성도들의 가장 큰 오해는 하나님을 믿는 이유가 자신의 목표를 이루고, 지금 당면한 현실 문제를 해결하는 것이 목적인 줄로 착각하는 것입니다. 그렇지 않습니다. 그것은 사탄에게 속은 삶입니다. 여러분이 회개 복음의 새 생명으로 살고 있다면 우리의 삶에 문제가 있다 할지라도 자신이 처한 환경에 압도당하지 않고 오직 하나님(하나님의 뜻)을 나타내는 통로가 됩니다. 이것이 바로 하나님의 영광을 나타내는 삶입니다.

"내 이름으로 불려지는 모든 자 곧 내가 내 영광을 위하여 창조한 자를 오게 하라 그를 내가 지었고 그를 내가 만들었느니라"(사 43:7).

우리가 예수 믿고 구원받았다면 이제 내 이름은 없습니다. 우리는 예수 이름으로 통일이 된 것입니다. 이것이 믿어지는 사람만이 기도 응답을 받을 수 있습니다. 주님이 우리를 만드셨으니, 이제 우리에게 내 뜻은 없는 것입니다. 그러므로 나를 창조하신 그분의 뜻을 이루어가는 것이 우리 목적인 것입니다. 우리는 지금 현재 살아가고 있는 이 과정에서 승리해야 합니다. 그래서 쉬지 말고 기도하라는 말씀이 그렇게 중요한 것입니다.

수단과 방법을 가리지 않고 목적만 이루면 된다고 한다면 그것을 이루었다고 해서 여러분이 과연 행복할까? 스스로에게 질문해보시기 바랍니다. 오히려 허망하고, 평생 또 다른 목적을 세우다가 인생은 끝나게 될 것입니다. 그러므로 나를 창조하신 그분의 목적을 위해 아무리 열심히 살았다 하더라도 우리가 하나님 앞에 가면 상급이 아무것도 없습니다.

예수님의 공생애를 보십시오. 그분은 하나님의 아들이고 만왕의 왕이십니다. 그분은 죽은 자를 살리시고, 바다 위를 걸으시고, 풍랑을 잔잔하게 하시고, 오병이어의 기적을 일으키셨습니다. 그리고 사람들은 예수님께서 로마를 정복하시고 이스라엘의 왕이 되길 바랐습니다. 그러나 예수님은 그들의 소망과 전혀 다른 삶을 사십니다. 자꾸만 십자가에서 죽어야 한다고 말씀하시면서 오히려 인간의 나약한 모습으로 빌라도에게 갖은 수모와 고문을 받고 결국 십자가에 달리십니다.

"예수께서 신 포도주를 받으신 후에 이르시되 다 이루었다 하시고 머리를 숙이니 영혼이 떠나가시니라"(요 19:30).

그런데 도대체 예수님은 무엇을 다 이루었다는 말입니까? 예수님께서는 개인의 뜻이 아니라 하나님 아버지가 세우신 뜻을 자신을 통하여 다 이루게 하셨다는 것입니다. 하나님께서 예수님 안에 들어가 사시는 일을 마쳤다는 의미인 것입니다. 이 말은 예수님께서는 자신의 뜻을 이루려고 한 것이 아니라, 하나님 아버지의 뜻을 이루어 드릴 수 있도록 자신의 몸을 산 제사로 드렸다는 의미입니다.

예수님은 죽음의 공포를 회피하고 싶어 하는 '나'라는 거짓 자아를 부인하고, 십자가에서 죽으심의 순종을 통해 하나님의 말씀만이 성취되도록 자기 자신을 내어드렸습니다. 그러므로 십자가 순종은 예수님 자신도 나의 주인은 내가 아니라 내 안에 사시는 아버지 하나님이시라는 강력한 선언을 우리에게 하신 것입니다. 회개의 새 생명을 받은 우리는 예수가 내 안에 사시기 때문에 이제는 나 개인의 문제해결이 목적이 아니라, 우리의 몸을 통해 주님의 뜻을 나타내는 것이 신앙의 목적이 되어야 합니다.

이와 같은 깊은 진리를 여러분이 깨닫게 된다면 모든 삶의 문제로부터 해방이 됩니다. 우리는 문제해결을 위해 이 땅에 사는 것이 아닙니다. 이제는 내가 죽고 내 안에 주님이 사시기 때문에, 더 이상 나의 문제가 아니라 온전히 주님의 문제인 것입니다. 그러므로 그분이 우리의 어려움을 해결해주시니, 우리는 환난 속에서 평강을 누릴 수 있습니다. 그리고 고난 속에서 자유를 누릴 수 있는 것입니다. 그렇습니다. 그리스도인의 삶은 환난 속에서 평강입니다. 그리고 고난 속에서도 꽃을 피우는 것입니다. 여러분이 이처럼 놀라운 복음의 진리를 잡으시기를 축원합니다.

그러므로 진정한 성도의 삶은 자신의 목적을 추구하는 것이 아니라 우리의 현실 속에서 삶을 통하여 하나님을 나타내는 과정에 있다는 것을 인식하는 것입니다. 우리의 삶은 시작도, 끝도 다 하나님이 하십니다. 우리가 그 과정 속에 현재 하나님께 쓰임받고 있다면 그것이 최고의 축복입니다. 우리 인생의 시작과 끝이 주님께 있습니다. 우리가 태어나고 싶다고 해서 이 땅에 태어난 것도 아니고, 죽고 싶다고 해서 목숨이 끊어지는 것도 아닙니다. 우리의 목숨조차도 하나님께서 허락하셔야만 호흡이 끊어지는 것입니다. 그러므로 시작과 끝도 주님이 하십니다. 우리는 그 시작과 끝의 과정 속에서 주님이 나를 통해서 일하시도록 나를 내어드리는 것이 승리의 삶이라는 것입니다.

사도행전을 보면 처음에는 베드로나 바울을 통하여 엄청난 표적과 기적을 나타내면서 화려하게 시작합니다. 그러나 마지막은 그들의 순교로 허망하게 끝맺습니다. 인간적인 관점으로 볼 때 아무것도 남아 있는 것이 없는 것처럼 보여집니다. 바울도 로마 감옥에서 결국 비참하게 생애를 마감했습니다. 그들의 시작도 끝도 하나님의 목적에 따라 사용하셨습니다. 그들의 시작도, 끝도 모두 하나님이 사용하셨고, 또한 자기 안에 사시는 예수를 나타내는 사람들이었습니다. 이것이 최고의 성공적인 삶인 것입니다. 이처럼 자기 안에 주님이 사신다고 믿어지는 사람만이 회개의 복음으로 얻은 새 생명의 삶을 삽니다.

"바울이 온 이태를 자기 셋집에 머물면서 **자기에게 오는 사람을 다 영접하고 하나님의 나라를 전파하며 주 예수 그리스도에 관한 모든 것을 담대**

하게 거침없이 가르치더라"(행 28:30-31).

바울은 자신을 찾아오는 사람을 다 영접하고 하나님 나라를 전파하고 주 예수 그리스도에 관한 모든 것을 담대하게 거침없이 가르쳤습니다. 그는 주님의 때에 자신이 순교할 것을 알고 있었지만 자신의 미래에 대해 절망하거나 낙심하지 않고 계속 복음을 전하고 있습니다. 그렇습니다. 바울의 하나님 나라 복음에 대한 열정은 진행형이었던 것입니다. 그러므로 그의 삶의 과정 과정 속에서 최고의 하나님의 영광이 나타난 줄 믿습니다. 그들이 성공자이며, 오늘을 살아가고 있는 우리에게도 이러한 믿음이 있어야 합니다. 그러므로 하나님 나라 복음을 전하는 것은 옛날이나 지금이나 멈출 수 없는 진행형인 것입니다.

사랑하는 여러분! 우리의 삶도 하나님의 때에 시작되었고, 하나님의 때에 마치게 될 것입니다. 그러므로 우리에게 주어진 삶의 과정 속에서 하나님 나라 복음과 주님만을 나타내는 이것이 회개의 생명을 받은 자의 성공적인 축복의 삶입니다. 아멘.

회개는 단순히 잘못을 후회하는 것이 아니라 '생명을 바꾸는 것', 즉 다른 말로 하면 '주인을 바꾸는 것'을 의미합니다. 그러므로 회개는 먼저 예수 생명을 소유할 때 나의 생각을 내던지고 그리스도의 생각으로 완전히 바꾸는 것(exchange)을 의미합니다.

그러기에 생명과 회개는 병렬 구조입니다. 예수 생명이 내 속에 들어올 때 예수 생각과 내 생각이 바뀌는 것입니다. 이러한 회심(회개) 상태에서 살아가면서 우리가 잘못한 것이 있을지라도 하나님께 자백하면 성령께서 죄를 사해 주신다는 영적 원리를 성도 여러분이 깨닫게 되시기를 축복합니다.

그리스도인은
이렇게 산다

(행 11:19-30)

　　　　　　　　　미국의 켄터키 주 루이빌에 있는 사우스이스트 크리스천 교회의 카일 아이들먼 목사의 책 《나의 끝, 예수의 시작》(the end of me, 두란노, 2016)에서 우리가 어떻게 살아 계신 예수를 만나는가를 잘 설명해 주고 있습니다.

　카일 아이들먼 목사가 자기 페이스북에 실제 주님을 어떻게 만나고 체험했는가를 올려달라고 요청하자 수많은 교인들이 글을 올렸습니다. 내 문제를 내 힘으로 도저히 해결할 수 없음을 깨달았을 때, 아무 데도 기댈 곳이 없고 나를 아는 모든 사람이 등을 돌렸을 때, 말기 암으로 시한부 판정을 받았을 때, 30년간 일한 직장에서 무조건 해고 처분을 받았을 때, 사업 실패로 모든 재산을 다 잃었을 때, 가장 사랑했던 자식을 사고로 잃었을 때와 같이 대부분의 사람들이 충격적이며 부정적인 어려운 역경을 만났을 때 주님을 실제로 체험했다고 고백합니다. 그래서 저자인 아이들먼 목사는 "내가 끝났을 때 역설적으로 예수님의 시작"이라고 주장합니다.

　진정한 십자가 진리는 상상할 수 없는 아픔과 고통 속에서 나의 죽음의 순간에, 하나님의 놀라운 구원의 은혜가 임했다는 것입니다.

저는 이 책에서 놀라운 하나님의 음성을 듣게 되었습니다. 우리가 사는 세상에는 빛과 어둠의 양극단의 삶이나 환경이 존재합니다. 행복과 불행, 참과 거짓, 기쁨과 슬픔, 부자와 가난, 건강과 병듦, 천국과 지옥, 이러한 양극단에 대한 생각을 하다가 언뜻 '나'의 반대는 무엇일까? 성령께 질문하고 머물러 있었습니다. 여러분, 나의 반대가 무엇이라고 생각하십니까? 내가 모든 것의 중심이라고 생각하는 거짓 자아인 '나'의 반대는 '너, 남편, 아내, 부모, 자식'이 아닙니다. '나'라는 존재의 반대편에는 바로 '예수님'이 계셨습니다.

"형제들아 우리가 아시아에서 당한 환난을 너희가 모르기를 원하지 아니하노니 힘에 겹도록 심한 고난을 당하여 살 소망까지 끊어지고 우리는 우리 자신이 사형 선고를 받은 줄 알았으니 이는 우리로 자기를 의지하지 말고 오직 죽은 자를 다시 살리시는 하나님만 의지하게 하심이라"(고후 1:8-9).

여기에서 '나'라고 하는 것은 거짓 자아인 '나'를 말합니다. 모든 것이 나 중심으로 세상이 돌아가고 있다고 생각하는 '육신적인 나'는 마귀 소속이라 말할 수 있을 것입니다. 그래서 《나의 끝, 예수의 시작》이 책은 우리에게 '마귀 소속이었던 내가 끝나야, 하나님 소속인 예수가 시작한다'는 메시지를 전달하고자 하는 것입니다. 이 세상에서 내가 주인이라고 생각하는 거짓 자아인 내가 십자가에서 죽지 않는 한, 주님은 우리 속에 사실 수 없습니다.

거짓 자아인 나를 무너뜨리는 방법은 기도입니다. 기도하지 않는 자는 자기 자신이 주인이므로 하나님이 도와주실 수 없습니다. 그 이유는 '자기가 주인이라고 하는 나'는 하나님과 원수가 되기 때문입니다. 그렇기 때문에 내가 중심이 된 거짓 자아인 '나'의 반대는 예수입니다. '나'라는 모래탑을 무너뜨려야 주님이 일어서십니다. 이때 여러분은 주님의 역사를 체험할 수 있게 되는 것입니다.

"내가 그리스도와 함께 십자가에 못 박혔나니 그런즉 이제는 내가 사는 것이 아니요 오직 내 안에 그리스도께서 사시는 것이라"(갈 2:20).

예수가 '거짓 나'를 끌어안고 십자가에서 죽고 부활하심으로 주님 안에 새로운 내가 다시 태어난 것입니다. 거듭난 나는 이제 주님과 하나가 된 것입니다. 그래서 성경은 예수를 주인으로 모시어 '주님께 속한 자'를 그리스도인이라고 말하는데, 이제 내가 주인이 아니라 예수가 주인이 되었을 때 우리는 구원받았다고 하는 것입니다. 성경 본문에 안디옥에서 최초로 그리스도인이라 불리게 된 사람들에 대해 말씀하고 있습니다.

"만나매 안디옥에 데리고 와서 둘이 교회에 일 년간 모여 있어 큰 무리를 가르쳤고 제자들이 **안디옥에서 비로소 그리스도인이라 일컬음을 받게 되었더라**"(행 11:26).

바울과 바나바는 안디옥 사람들에게 말씀을 가르쳤는데, 그들은 비록 이방인이지만 복음을 듣고 거듭나 온전히 예수를 주인으로 모신 자, 예수님께 속한 사람이라는 의미로 그리스도인이라 불렸습니다. 이제 하나님 나라에 속한 이들의 삶과 축복에 대하여 생각해 보겠습니다.

1. 그리스도인은 세상 속에 살면서 생명의 근원(원천)이신 예수님을 아는 자입니다

"그때에 스데반의 일로 일어난 환난으로 말미암아 흩어진 자들이 베니게와 구브로와 안디옥까지 이르러 유대인에게만 말씀을 전하는데 그중에 구브로와 구레네 몇 사람이 안디옥에 이르러 헬라인에게도 말하여 주 예수를 전파하니 주의 손이 그들과 함께하시매 수많은 사람들이 믿고 주께 돌아오더라"(행 11:19-21).

'주의 손'은 헬라어로 '케이르 쿠리우'이며, '주님의 능력'이라는 뜻으로 주님의 천사를 의미합니다. 스데반이 순교한 후에 세상으로 퍼져나간 유대인들을 '디아스포라'라고 합니다. 로마에서 세 번째로 큰 항구도시인 안디옥에서 처음에는 유대인에게만 복음을 전하다가 나중에는 헬라, 이방인에게도 복음을 전함으로 많은 사람이 구원을 받았습니다. 또한 고넬료 집에서 베드로가 복음을 전파한 사건은 디아스포라에게 확신을 주어 복음 전파의 촉진제가 되었습니다.

그래서 모든 이들에게 주님의 손, 주님의 능력이 더 나타나 많은 사람들이 세상 속에서 주님께로 돌아왔으며 생명의 근원이 주님께 있음을 깨닫게 된 것입니다.

"진실로 **생명의 원천이 주께 있사오니** 주의 빛 안에서 우리가 빛을 보리이다"(시 36:9).

생명의 근원은 내가 아니고, 또한 세상으로부터 나오는 것도 아닙니다. 생명의 근원은 오직 주님이십니다. 예수가 내 삶의 주인이라고 하는 사람을 탕자에 비유해볼 수 있을 것입니다. 그러나 놀라운 것은 마치 자기가 주인이 되어 살아 보겠다고 집 나간 탕자가 물질을 다 허비하고 굶어 죽게 된 자신의 현실을 인식하고 회개하여(주인을 바꾸는 것) 아버지 집으로 돌아왔을 때 그는 자신이 누구인가를 명확하게 알게 되었다는 사실입니다. 내 자신이 삶의 근원이라고 여겼을 때는 오히려 남의 집 종이 되어 쥐엄 열매를 먹는 짐승처럼 겨우 생명을 유지했지만 아버지의 집으로 돌아오니 제일 좋은 옷과 신발을 가져와 입혀주고 금가락지를 끼워줍니다. 금가락지를 끼워준다는 것은 그가 아들의 지위를 다시 얻었다는 의미인 것입니다. 그는 자신의 정체성을 되찾았습니다.

이제 탕자는 삶의 근원, 생명의 근원이 주님이심을 새롭게 체험하고 주께 돌아온 자가 되었습니다. 그러므로 우리가 살아가는 근원은 내가 아니라 예수께 있다는 것에 눈을 떠야 하며, 이것을 깨달은 자가 그리스도인입니다.

"모든 천사들은 섬기는 영으로서 **구원받을 상속자들을 위하여 섬기라고 보내심이 아니냐**"(히 1:14).

내가 십자가에 죽고 주님이 내 속에 주인으로 사시는 삶을 체험하면 천군 천사가 우리의 삶을 돕고 있다는 것을 실제로 체험하게 됩니다. 그러므로 우리의 삶의 원천, 생명의 근원이 예수님이라는 것을 깨닫는 사람이 바로 그리스도인입니다.

2. 그리스도인은 이 세상의 삶을 주님 안에 거하는 믿음과 은혜로 사는 자들입니다

"예루살렘 교회가 이 사람들의 소문을 듣고 바나바를 안디옥까지 보내니

> 그가 이르러 하나님의 은혜를 보고 기뻐하여 모든 사람에게 굳건한 마음으로 **주와 함께 머물러 있으라** 권하니 바나바는 착한 사람이요 성령과 믿음이 충만한 사람이라 이에 **큰 무리가 주께 더하여지더라**(행 11:22-24).

이처럼 안디옥에 부흥이 일어났다는 소식이 예루살렘 교회까지 들렸습니다. 그래서 예루살렘 교회에서 성령과 믿음이 충만한 사람인 바나바를 파송한 것입니다.

바나바가 안디옥으로 가서 이방인 그리스도인에게 처음 한 설교의 메시지는 "굳건한 마음으로 주님과 함께 머물러 있으라"는 것이었습니다. 그리스도인이 살아가야 하는 영토는 주님 안입니다. 주님 안에 거해야 합니다. 주님과 함께 머물러 있으라는 바나바의 메시지의 핵심은 요한복음 15장의 포도나무 비유와 연결됩니다. 즉, 어떤 역경과 어려움이 와도 주님 안에 붙어 있어, 예수가 우리 삶의 주인이 된다는 믿음을 굳게 하라는 것입니다.

그러므로 여러분, 환경을 두려워하지 말고 주님 안에 붙어 있기만 하면 세상을 넉넉히 이길 수 있다는 믿음을 붙잡으시길 축복합니다. 그 믿음으로 이겨나가는 것입니다. 좋을 때도 주님을 바라보고, 어려울 때도 주님을 바라보시기 바랍니다.

> "나는 포도나무요 너희는 가지라 **그가 내 안에, 내가 그 안에 거하면 사람이 열매를 많이 맺나니 나를 떠나서는 너희가 아무것도 할 수 없음이라**" (요 15:5).

당시에 안디옥은 로마제국에서 로마, 알렉산드리아 다음 세 번째로 큰 대도시로서 로마 총독의 관청이 있었던 곳입니다. 그러므로 로마 황제를 신으로 모시는 안디옥에서 오직 예수를 믿는 그리스도인으로 산다는 것은 핍박과 환난의 연속이었을 것입니다. 바나바는 그 환난 속에서 승리하는 삶은 오직 주님 안에서 굳게 서는 믿음과 은혜의 삶이라고 전합니다.

"하나님이 능히 모든 은혜를 너희에게 넘치게 하시나니 이는 너희로 모든 일에 항상 모든 것이 넉넉하여 모든 착한 일을 넘치게 하게 하려 하심이라" (고후 9:8).

카일 아이들먼 목사의 가장 최근에 소개된 책 중에 《삶이 뜻대로 안 될 때》(When your way isn't working, 두란노, 2023)에서 그리스도인이 세상 속에서 아무것도 뜻대로 되지 않고, 삶이 가장 어려울 때 승리하는 길을 '연결'(connection)이라는 한 단어로 설명합니다. 주님과 연결되는 길, 주 안에 거하는 길이 승리를 가져온다는 것입니다.

그러므로 여러분이 주님과 연결되어 있는지, 아니면 분리되어 있는지를 살펴보라는 것입니다. 여러분의 삶이 내 뜻대로 되지 않고 사방이 막혀 있을 때 뚫고 나갈 수 있는 방법을 말해주고 있는데, 그것은 바로 여러분이 포도나무이신 예수에게 연결된 가지와 같은 굳건한 삶을 살 때 세상을 넉넉히 이기는 은혜를 주신다는 것입니다.

"바나바가 사울을 찾으러 다소에 가서 만나매 안디옥에 데리고 와서 둘이 교회에 일 년간 모여 있어 큰 무리를 가르쳤고 제자들이 안디옥에서 비로소 그리스도인이라 일컬음을 받게 되었더라"(행 11:25-26).

바울이 안디옥에서 하나님 나라 복음을 설교할 때, 복음을 들은 사람들이 예수와 연결된 그리스도인으로 새롭게 다시 태어나는 놀라운 변혁이 일어난 것입니다. 그러므로 우리가 어떤 환경에서나 주님 안에 굳게 서는 믿음을 가질 때, 주님은 어떤 상황에도 이길 수 있는 은혜를 이미 준비해 주십니다.

바나바가 안디옥 교회를 세우는 것은 굉장히 어려운 일이었지만 주님은 탁월한 사람 바울을 예비하셨습니다. 바나바에게 고향 다소에 묻혀 있는 바울을 기억하게 하셨고, 그를 다시 불러내어 교회를 일으키는 역사를 만들어 가십니다. 그리고 그 두 사람이 세계선교를 향한 비전을 세워가는 동역자가 되는 발판이 구축됩니다. 이처럼 주님과 연결만 되어 있으면 하나님께서 역사하십니다.

사랑하는 여러분! 그러므로 우리는 미래를 걱정할 필요가 없습니다. 우리가 주님과 연결되어 있으면 우리 미래의 삶에 필요한 모든 것을 은혜로 다 준비해 주시고, 그것으로 승리하게 하십니다. 그러므로 주님이 다 이루어놓으신 것을 찾아오는 것이 기도입니다. 미래는 내가 노력하고 애써서 만들어 내는 것이 아닙니다. 생명의 근원이 내가 아니라 주님이십니다. 그러므로 주님과 연결되기만 하면 됩니다. 이것이 신앙입니다.

그러나 우리가 기도하지 않기 때문에 주님과 분리되어 생명을 공급받지 못하는 상태가 비극입니다. 왜냐하면, 주님과 연결되지 않으면 우리에게 예비하신 길을 볼 수 없기 때문이며, 안타깝게도 우리를 위해 예비된 은혜를 놓치게 되기 때문입니다. 여러분의 재능과 지식을 가지고 발바닥에 땀 나도록 뛰어다닌다고 우리의 미래가 보장되는 것이 아닙니다.

우리에게 예비된 그 은혜를 찾아내는 것이 기도이며, 우리 앞에 환난과 역경이 있다 할지라도 주님과 연결되어 있으면 뚫고 갈 수 있는 길을 보여주십니다. 그러므로 '절대 한 시간 무조건 한 시간' 기도 운동에 힘을 다해 연합하시기를 축복합니다.

3. 그리스도인은 날마다 구원을 이루어
주님께 더해지는 하나님 나라를 이룹니다

"바나바는 착한 사람이요 **성령과 믿음이 충만한 사람이라** 이에 큰 무리가 주께 더하여지더라"(행 11:24).

안디옥 교회는 바나바와 바울을 통하여 믿음과 은혜, 성령이 충만하여 구원이 크게 일어나 주님께 더해졌다고 합니다. 구원받는 자들이 많아짐으로 주님께 더해져서 하나님의 나라가 확장되었다는 것입니다. 하나님의 통치가 일어나는 하나님의 나라가 더해지는 놀라운 축복이 있었습니다. 이처럼 여러분의 가정에도 하나님 나라가 점점 더 커져야 합니다. 이럴 때 우리 삶 속에서 어둠의 세력이 떠나고 빛의 삶이 확대되는 것입니다.

설교 앞부분에서 거론했던 '내가 주인 되는 삶'의 반대는 '예수가 통치하시는 하나님 나라의 삶'입니다. 인간은 행복과 불행이라는 양극단에서 살아가고 있는데, 주님과 연결되기만 하면 불행은 떠나고 복된 삶이 이루어집니다. 또한 참과 거짓에서 거짓은 떠나고 참의 삶이 시작됩니다. 평강과 염려에서 염려는 떠나고 하늘의 평강의 삶이 옵니다. 기쁨과 슬픔에서 슬픔은 떠나고 참 기쁨의 삶이 찾아옵니다. 부요와 가난에서 가난은 물러나고 참 부요의 삶이 됩니다. 건강과 병듦에서 건강이 찾아오고 모든 연약함과 질병으로부터 해방됩니다. 생명과 사망에서 사망은 물러나고 참 생명의 삶이 시작됩니다. 천국과 지옥에서 지옥은 떠나고 영생 천국이 오는 것입니다. 이것이 이 땅에서 누리는 참 그리스도인의 삶입니다.

"이는 선지자 이사야를 통하여 하신 말씀에 **우리의 연약한 것을 친히 담당하시고 병을 짊어지셨도다 함을 이루려 하심이더라**"(마 8:17).

이처럼 우리가 주님과 연결되어 있다면, 튤리안 차비진의 유명한 저서 《Jesus All 예수로 충분합니다》(두란노, 2013)에서 주장하는 "Jesus 플러스 Nothing은 Everything"이 일어나는 순간이 되는 것입니다. 우리의 삶의 중심에 오직 예수만이 굳게 서시며 내가 이루려는 일이 Nothing일 때, 즉 내가 주인 되어 이룬 일이 아무것도 아닌 것을 알 때 모든 것을 가질 수 있다는 말입니다. 《Jesus All 예수로 충분합니다》라는 책은 우리 속에 내가 주인 되려고 하는 '거짓 자아'를 내려놓고 오직 예수가 주인 되신 삶이 될 때 세상 모든 것을 얻을 수 있다고 말해줍니다. 이것이 참된 그리스도인입니다.

사랑하는 여러분! 거짓 자아 '나'의 정반대 삶은 예수입니다. 내가 죽고 예수만으로 살 때 세상의 모든 것이 내 것이 되는 이 놀라운 삶, 참 그리스도인이 되시길 축복합니다. 아멘!

"바나바는 착한 사람이요 성령과 믿음이 충만한 사람이라 이에 큰 무리가 주께 더하여지더라"(행 11:24).

안디옥 교회는 바나바와 바울을 통하여 믿음과 은혜, 성령이 충만하여 구원이 크게 일어나 주님께 더해졌다고 합니다. 구원받는 자들이 많아짐으로 주님께 더해져서 하나님의 나라가 확장되었다는 것입니다. 하나님의 통치가 일어나는 하나님의 나라가 더해지는 놀라운 축복이 있었습니다. 이처럼 여러분의 가정에도 하나님 나라가 점점 더 커져야 합니다. 이럴 때 우리의 삶 속에서 어둠의 세력이 떠나고 빛의 삶이 확대되는 것입니다.

성도들의 환난, 기도가 답이다

(행 12:1-19)

우리가 사는 이 세상을 우리는 흔히 고해(苦海)라고 합니다. 고통의 바다라는 뜻이지요. 모든 사람들이 세상을 살아가면서 원치 않더라도 환난과 고난, 시련이 있기 마련입니다. 그런데 문제는 고통의 문제를 극복하고 승리하는 사람이 있는가 하면, 그 시련과 환난으로 삶이 무너지는 사람도 있습니다. 우리가 환난에 어떻게 대처하는가에 따라 삶의 승리와 실패가 결정된다는 사실입니다. 바다 위에 떠 있는 돛단배가 풍랑을 만났을 때 돛을 바람의 방향으로 잘 맞추면 오히려 배가 빨리 잘 갈 수 있지만, 돛을 풍랑과 반대로 했을 때는 배가 뒤집히고 파손되어 사람이 위험에 빠질 수도 있는 것입니다.

성경에서도 우리에게 문제나 어려움이 닥치지 않기를 기도하라고 말씀하지 않으셨습니다. 너희의 삶 가운데 어떠한 환난이라도 두려워하지 말고 이겨내라고 하셨습니다. 그러므로 우리는 환난과 고통을 어떻게 극복할 수 있는가에 대해 영적 눈을 떠야 합니다.

야고보는 성도가 시련과 환난을 극복하는 영적인 비밀에 대해 정확하게 말씀해 주고 있습니다.

"내 형제들아 너희가 여러 가지 시험을 당하거든 온전히 기쁘게 여기라 이는 너희 믿음의 시련이 인내를 만들어 내는 줄 너희가 앎이라 인내를 온전히 이루라 이는 너희로 온전하고 구비하여 조금도 부족함이 없게 하려 함이라"(약 1:2-4).

첫째, 주님 안으로 들어가 믿음으로 시험을 온전히 기쁘게 여기라는 것입니다.

다시 말해서, 긍정적인 시야를 가질 수 있어야 한다는 의미입니다. 이것은 인간의 힘으로는 불가능합니다. 누구든 시험과 환난, 고난을 기쁘게 생각할 수 있는 사람은 없기 때문입니다. 그러므로 시련과 고난과 시험이 올 때 성도가 제일 먼저 해야 할 일은 믿음으로 주님 안으로 들어가는 것입니다.

주님 안으로 들어가는 것은 주님을 가까이하는 것인데, 어떤 이들은 어려움을 당하면 주님을 원망하고 더 멀리하기도 합니다. 환난이 다가올 때 내 힘으로 해결해 보려고 시도하지 말고 믿음으로 주님 안으로 들어가야 합니다. 그러면 여러분의 문제가 풀어지고 온전한 상태로 회복되어집니다. 즉 주 안에는 환난이나 시험이 없고 평강이 있기에 시련을 기쁘게 생각할 수 있게 되고 견딜 수 있는 힘을 공급받게 되는 것입니다. 주님은 문제를 해결하는 방법을 복잡하게 만들지 않으셨습니다. 단순한 한 가지 방법을 가르쳐 주셨는데 그것은 바로 "내게 오라"입니다. 수고하고 무거운 짐 진 자들은 다 내게 오라고 하셨습니다.

"평안을 너희에게 끼치노니 곧 **나의 평안을 너희에게 주노라 내가 너희에게 주는 것은 세상이 주는 것과 같지 아니하니라** 너희는 마음에 근심하지도 말고 두려워하지도 말라"(요 14:27).

우리에게 어떤 어려움이 다가오더라도 세상과 다른 평안을 주실 분은 오직 예수 한 분뿐이십니다. 그러므로 여러분이 문제를 해결하려 하거나 환경에 붙잡히지 말고, 주님 안으로 들어가 긍정적인 시야를 소유하기까지 주님 안에 머물러야 평안을 누리게 됩니다.

둘째, 믿음의 시련이 인내를 만들어 내야 한다는 것입니다.

'인내'는 헬라어로 '휘포모넨'으로, '굳게 서 있다'라는 완료 진행형으로 쓰이고 있습니다. 이것은 무조건 참고 견디는 것이 아니라, 어떤 문제 상황에서든 그 환경에 붙잡히지 말고 주님 안에 서 있으라는 말입니다. 내 생각과 감정에 끌려다니면 주님 안에서의 인내를 이루지 못합니다. 그러나 우리가 주님 안에 들어갈 때, 예수의 생각과 감정을 받아내어 인내로 굳게 서 있을 수 있는 힘을 공급받게 됩니다. 이때 복되고 긍정적인 말씀이 우리의 심중(헬: 카르디아), 즉 잠재의식에 기록된다는 것입니다.

그러나 안타까운 것은 우리가 주님의 생각과 감정을 받아내는 그릇이 되지 못하면 아무리 능력의 하나님이라 할지라도 여러분에게 응답하실 수 없다는 것입니다. 그러므로 우리의 심중에 세상 영이 아니라 말씀이 기록됨으로 주님 안에 굳게 서 있는 인내를 이루어야만 하는 것입니다.

"주께서 이르시되 **그날 후로는 그들과 맺을 언약이 이것이라** 하시고 **내 법**

을 그들의 마음에 두고 그들의 생각에 기록하리라 하신 후에"(히 10:16).

하나님의 말씀을 우리의 심중에 기록하는 이것이 '새 언약'입니다. 이제 우리는 구약에 사는 사람이 아니라는 것입니다. 그러므로 새 언약 시대를 살아가고 있는 우리가 반드시 기억해야 할 것은 내 안에 말씀이 기록되어 있지 않으면 하나님이 역사하실 수가 없다는 것입니다. 그러므로 새 언약은 내 생각을 붙잡는 것이 아니라, 심중에 그 하나님의 말씀을 기록하는 것입니다. 하나님 말씀이 우리의 겉마음에도 들어오기는 하지만 어느새 세상에 빼앗기기도 합니다. 그러므로 깊은 속마음(심중)에 기록해야 합니다.

셋째, 그러면 너희로 조금도 부족함이 없는 구원을 이루게 하신다는 것입니다.

여기에 중요한 영적 진리가 있습니다. 우리가 교회를 수십 년 다녔다고 하나님께서 도우시는 것이 아닙니다. 우리가 주 안에 들어가 말씀을 심중에 기록함으로써 인내를 이루면, 주님이 역사하실 수 있는 통로가 만들어진다는 것입니다. 그러므로 주의 길을 예비하게 되면 어떤 환난이 오더라도 주님의 능력(천군 천사)이 우리를 구원하여 승리하게 하신다는 사실입니다. 그렇습니다. 성도 여러분의 심중에 기록된 그 말씀을 타고 하늘에서 파송된 천사가 여러분의 환경을 변화시키는 놀라운 경험을 하시기를 축복합니다. 할렐루야!

"내가 환난 중에 다닐지라도 주께서 나를 살아나게 하시고 **주의 손을 펴사 내 원수들의 분노를 막으시며 주의 오른손이 나를 구원하시리이다**"(시 138:7).

'주의 손'은 천사나 성령의 능력을 의미하는데, 우리를 건져주시는 능력의 손이 도울 때 세상을 넉넉히 이기게 됩니다. 시편 23편에 "여호와는 나의 목자시니 내게 부족함이 없으리로다"는 다윗의 고백이 있습니다. 하나님께서 우리를 통해 나타나실 때라야 부족함이 없는 온전한 상태가 되는 것입니다. 그러므로 우리가 가지고 있는 물질, 명예, 권력 때문에 부족함이 없는 것이 아닙니다. 그것들은 한순간에 날아가 버릴 수 있지만, 주님을 담는 그릇인 우리를 통하여 그분이 나타나실 때 비로소 부족함이 없는 충만을 경험하게 되는 것입니다.

결론적으로 성도들의 구원의 역사는 이미 다 이루어졌기에, 오직 우리는 기도로 주님 안으로 들어가기만 하면 되는 것입니다. 그러면 이제 우리는 주 안에서 온전히 기뻐할 수 있고 더 이상 환경에 붙잡히지 않게 되므로 주님 안에서 인내할 수 있게 됩니다. 주님 안에 인내를 이루어 주님의 길이 열리면, 천군 천사로 구원의 역사가 일어나는 것입니다.

위에서 말씀드린 시험을 온전히 기쁘게 여기고, 인내를 만들어 내며, 부족함이 없는 구원을 이루게 하는 이 세 가지는 오직 기도로 되는 것입니다. 기도하지 않으면서 어떻게 하나님의 역사를 기대할 수 있습니까? 그러므로 하나님을 가까이하는 비결은 기도 외에는 없습니다.

모든 일은 기도로 하는 것입니다. 기도로 주님 안으로 들어가는 것이고, 기도로 주 안에서 인내를 이루는 것이며, 기도로 주님께 요청함으로써 응답을 받아내는 것입니다. 그래서 우리 교회가 '하루 한 시간 절대 한 시간' 기도 운동을 하는 이유입니다. 그러므로 성도들에게 환난 앞에서 해답은 기도인 것입니다. 여러분의 좋은 직장이

나 여러분의 능력에 해답이 있는 것이 아니라 오직 기도입니다. 그렇습니다. 여러분이 기도에 대한 영적 눈을 뜰 때 교회만 출석하는 종교인이 아니라 비로소 성도가 되는 것입니다.

"내가 고통 중에 여호와께 부르짖었더니 여호와께서 응답하시고 나를 넓은 곳에 세우셨도다"(시 118:5).

시편 118편에서 "나를 넓은 곳에 세우셨도다"라는 말씀은 여호와께 부르짖을 때, 사방이 막힌 감옥과 같은 환경과 고통으로부터 '자유롭게 벗어나게 하셨다'는 것입니다. 우리를 자유케 하시는 분은 주님이십니다. 그러므로 기도하지 않는 자는 환난을 이길 수 없습니다. 우리가 기도할 때 천군 천사가 돕습니다.

성경 본문에도 베드로가 옥에 갇혀 죽게 되는 위험 속에서 오직 기도로 그 환난을 극복하고 축복의 구원을 이루는 모습을 볼 수 있습니다.

1. 성도는 어려울 때보다 모든 것이 잘된다고 할 때 더 시험과 환난이 일어납니다

"그때에 헤롯 왕이 손을 들어 교회 중에서 몇 사람을 해하려 하여 요한의 형제 야고보를 칼로 죽이니 유대인들이 이 일을 기뻐하는 것을 보고 베드로도 잡으려 할새 때는 무교절 기간이라 잡으매 옥에 가두어 군인 넷씩인 네 패에게 맡겨 지키고 유월절 후에 백성 앞에 끌어내고자 하더라"(행 12:1-4).

사도행전 12장에서 '그때'라고 하는 것은, 베드로가 고넬료 집에서 부흥 집회를 대성공으로 마친 후에 안디옥 이방인들에게 큰 영향을 끼치면서 바울과 바나바에 의해 교회가 성장한 시기를 말합니다. 바로 그때 성도들에게 환난이 찾아온 것입니다. 헤롯 왕의 핍박이 시작되면서 먼저 요한의 형제 야고보를 죽인 후, 그것을 유대인들이 좋아하니 베드로까지 잡아 옥에 가두고 죽이려 했습니다. 절체절명의 위기이고 환난이지요. 여기서 진리를 잘 알아야 합니다. 영적 부흥이 일어나는 곳에는 어둠의 역사도 동시에 일어날 수 있다는 것입니다.

성도 여러분! 세상에서 잘나간다 할 때 깨어 있기를 축원합니다. 사탄은 여러분에게 모든 일이 순조롭게 풀어지고 영적으로 해이해지고 자만해지면 넘어뜨리려고 달려듭니다. 어둠의 세력은 그때 침투하여 성도들의 삶에 환난을 불어넣는 것입니다. 그래서 성도는 늘 깨어 있어야 하고, 경계하고 기도해야 합니다.

지난 2022 항저우 아시안게임에서 롤러스케이팅 남자 스피드 1,000m 스프린트에서 마지막 주자였던 선수가 승리를 확신하여 결승선 전 10m 정도 지점부터 상체를 들어올렸고, 결승선이 눈앞에 다가오자 똑바로 선 자세로 손을 번쩍 드는 만세 세리머니를 하면서 통과했습니다. 그러나 섣부른 세리머니를 하는 사이에 바로 뒤에서 바짝 추격하던 대만 선수가 발을 앞으로 뻗어 결승선에 먼저 도착함으로써 0.01초 차로 금메달을 놓치는 불명예스러운 일이 발생하였습니다. 이와 같이 성도들의 삶 속에서도 아무런 문제도 없고 걱정거리가 없는 좋은 환경에서 더욱 깨어 있어야 어둠의 공격으로부터 뒤통수를 맞지 않습니다.

"그러므로 이르시기를 잠자는 자여 깨어서 죽은 자들 가운데서 일어나라 그리스도께서 너에게 비추이시리라 하셨느니라"(엡 5:14).

그러므로 늘 기도하셔야 합니다. 신앙이라는 것은 사람이 보거나 보지 않거나 상관없이, 사람들이 아무도 보지 않을 때 나는 하나님 앞에서 누구인가가 중요합니다. 사람들이 볼 때 잘 보이려는 것은 신앙이 아닙니다. 오직 주님 앞에서 나의 중심을 보이는 정직함으로서 있으셔야 합니다.

"그때에 **아말렉이 와서 이스라엘과 르비딤에서 싸우니라**"(출 17:8).

출애굽기 17장에도 보면 백성들이 해이해질 때 아말렉이 뒤에서 공격을 합니다. 이스라엘 백성들이 휴식처를 의미하는 '르비딤'에 천막을 쳤으나 물이 나지 않아 모세를 원망하였는데, 모세가 하나님의 지시에 따라 바위를 지팡이로 쳐서 물을 냈습니다. 그래서 이스라엘 백성이 물을 공급받은 후 쉬고 있을 때, 아말렉의 어둠의 세력이 침공한 것입니다. 그것을 눈치챈 모세는 여호수아를 보내어 싸우라고 지시하고, 자신은 산으로 올라가 기도함으로 아말렉을 물리치고 승리하게 됩니다.

"이것을 너희에게 이르는 것은 **너희로 내 안에서 평안을 누리게 하려 함이라 세상에서는 너희가 환난을 당하나 담대하라 내가 세상을 이기었노라**"(요 16:33).

우리 성도들의 휴양지는 '주님 안'입니다. 주 안에서의 안식을 놓치지 않도록 굳게 서야 하며, 여러분의 환경이 편안하고 잘될 때 평강을 놓치지 않기를 축원합니다. 주님 안에만 평강이 있고, 승리가 있습니다. 주님만이 세상을 이길 수 있기 때문입니다.

2. 성도가 환난 앞에 기도하면
천사가 역사하여 참 자유의 구원의 길을 엽니다

"잡으매 옥에 가두어 군인 넷씩인 네 패에게 맡겨 지키고 유월절 후에 백성 앞에 끌어내고자 하더라 이에 **베드로는 옥에 갇혔고 교회는 그를 위하여 간절히 하나님께 기도하더라**"(행 12:4-5).

"깨닫고 마가라 하는 요한의 어머니 마리아의 집에 가니 **여러 사람이 거기에 모여 기도하고 있더라**"(행 12:12).

성경 본문을 보면, 베드로가 헤롯에게 붙잡혀 옥에 갇힌 채 죽음이 다가올 때 흔들리지 않고 기도하였고, 교회 성도들도 기도하였으며, 요한의 어머니 마리아 집에서도 부르짖었습니다. 그러자 천사가 나타나 갇혀 있던 그가 놀랍게 옥에서 저절로 풀려나게 되었습니다. 이처럼 기도는 위대합니다. 그러므로 우리에게 문제가 닥칠 때 내 힘으로 해보려고 하기 전에 먼저 기도하고 부르짖으면 평강이 옵니다. 이 평강은 내가 주님 안으로 들어갔다는 증거입니다. 이때부터 여러분은 먼저 하나님의 말씀을 붙잡을 수 있게 되고, 그 말씀을 붙잡았다면 이제 천사가 역사할 수 있는 발판이 마련된 것이며, 그렇다면 이제 여러분의 문제가 해결되는 것입니다.

"홀연히 주의 사자가 나타나매 옥중에 광채가 빛나며 또 **베드로의 옆구리를 쳐 깨워 이르되 급히 일어나라 하니 쇠사슬이 그 손에서 벗어지더라**"
(행 12:7).

그러므로 천사가 역사하면 우리의 문제가 홀연히 풀어집니다. '홀연히'라는 말은 나도 모르는 사이에 해결된다는 의미입니다. 이것이 하나님의 역사인 것입니다.

"천사가 이르되 띠를 띠고 신을 신으라 하거늘 베드로가 그대로 하니 천사가 또 이르되 겉옷을 입고 따라오라 한대 베드로가 나와서 따라갈새 천사가 하는 것이 생시인 줄 알지 못하고 환상을 보는가 하니라 이에 첫째와 둘째 파수를 지나 시내로 통한 쇠문에 이르니 **문이 저절로 열리는지라** 나와서 한 거리를 지나매 천사가 곧 떠나더라"(행 12:8-10).

여기서 기도의 참 놀라운 구원의 역사가 일어나는데, 모든 것이 저절로 풀어지는 해방이 일어납니다. 베드로 자신도 이것이 꿈인지 생시인지 분간이 안 되는 순간에 옥문이 열리는 역사가 일어난 것입니다. 이것이 하나님의 기도에 의한 구원의 역사입니다. 세상의 문제도 마찬가지로 내가 똑똑해서 해결되는 것이 아니라 기도할 때 저절로 되는 것입니다. 내가 문제를 잘 해결한다 해도 또 다른 근심거리가 기다리고 있다는 것을 아셔야 합니다. 그러므로 하나님이 하실 때 아무런 문제 없이 홀연히 해결되어집니다.

영국의 유명한 성공회 사제인 제레미 테일러(Jeremy Taylor, 1613-1667)는 기도에 대한 설교에서 "기도는 복을 내려주실 때까지 하나님과 천사들을 붙들어 둘 수 있는 힘이 있다. 그것은 지독한 가뭄 속에서 비를 내려주실 수도 있고, 철갑을 두른 바윗덩이를 어루만져 눈물로 녹아내리게 할 수도 있다. 북극에 있는 얼음산에 명령하여 비를 내리게 할 수도 있다"라고 했습니다.

그는 설교의 결론으로, "기도는 기도하는 자에게 힘과 용기를 주어 만물을 변화시킬 수 있는 자신감과 믿음을 주며, 불가능한 것처럼 보이던 일까지 해낼 수 있는 힘을 갖게 한다. 오직 기도만이 천사를 불러낼 수도 있고, 기도만이 천사를 붙잡을 수 있다"라고 했습니다. 그렇습니다. 오직 기도만이 천사를 이 땅으로 파송할 수 있고, 기도만이 모든 것을 가능하게 하는 것입니다.

"여호와께서 그의 보좌를 하늘에 세우시고 그의 왕권으로 만유를 다스리시도다 능력이 있어 **여호와의 말씀을 행하며 그의 말씀의 소리를 듣는 여호와의 천사들이여 여호와를 송축하라**"(시 103:19-20).

사랑하는 성도 여러분! 여러분이 환난 가운데 있을 때 기도함으로 말씀대로 생각하고, 말씀대로 느끼며, 말씀대로 선포하면 그 말씀을 천사가 다 이룹니다.

마리아도 기도로 주님 안에 들어갈 때, 처녀인 자신의 몸에서 아들은 낳을 수 없다는 거짓 자아의 생각을 죽이고 영의 인도함을 따라 "말씀대로 이루어지게 하소서"라는 믿음의 고백을 할 수 있었던 것입니다. 말씀 그대로 선포한 그녀의 고백을 들으시고, 하나님께서 마리아를 통해 그 예언적 말씀 그대로를 성취하셨습니다. 그러므로 사랑하는 성도 여러분, 내 생각과 감정을 말하지 말고, 기도한 후에 말씀대로 말하시기를 축원합니다.

"마리아가 이르되 **주의 여종이오니 말씀대로 내게 이루어지이다** 하매 천사가 떠나가니라"(눅 1:38).

3. 환난을 기도로 승리하면
사탄은 실패하고 성도는 더 큰 승리를 합니다

"베드로가 그들에게 손짓하여 조용하게 하고 **주께서 자기를 이끌어 옥에서 나오게 하던 일을 말하고 또 야고보와 형제들에게 이 말을 전하라** 하고 떠나 다른 곳으로 가니라 날이 새매 군인들은 베드로가 어떻게 되었는지 알지 못하여 적지 않게 소동하니 헤롯이 그를 찾아도 보지 못하매 파수꾼들을 심문하고 죽이라 명하니라 헤롯이 유대를 떠나 가이사랴로 내려가서 머무니라"(행 12:17-19).

베드로가 천사들에 의해 그 깊은 감옥에서 탈출하자 헤롯 왕궁에서는 큰 소동이 일어났습니다. 헤롯은 놀라 화를 내며 파수꾼을 다 죽이는 자중지란이 일어납니다. 헤롯의 대실패이지요.

그러므로 환난을 당할 때 기도로 주님 안에 들어가 평강과 인내를 이루고 말씀을 받아낼 때 길이 열려 천군 천사가 역사함으로 온전한 구원을 이루면, 성도는 더 크고 온전한 승리를 하지만 사탄은 완전히 실패를 하는 것입니다. 베드로는 큰 경험과 능력을 체험하면서 그것을 사도들과 성도들에게 승리의 간증으로 힘을 얻게 하였고, 위대한 사역을 위하여 떠나게 됩니다.

"**그가 여호와의 말씀과 같이 하여** 곧 가서 요단 앞 그릿 시냇가에 머물매 **까마귀들이 아침에도 떡과 고기를, 저녁에도 떡과 고기를 가져왔고** 그가 시냇물을 마셨으나"(왕상 17:5-6).

구약에서도 패역한 왕 아합 때에 엘리야가 기도하여 3년 6개월 동안 비가 오지 않아 아합의 북왕국은 사람들이 굶주려 죽어 갑니다. 그러나 엘리야는 그릿 시냇가에 있을 때 물이 마르지 않았고, 까마귀가 갖다 주는 고기와 떡을 먹고 넉넉히 살아나 승리합니다. 까마귀는 천사를 상징하는데, 짐승을 통해서도 역사하시는 주님은 우주 모든 만물을 천사로 사용하실 수 있는 분이십니다.

그렇습니다. 사랑하는 성도 여러분! 성도의 환난은 기도가 해답입니다. 어떤 환난 속에서도 기도로 주님 안에 거하면서 인내를 이루어 주님의 길을 내면 천군 천사가 역사하여 평강과 기쁨으로 환난을 넉넉히 이길 수 있습니다. 아멘.

시련과 고난과 시험이 올 때 성도가 제일 먼저 해야 할 일은 믿음으로 주님 안으로 들어가는 것입니다.

주님 안으로 들어가는 것은 주님을 가까이하는 것인데, 어떤 이들은 어려움을 당하면 주님을 원망하고 더 멀리하기도 합니다. 환난이 다가올 때 내가 해결해 보려고 시도하지 말고 믿음으로 주님 안으로 들어가야 합니다. 그러면 나의 문제가 풀어지고 온전해진 상태, 즉 주 안에는 환난이나 시험이 없고 평강이 있기에 시련를 기쁘게 생각할 수 있습니다. 주님은 문제를 해결하는 방법을 복잡하게 만들지 않으셨습니다. 단순한 한 가지 방법을 가르쳐 주셨는데 "내게 오라"입니다. 수고하고 무거운 짐 진 자들은 다 내게 오라고 하셨습니다.

사망으로 가는
죄에서 탈출하라

(행 12:20-25; 롬 6:20-23)

우리가 자녀들을 키우다 보면 다양한 경험을 합니다. 아이가 처음 태어날 때 그 아이를 보면서 너무 귀엽고 예뻐서 다 천사와 같다고 말하면서 볼에 뽀뽀를 하고, 심지어 기저귀 냄새까지 달다고 합니다. 그런데 부모들은 그 아이가 성장해 가면서 왜 그렇게 말을 안 듣고 동으로 가라면 서로 가고, 서로 가라고 하면 동으로 간다고 한숨을 쉬며 청개구리 같다고 합니다.

어릴 때 부모님이 읽어주셨던 전래 동화 중에 청개구리 이야기가 있지요. 어미 청개구리가 새끼 청개구리를 낳았는데, 너무 말을 안 듣고 매사를 거꾸로 하는 것입니다. 그래서 어미 청개구리가 늙어 죽기 직전에 걱정하면서 "내가 죽거든 물가에 묻어 달라"고 유언을 거꾸로 했습니다. 사실 어미의 마음은 뭍에 묻으라는 뜻이었죠. 그런데 새끼 청개구리가 철이 들었는지, 평소에 어머니 말을 안 들었으니 이제는 순종해야 한다고 생각하고 어미가 죽자 어미 말대로 물가에 묻은 것입니다. 그래서 장마가 지고 비만 오면, 어미 무덤이 떠내려갈까 걱정이 되어 개골개골 운다는 내용입니다.

부모들은 "우리 아이는 왜 이리 고집이 센지 모르겠다. 우리 아이는 자아가 너무 강하고, 자존심이 너무 강하다"라고 합니다. 이러한 사람의 본성을 영적인 관점에서 볼 때, 모든 것을 내 뜻대로 하려는 청개구리와 같은 부분이 있는데, 이것이 바로 아담으로부터 받은 어둠과 죄악의 본성입니다. 그렇기 때문에 인간의 마음 안에는 누구나 다 청개구리가 한 마리씩 살고 있다는 것입니다.

"그러므로 한 사람으로 말미암아 죄가 세상에 들어오고 죄로 말미암아 사망이 들어왔나니 이와 같이 모든 사람이 죄를 지었으므로 사망이 모든 사람에게 이르렀느니라"(롬 5:12).

아담으로부터 죄가 들어왔고 사망이 왔습니다. 죄의 삯은 사망이므로 죄를 지은 모든 인류는 사망으로 달려가고 있습니다. 우리는 이 문제를 반드시 해결해야 합니다. 교회에서 새신자들을 통하여 제일 많이 듣는 질문 중의 하나가 "왜 아담이 따 먹은 선악과 때문에 우리가 죄인이 되었느냐?"입니다. 사람들이 흔히 하는 이 질문에 대단히 깊은 영적 진리가 숨어 있습니다.

"너희가 그것을 먹는 날에는 너희 눈이 밝아져 하나님과 같이 되어 선악을 알 줄 하나님이 아심이니라"(창 3:5).

언뜻 보면 창세기 3장 5절의 '눈이 밝아졌다, 하나님과 같이 되었다, 선악을 분별하게 되었다'는 말씀이 좋아 보이지만, 하나님께서는 자신이 창조하신 인간들에게 무서운 경고의 말씀을 하시는 것입니다. '눈이 밝아져'는 '블레포'라는 헬라어로, '열리다'라는 뜻입니다. 인간이 선악과를 먹지 말라는 창조주의 명령에 불순종하여 먹게 되니, 어둠의 세계(죄악의 세계)가 열렸다는 뜻입니다. 보지 말아야 할 세계에 눈이 떠짐으로 세상(어둠)을 보는 눈은 열리고 영적 세계에는 눈이 닫혀버린 상태를 말합니다. 오히려 열리지 말아야 할 세계에 눈이 열려버린 것이 인간의 비극인 것입니다.

> "주의 성령이 내게 임하셨으니 이는 가난한 자에게 복음을 전하게 하시려고 내게 기름을 부으시고 나를 보내사 포로 된 자에게 자유를, **눈먼 자에게 다시 보게 함을 전파하며** 눌린 자를 자유롭게 하고 주의 은혜의 해를 전파하게 하려 하심이라 하였더라"(눅 4:18-19).

에덴동산에서는 빛의 세계만 있었습니다. 그러나 첫 사람 아담이 선악과를 먹은 후 어둠에 눈을 뜨게 되면서 하나님과 분리된 죄의 상태에 있게 됩니다. 그러나 예수님께서 이 땅에 오셔서 어둠의 세계를 닫으시고, 하나님 나라인 빛의 세계를 다시 볼 수 있도록 하신 것입니다. 그러므로 예수 그리스도를 믿고 거듭난 자는 세상의 쾌락이나 음란과 같은 어둠이 보이지 않습니다. 아예 쳐다보기도 싫어집니다.

그러나 아직도 세상이 주는 즐거움이 너무 좋은 것은 타락이며, 사망으로 끌려가고 있는 것입니다. 하나님과 분리된 상태를 말합니다. 이처럼 하나님과 분리된 영적 사망의 상태에 있던 사람은 호흡이 끊어지는 마지막 순간 몸과 영(spirit)이 분리되면서 그 사람의 영은 지옥으로 떨어지게 됩니다. 이것이 하나님과 분리된 자에게 임하는 무서운 결과입니다.

청교도인들이 복음을 전할 때 하는 말이 있는데, "인간은 한 번 태어나면 두 번 죽고, 두 번 태어나면 한 번 죽는다"라고 합니다. 사람이 어머니의 모태로부터 한 번만 태어나면 늙어서 호흡이 끊어지는 순간 몸과 영이 동시에 지옥으로 떨어집니다. 그러나 우리가 모태로부터 한 번 태어나고 그 후에 예수 믿고 거듭나 두 번 태어나면, 우리의 영은 하나님 나라로 들어가게 된다는 복음의 메시지인 것입니다. 그러므로 우리는 두 번 태어나는 거듭난 자가 됨으로 하나님 나라에 눈이 열려야 합니다.

또한 "하나님과 같이 되어"는 인간이 하나님과 분리된 상태, 즉 영적 죽음을 의미합니다. 거듭난 성도는 '하나님같이 되는 것'이 아니라, '하나님과 하나'가 되어야 하는 것입니다. 우리는 하나님과 연합되어야 하는 존재임에도 불구하고 하나님과 분리되어 내 자신이 왕이 되려고 합니다. 이것은 다른 말로 하면, '하나님의 기준이 아닌 자기의 기준'을 가진 자가 되었다는 것입니다. 이것이 바로 마귀의 속성이고, 죄의 본성인 청개구리입니다.

인간의 기준으로 정한 선과 악은 상황에 따라 변할 수 있기 때문에 절대 진리가 아니며, 오직 하나님의 말씀에 순종하는 것만이 우리의 최고의 '선(善)'인 것입니다. 사람이 스스로 하나님이 되어 자기 기준으로 다른 사람과 상황에 대해 옳고 그름을 판단하는데, 오히려 자신은 행복하지 않게 됩니다.

그러므로 인간은 스스로의 기준이 없어야 합니다. 아이가 엄마의 품에 있을 때 자기의 기준이 없으므로 부모가 가자는 대로 따라가는 것이 그 아이의 생존이고, 선(善)입니다. 이처럼 거듭난 자가 해야 하는 선한 싸움은 주님과 연합함으로써 주님의 뜻에 우리의 마음을 일치시키는 것입니다.

"그때에 이스라엘에 왕이 없으므로 **사람이 각기 자기의 소견에 옳은 대로**

행하였더라"(삿 21:25).

사사기 21장 말씀에도 보면, 하나님이 그 안에 없는 사람은 각자 자기의 소견에 옳은 대로 행하였다고 말합니다. 하나님이 없는 사람은 자기의 판단이 옳다고 생각하기 때문에 기도하지 않습니다.

자기 자신이 왕이 되어버린 인간은 각자의 기준을 고집하면서 '겁쟁이'(coward)가 되지 않기 위해 어느 한쪽이 이길 때까지 피해를 무릅쓰고 경쟁하는 다양한 이해관계와 형태로 한 치의 양보 없는 수많은 치킨게임(chicken game)처럼 끝이 나지 않는 싸움을 합니다. 이렇듯 여러분의 가정에서도 부부가 각자 서로의 기준을 가지고 판단하기 때문에 파국으로 치닫게 되는 것입니다.

이처럼 인간의 기준으로 옳고 그름을 판단하는 것은 우리가 아직 어둠에 있다는 것이고, 하나님과 떨어져 있다는 증표입니다. 그러므로 우리가 은혜의 세계에 눈을 떠야 하는데, 율법의 세계에 눈이 떠져 남을 비판하고 판단하는 것이 인간 불행의 씨앗입니다.

"너희가 **죄의 종이 되었을 때에는**…무슨 열매를 얻었느냐 이제는 너희가 그 일을 부끄러워하나니 이는 **그 마지막이 사망임이라**"(롬 6:20-21).

하나님이 금하시는 것에 불순종하는 이런 인간의 본성을 우리가 옛사람이라고 하고, 이런 삶을 살면 나중은 사망(죽음)이고, 끝에 가서는 하나님과 영원히 분리된 지옥으로 가게 되는 것입니다. 그래서 예수님은 십자가의 죽음과 부활을 통해 영생하는 길을 열어 주신 것입니다. 우리의 옛사람은 예수와 함께 십자가에서 죽고 새 생명으로 부활하여 죄에서 탈출함으로 영원한 생명의 길로 가야 합니다.

"죄의 삯은 사망이요 **하나님의 은사는 그리스도 예수 우리 주 안에 있는 영생**이니라"(롬 6:23).

그러므로 주 안에서 하나님의 은혜로 주신 구원을 받은 자는 마지막 목숨이 끊어지는 순간 몸은 깨어지지만, 예수 안에 있는 영생을 받게 됩니다. 이것이 사망의 지옥으로 향하고 있는 불신자들에게 예수 믿고 하나님 말씀에 붙잡혀 사는 우리가 전도해야 하는 이유인 것입니다. 사랑하는 여러분, 우리는 어떤 경우라도 이 사망의 죄에서 탈출해야 합니다.

성경 본문을 중심으로 사망으로 가는 죄에서 탈출하는 길을 생각해 보겠습니다.

1. 헤롯 왕처럼 하나님의 영광을 탐내는 죄악의 교만을 버려야 합니다

"헤롯이 날을 택하여 왕복을 입고 단상에 앉아 백성에게 연설하니 백성들이 크게 부르되 이것은 신의 소리요 사람의 소리가 아니라 하거늘 **헤롯이 영광을 하나님께로 돌리지 아니하므로 주의 사자가 곧 치니 벌레에게 먹혀 죽으니라**"(행 12:21-23).

성경 본문에 나오는 헤롯 왕은 예수님 당시 헤롯 왕의 손자인 헤롯 아그립바 1세입니다. 헤롯 왕가는 로마 황제를 대신하여 이스라엘을 통치하면서 예수 믿는 유대인들이나 제자들을 잔혹하게 해하고 대대로 핍박한 사악한 왕들입니다. 헤롯 왕은 기독교가 부흥하자 요한의 형제 야고보를 칼로 죽이고, 베드로까지 죽이려고 했으나 천사의 도움으로 탈출할 수 있었습니다. 헤롯은 여기서 그치지 않고 자신이 다스리는 두로와 시돈 사람들에게 심한 갑질을 하고 심지어 곡식을 끊어버리기도 한 것입니다.

"헤롯이 **두로와 시돈 사람들을 대단히 노여워하니** 그들의 지방이 왕국에서 나는 양식을 먹는 까닭에 한마음으로 그에게 나아와 **왕의 침소 맡은 신하 블라스도를 설득하여 화목하기를 청한지라**"(행 12:20).

그러자 두로와 시돈 사람들이 헤롯 왕의 침소 맡은 신하, 왕의 비서실장격인 블라스도에게 뇌물을 주고 헤롯 왕의 환심을 사려고 한 것입니다. 그래서 헤롯 왕이 그들을 모아 놓고 왕복을 차려입고 크게 소리치면서 연설을 하였는데, 그들이 모두 이 소리는 사람의 소리가 아니고 "신의 소리다"라고 아첨합니다. 그로 인해 헤롯 왕이 우쭐해서 자기가 신이나 된 것처럼 하나님의 영광을 독차지하는 교만의 죄에 빠진 것입니다. 그때 천사가 쳐서 헤롯이 벌레에 먹혀 현장에서 즉사합니다. 천사는 성도에게는 돕는 자이지만 죄악에 빠진 자들에게는 심판자로 역사합니다.

그러므로 우리는 내가 주인이라고 하는 의식을 십자가에 못 박아야 합니다. 구원받았다면 주인은 나 자신이 아니라 따로 있는데, 그분은 바로 주님이십니다. 우리의 삶에 '나에게 주인이 따로 있다'는 것을 아는 사람은 기도합니다. 기도는 자기 목적을 이루기 위해 하는 것이 아니라, 주님의 뜻을 따르기 위해 하는 것입니다. 인간 안에는 누구나 자기 뜻대로 하려는 사탄의 본성이 들어 있는데, '나'라는 우상을 만든 죄를 무너뜨리는 방법은 기도입니다. 기도는 반드시 우리가 예수와 하나가 되어, 예수 안에서 주님의 뜻을 구해야 하는 것입니다.

그렇습니다. 우리 속에 주님이 없으면 이처럼 하나님에게서 분리되어 스스로 왕 된 것처럼 교만해지는 청개구리, 하나님의 영광을 탐내는 교만이 작동합니다. 이처럼 우리가 하나님과 분리된 상태에 있으면 죄의 세력에서 벗어나지 못하고 사망으로 끌려가고 마는 것입니다. 우리 안에도 꿈틀거리는 헤롯이 있습니다. 그러므로 나의 주인은 내가 아니라는 것을 절대로 잊어버리면 안 됩니다. 사랑하는 성도 여러분! 지금 우리 교회가 하는 '절대 한 시간, 무조건 한 시간' 기도 운동에 전심으로 참여하셔서 헤롯의 죄를 내어쫓으시기를 축복합니다.

"헤롯이 영광을 하나님께로 돌리지 아니하므로 주의 사자가 곧 치니 벌레에게 먹혀 죽으니라"(행 12:23).

예수님 당시에 유명한 정치가이자 역사가였던 요세푸스는 "영광을 하나님께 돌리지 아니하니 그의 몸에 천사가 쳐서 회충이 온몸에 들어가서 5일 만에 즉사하였다"라고 기록하였습니다.

"나는 여호와이니 이는 내 이름이라 나는 내 영광을 다른 자에게, 내 찬송을 우상에게 주지 아니하리라"(사 42:8).

'여호와'는 '야훼'라는 의미로, 모든 것을 지배하는 '절대신'이라는 뜻입니다. 그러므로 하나님은 자신의 영광을 다른 사람에게 빼앗기지 않으십니다. 그래서 사도 바울은 "나는 날마다 죽노라" 한 것입니다. 이것은 내가 주인 되는 자리에서 날마다 내려온다는 그의 고백입니다. 그러나 기도하지 않는 자는 자신의 자유의지를 마귀와 연합시켰기 때문에 하나님이 역사하실 수 없습니다.

우리가 이 땅에 살고 있는 동안에는 육신이 아직 살아 있기 때문에, 내 안에 하나님과 분리되어 튀어나오는 옛사람인 아담의 속성(마귀의 속성)을 십자가에 넘겨야 합니다. 그러면 이제는 내가 죽고 예수의 성품과 능력을 소유한 속사람(새사람)이 커짐으로 겉사람(옛사람)을 뚫고 나올 때 하나님의 승리가 일어나는 것입니다.

할렐루야! 이것이 하나님께 영광을 돌리는 것으로, 우리가 이 땅에 주님의 영광을 나타내고 운반하는 통로가 됩니다. 이처럼 날마다 속사람이 겉사람을 뚫고 나오게 하는 것이 기도이며, 그리스도인의 신앙생활인 것입니다.

2. 사망의 죄에서 탈출하려면 말씀에 붙잡혀 주님과 하나가 되어야 합니다

"하나님의 말씀은 흥왕하여 더하더라"(행 12:24).

헤롯은 하나님의 영광을 탐내는 교만의 죄에 빠져 비참한 심판을 받았지만, 하나님의 말씀은 흥왕하여 그리스도인이 크게 늘어났다고 증언하고 있습니다. 이 말씀 속에 우리를 사망으로 끌고 가는 죄악에서 벗어나는 길이 제시되어 있습니다. 그것은 우리가 말씀에 붙잡혀 주님과 하나가 될 때, 사망의 죄에서 탈출할 수 있다는 것입니다. 그러므로 우리가 문제 앞에 서 있다 할지라도 걱정할 필요가 없습니다. 날마다 말씀에 붙잡히면 승리하는 것입니다.

문제를 내 힘으로 해결하려고 하지 말고 말씀을 붙잡을 때, 내 안에서 하나님과 분리된 죄가 끊어지는 것입니다. 이것이 은혜이며, 주님 안으로 들어가 기도하면 주님께 붙잡힌 것을 경험하게 될 것입니다. 그리고 위기 때마다 주님의 음성이 들릴 것입니다. 그러면 이때부터 자유함과 기적의 길이 열립니다. 이때 우리는 살아납니다.

마가복음 5장을 보면, 말씀에 붙잡혀 죄의 세력인 사망에서 벗어나는 기적을 체험한 회당장 야이로의 이야기가 나옵니다. 회당장 야이로가 자기 딸이 다 죽어가자 주님께 찾아와서 고쳐달라고 부탁합니다.

"회당장 중의 하나인 야이로라 하는 이가 와서 예수를 보고 발 아래 엎드리어 간곡히 구하여 이르되 **내 어린 딸이 죽게 되었사오니 오셔서 그 위에 손을 얹으사 그로 구원을 받아 살게 하소서** 하거늘"(막 5:22-23).

예수님이 야이로와 함께 가시다가 열두 해 혈루병 걸린 여인을 만나 그를 치유해 주시다가 시간이 지체되었습니다. 그 후에 야이로의 집으로 가는 도중에 그의 하인이 나와서 말하기를, 이미 딸이 죽었으니 예수님을 모실 필요가 없다는 것입니다. 기가 막힌 일이지요. 그때 유명한 말씀을 하십니다.

"예수께서 그 하는 말을 곁에서 들으시고 **회당장에게 이르시되 두려워하지 말고 믿기만 하라** 하시고"(막 5:36).

정말 야이로는 엄청난 두려움과 슬픔, 황당함에 빠질 수도 있을 것입니다. 그 딸은 이미 죽은 것이 맞습니다. 그러나 야이로는 하인의 말을 듣지 않고, 주님의 말씀에 붙잡혀 예수님을 모시고 집으로 갑니다. 집에 도착하니 사람들이 통곡을 하면서 예수님을 모시고 온 것을 비웃기까지 합니다. 그러나 야이로는 끝까지 주님과 함께 죽은 딸에게 갑니다. 그때 주님이 명령하십니다. "달리다굼! 소녀야,

일어나라!" 하시니 죽었던 아이가 살아나는 것입니다.

"그 아이의 손을 잡고 이르시되 **달리다굼** 하시니 번역하면 곧 내가 네게 말하노니 **소녀야 일어나라 하심이라 소녀가 곧 일어나서 걸으니 나이가 열두 살이라** 사람들이 곧 크게 놀라고 놀라거늘"(막 5:41-42).

사랑하는 여러분! 하나님의 말씀을 믿지 않는 것이 죄이고 마귀의 속성이며, 아담의 뿌리입니다. 주님과 떨어진 것이 사망이고 죄악의 뿌리입니다. 그러므로 여러분이 말씀에 붙잡히고 주님 안에 들어갈 때 죄악의 사슬이 끊어지고, 영생의 길이 열리는 것입니다.

그러므로 우리 앞에 어떠한 문제가 있더라도 나에게 들려오는 말씀대로 순종하면 됩니다. 주님께서 가라고 하시면 가고, 서라고 하시면 서 있으십시오. 너무 간단하지요. 여러분이 이것을 한 번만이라도 경험한다면 삶이 뿌리째 바뀝니다. 여러분, 기대해 보세요. 하나님이 살아 계시다는 것을 확인하실 수 있을 것입니다.

"사람이 내 안에 거하지 아니하면 가지처럼 밖에 버려져 마르나니 사람들이 그것을 모아다가 불에 던져 사르느니라 **너희가 내 안에 거하고 내 말이 너희 안에 거하면 무엇이든지 원하는 대로 구하라 그리하면 이루리라**"(요 15:6-7).

3. 죄를 이기는 길은 삶의 원천이 세상에서 주님 안으로 돌아오는 것입니다

"바나바와 사울이 부조하는 일을 마치고 **마가라 하는 요한을 데리고 예루살렘에서 돌아오니라**"(행 12:25).

사도행전의 저자인 누가는 헤롯 왕이 하나님의 심판으로 죽었다는 말씀에 이어서, 곧바로 바나바와 사울이 부조하는 일을 마치고 예루살렘에서 안디옥으로 돌아왔다는 이야기를 대조적으로 기록합니다. 바나바와 사울에게는 예루살렘이 훨씬 편하고 안전한 곳일 수 있으나 그들은 로마 관청이 있는 안디옥 이방 땅으로 돌아온 것입니다. 여기에 중요한 영적 원리가 담겨 있습니다.

예수 그리스도와 연합된 자들의 삶의 원천은 화려하고 편안해 보이는 세상이 아니라, 하나님의 복음의 역사가 이방인에게도 일어났던 은혜의 땅이 자신들이 돌아와야 할 원천이라는 것을 알고 있다는 것입니다. 그러므로 바나바와 사울의 삶의 원천이 '주님 안'이라는 의미입니다.

성도들의 삶의 근원은 사업, 직장이나 외적 환경이 아닙니다. 몸은 세상에서 살고 있지만, 거듭난 성도의 영(spirit)이 살아가는 삶의 영토는 '그리스도 안'입니다. 그러므로 예수 믿고 새로 태어난 우리는 삶의 근원으로 되돌아와야 하는 것입니다. 그래서 하나님 나라에 다 이루어진 것을 우리가 살아 있는 동안에 우리 몸으로 이 땅에 나타내는 것이 신앙생활입니다. 이것이 사망으로 인도하는 죄악에서 벗어나는 길입니다.

"그 사람들이 그들을 밖으로 이끌어 낸 후에 이르되 도망하여 생명을 보존하라 **돌아보거나 들에 머물지 말고 산으로 도망하여 멸망함을 면하라**"(창 19:17).

구약에서 소돔과 고모라가 유황불 심판을 받을 때 그곳에서 살던 롯은 아브라함의 기도로 구원을 받습니다. 천사가 롯과 그 아내와 두 딸에게 절대로 뒤를 돌아보지 말라고 합니다. 그러나 롯의 아내는 세상(소돔과 고모라)에 미련을 가지고 뒤를 돌아봄으로 소금 기둥이 되어 목숨을 잃게 됩니다.

"롯의 아내는 뒤를 돌아보았으므로 소금 기둥이 되었더라"(창 19:26).

그렇습니다. 사랑하는 여러분! 우리의 몸은 보이는 세상에서 살지만, 우리의 영은 날마다 주님 안으로 들어가야 합니다. 삶의 근원인 '주님 안'에서 살아갈 때 우리는 사망으로 이끄는 죄악에서 해방됩니다. 우리가 예수 믿고 거듭났다면 예수 안에 우리의 이름이 있습니다. 예수 안에 내 이름이 있을 때 우리는 죄로부터 끊어지며 죄 사함의 확신을 갖게 되는데, 이때부터 우리는 세상을 이기는 담대함을 소유하게 되는 것입니다. 그래서 사도 바울은 주님 안에 거할 때 십자가에서 우리가 세상에 대하여 죽었다고 선언하는 것입니다.

"그러나 내게는 우리 주 예수 그리스도의 십자가 외에 결코 자랑할 것이 없으니 그리스도로 말미암아 세상이 나를 대하여 십자가에 못 박히고 내가 또한 세상을 대하여 그러하니라"(갈 6:14).

사랑하는 여러분! 죄의 삯은 사망입니다. 우리는 사망으로 가는 아담의 죄성을 갖고 태어났지만 예수님을 주님으로 믿어 거듭났다면 그 사망으로 가는 죄의 열차에서 탈출한 것입니다. 그러나 우리가 어둠과 사탄(헤롯의 영)에게 속아서 죄의 유혹에 끌려가면 망하고 맙니다. 그러므로 주님 안에 들어가 말씀에 붙잡힘으로 날마다 세상을 탈출하여 주님 안에 거하는 복된 자가 되어 영생의 길을 가는 자가 되시길 축복합니다. 아멘.

에덴동산에는 빛의 세계만 있었습니다. 그러나 첫 사람 아담이 선악과를 먹은 후 어둠에 눈을 뜨게 되면서 하나님과 분리된 죄의 상태에 있게 됩니다. 그러나 예수님께서 이 땅에 오셔서 어둠의 세계를 닫으시고, 하나님 나라인 빛의 세계를 다시 볼 수 있도록 하신 것입니다. 그러므로 예수 그리스도를 믿고 거듭난 자는 세상의 쾌락이나 음란과 같은 어둠이 보이지 않습니다. 아예 쳐다보기도 싫어집니다.

그러나 아직도 세상이 주는 즐거움이 너무 좋은 것은 타락이며, 사망으로 끌려가고 있는 것입니다. 사망은 하나님과의 분리를 말하는 것으로, 영적 사망의 상태에 있던 사람은 호흡이 끊어지는 마지막 순간에 우리의 몸과 영이 분리되면서 영이 지옥으로 떨어집니다. 이것은 하나님과 분리된 자에게 임하는 무서운 결과입니다.

성령님은
누구에게 역사하시는가?

(행 13:1-3, 8)

우리는 가끔씩 '하나님의 일은 누가 하는가?'라는 질문을 갖게 됩니다. 하나님은 오직 성령께 붙잡힌 사람을 택하셔서 하나님의 일을 이루어 가십니다. 하나님은 성령을 주인으로 섬기는 한 사람을 찾으시는데, 세계 교회사에서 아주 중요한 1904년에 영국의 웨일즈 성령 부흥 사건을 보면 잘 알 수 있습니다. 부흥 운동의 주역인 이반 로버츠(Evan Roberts, 1878-1951)는 낮에는 탄광에서 일을 하고 야간에는 신학교를 다녔는데, 머리카락은 탄진으로 뒤범벅이고 손톱 사이에는 새까만 때가 낀 웨일즈 출신의 한 젊은 광부였습니다. 그는 언변가와 같은 언어의 기술도 없었고, 박학한 사람도 아니었습니다. 그가 알고 있는 유일한 책은 성경이었으며, 그의 마음은 하나님과 그의 거룩한 말씀에 대한 정열로 불타고 있었습니다. 그는 10년간 성령 받기를 기도했는데, 기도 내용은 오직 "저를 굴복하게 하여주시옵소서"였습니다.

어느 날 로버츠가 기도하고 있을 때, 하나님께서 웨일즈에 부흥을 보내실 것이며, 10만 명의 불신자들이 그리스도께 돌아올 것을 계시하여 주셨습니다. 그리고 앞으로 올 부흥은 프레리 초원에 불이 번지는 것처럼 영국에 퍼진 후에, 유럽, 아프리카, 아시아 전역으로까지 퍼져갈 것도 보여주셨습니다. 이 비전에 불타서 로버츠는 설교할 기회를 찾았지만 그에게 기회는 오지 않았습니다. 그래서 그는 용기를 내어서 담임목사님에게 자신이 설교를 하게 해달라고 요청하였고, 처음에는 거절당했지만 여러 번 더 간청한 후에 마지못해 허락을 받게 되었습니다. 17명이 모인 수요일 저녁 설교에서, 그는 광부이며 신참 전도사였지만 당당하게 담대하게 하나님께 들은 말씀을 선포하였습니다.

설교의 내용은 당신은 생각나는 죄를 하나님께 다 고백하십시오. 당신은 생활 속에 좋지 못한 습관을 모두 제거하십시오. 당신은 성령을 사모하고 성령의 인도함에 즉각 순종해야 합니다. 당신은 그리스도 복음을 증거하기 위하여 담대히 대중에게로 나아가야 합니다. 이렇게 단순한 메시지였습니다. 비록 그의 설교는 미숙했지만, 목사와 17명의 교인들은 성령에 압도당하고 방언이 터지면서 하나님을 만남으로 불타기 시작했습니다.

그 후 성령의 폭발적인 역사로 30일 안에, 3만 7천 명이 강단 앞에 나와서 그들의 죄를 회개하고 예수 그리스도를 그들의 구세주와 주님으로 영접했으며, 5개월 만에 10만 명이 웨일즈 전역에서 울면서 그리스도의 왕국으로 모여들었고, 결국 로버츠의 비전은 성취되었습니다. 그는 영국 전역으로 알려진 부흥사가 되었고 무려 200만 명이 회심하는 역사가 일어났습니다. 당시 영국에 얼마나 큰 성령의 역사가 임했는지 재판장에서 판사와 배심원들이 죄수를 위하여 기도를 하다 보니 죄수가 성령을 받는 일이 허다했고 한때 웨일즈 지방에는 판사가 재판할 죄수가 없어 휴정을 했다고 하는 일화도 있습니다.

영국의 어느 신문에서는 이렇게 소개했다고 합니다. "이반 로버츠는 무명의 청년이었지만, 어느 날 하나님의 말씀을 들었을 때 즉각 순종하였다. 그는 자신이 지금의 사역에 인도된 것은, 성령님의 직접적인 인도에 의한 것이라고 말했다. 한 번의 의심이나 망설임도 없이 그는 사람들에게 받아들여졌다. 그가 어디를 가든지, 마음들이 하나님의 사랑으로 불붙었다."

이처럼 그를 통한 부흥의 역사는 전 유럽과 미국, 아프리카, 인도, 중국 그리고 한국까지 성령 받은 선교사들을 통해 영향을 주었고, 1907년 평양 대부흥의 단초를 열게 됩니다. 영국에서 시작된 웨일즈 부흥은 1906년 미국 LA 아주사 지역에 윌리엄 시무어 목사를 통해 오순절 부흥 운동을 일으켰으며, 이때 소명을 받은 메리 럼시라는 한 여성은 한국으로 가라는 성령의 계시를 받았는데 22년 후인 1928년 한국에서 오순절 성령 운동을 벌입니다. 이때 영향을 받은 최자실, 조용기 목사에 의하여 30년 후에 1958년에 오순절 순복음교회가 대조동에 세워졌고 오늘날 여의도 순복음교회가 되었습니다.

사랑하는 여러분! 정말 성령의 역사가 얼마나 대단하고, 성령을 받은 한 사람의 역사가 세상을 얼마나 바꿀 수 있으며, 기도의 역사가 얼마나 중요한지를 깨닫게 됩니다. 누가 무어라고 해도 성령이 역사하는 교회, 기도하는 교회가 세상의 소망입니다. 이처럼 성령의 역사는 사람의 힘으로 되는 것이 아니며 오직 성령에 사로잡힌 사람들에 의해 하나님 나라를 이 땅에 드러내고 나타내는 역사인 것입니다. 이와 같이 하나님 나라를 목격한 사람들을 성경에서는 증인(witness)이라고 합니다.

"오직 성령이 너희에게 임하시면 너희가 권능을 받고 예루살렘과 온 유대와 사마리아와 땅 끝까지 이르러 **내 증인이 되리라** 하시니라"(행 1:8).

본문 말씀에서는 안디옥 교회에 성령님이 역사하셔서 사람을 세우고 세계 선교를 시작하는 것을 볼 수 있습니다. 성령의 역사는 기도하는 자를 통하여 나타나게 되는 것입니다.

"주를 섬겨 금식할 때에 **성령이 이르시되** 내가 불러 시키는 일을 위하여 **바나바와 사울을 따로 세우라** 하시니"(행 13:2).

사도행전 13장에서 바울과 바나바가 성령님이 말씀하시는 것을 인식하고 있는 사람이라는 것을 알 수 있습니다. 이제 성령님이 누구에게 역사하여 하나님을 일을 이루시는가를 생각해 봅시다.

1. 성령님은 사람의 외모가 아니라 주님과 말씀을 사모하는 자에게 역사합니다

하나님은 오직 하나님 자신과 말씀을 사모하는 중심을 보시는 분입니다.

"**안디옥 교회에 선지자들과 교사들이 있으니** 곧 바나바와 니게르라 하는 시므온과 구레네 사람 루기오와 분봉 왕 헤롯의 젖동생 마나엔과 및 사울이라"(행 13:1).

그 당시 안디옥 교회의 선지자와 교사는 주님과 말씀을 사모하여 성령을 받고 그것을 가르치고 전파하는 자들로 신분과 종족이 다양했습니다. 바나바와 사울 그리고 니게르라 하는 시므온이나 구레네 사람 루기오는 신분이 낮은 아프리카 사람으로 이방인이었습니다. 더 놀라운 것은 헤롯왕(안티바스)의 젖동생 마나엔은 헤롯의 배다른 형제, 즉 왕족으로 대단히 신분이 높은 사람입니다.

이처럼 하나님께서 쓰시는 사람은 바울 같은 학식이 있는 사람, 흑인이었던 노예나 왕족인 마네엔 같은 신분 높은 사람을 상관하지 않으십니다. 단지 이들의 특징은 주님을 목숨처럼 사랑했고 주님을 무기로 말씀을 끝까지 전파하려는 교사, 선지자였던 것입니다. 그렇습니다. 주님은 사람의 외모를 보지 않고 주님을 사랑하고 말씀을 전파하려는 이들을 사용하십니다.

"**여호와께서 사무엘에게 이르시되** 그의 용모와 키를 보지 말라 내가 이미 그를 버렸노라 내가 보는 것은 사람과 같지 아니하니 **사람은 외모를 보거니와 나 여호와는 중심을 보느니라** 하시더라"(삼상 16:7).

또한 중심에 하나님과 말씀을 사모하는 자들에게 성령(능력)을 베푸시고 기적을 베푸십니다. 그리고 이들은 모두 기도하는 사람들이라는 것입니다.

"여호와의 눈은 온 땅을 두루 감찰하사 **전심으로 자기에게 향하는 자들을 위하여 능력을 베푸시나니**"(대하 16:9).

목동이었던 다윗은 양에게 풀을 먹이고 맹수들로부터 보호하는 일상에서 늘 '여호와는 나의 목자시니 조금도 부족함이 없으리로다'라고 고백하던 사람이었습니다. 그런 다윗이 당대 최고의 강국의 대장군인 골리앗과 싸움을 벌입니다. 20세 이하였던 소년 다윗은 어린

목동이었지만 그런 그가 물맷돌 하나를 던져 골리앗을 물리칩니다. 이것이 다윗의 힘이었겠습니까? 그는 목동으로서의 일상에서 늘 기도하며 주님의 임재와 연결되어 생명과 연결되어 있었습니다. 그렇기 때문에 다윗은 골리앗의 무시무시한 칼날 앞에서도 전혀 두려움 없이 하나님의 통치하심을 온 천하에 드러내었던 성령의 사람이었습니다.

"다윗이 블레셋 사람에게 이르되 너는 칼과 창과 단창으로 내게 나아오거니와 나는 만군의 여호와의 이름 곧 네가 모욕하는 **이스라엘 군대의 하나님의 이름으로 네게 나아가노라**"(삼상 17:45).

성령님이 다윗을 통하여 하나님의 승리의 역사를 이룬 것입니다. 다윗도 물론 실수를 하기도 했지만 주님은 '내 마음에 합한 자'라고 하셨고 그는 주님을 사모하고 기도하는 사람이었습니다. 하나님은 외모를 보지 않고 중심을 봅니다. 기도하며 성령의 음성을 들을 때 우리 속에서 하나님의 말씀이 풀어지게 되고 성령의 역사가 일어납니다.

2. 성령님은 삶에서 주님을 섬기며 주님의 음성에 순종하는 자를 사용하십니다

바나바와 바울을 포함한 안디옥 교회의 선지자와 교사들은 금식하고 기도할 때 주님의 음성을 들었고, 그 말씀에 순종하는 사람들이었습니다. 이제 바나바와 바울을 따로 선택하여 선교 사역이 시작됩니다. 성령의 음성이 아닌 자기 생각을 따라 사는 사람은 일만 실컷 하고 열매가 없는 허탈함을 경험하기도 합니다. 그러므로 성령의 음성을 따라가야 합니다.

"주를 섬겨 금식할 때에 **성령이 이르시되** 내가 불러 시키는 일을 위하여 **바나바와 사울을 따로 세우라** 하시니"(행 13:2).

주님을 섬긴다는 것은 무엇입니까? 나는 죽고 예수가 사신다는 것입니다. 엄격히 말하면 내 일은 없는 것입니다. '오직 주의 일만 존재한다는 것을 인식하는 것'이 '주를 섬기는 것'이라 할 수 있습니다. 직장에 나가서 하는 일이나 공부하는 일이나 모두 주의 일이라는 의식을 가져야 합니다.

그러나 우리는 교회에서 예배하는 것과 세상에서 하는 일을 이원론으로 분리시키기 때문에 주님을 섬길 수가 없습니다. 다른 말로 하면 예배당에 와서는 인격적이고 거룩한 모습을 보이지만, 일상의 삶 속에서는 내 생각과 내 마음대로 살고 있다면 세상 사람들은 우리의 삶을 통해서 하나님을 발견하지 못할 것입니다. 그러나 나는 죽고 내 안에 주님이 사신다는 그리스도 의식을 소유한 사람에게는 모든 일이 주님의 일이 되는 것입니다. 그러므로 내 일이 아니라 주님의 일을 하는 사람에게 성경은 '주님을 섬긴다'고 말합니다. 이러한 사람에게 '주님을 섬긴다'고 말하는 것입니다. 이러한 삶의 예배를 드리는 자에게는 일상에서 주님의 음성이 들리고 성령이 시키는 일을 분별할 수 있습니다. 그리고 여러분이 순종할 때 성령이 역사하십니다.

에베소서 5장을 보면 주님을 섬긴다는 것이 어떠한 것인가를 말해주고 있습니다.

"**종들아 두려워하고 떨며 성실한 마음으로 육체의 상전에게 순종하기를 그리스도께 하듯 하라** 눈가림만 하여 사람을 기쁘게 하는 자처럼 하지 말고 그리스도의 종들처럼 마음으로 하나님의 뜻을 행하고 기쁜 마음으로 섬기기를 주께 하듯 하고 **사람들에게 하듯 하지 말라**"(엡 6:5-7).

상사를 주님 대하듯 하고, 남편을 주님 대하듯 할 때 기적이 일어납니다. 다른 사람을 함부로 대하지 않고 존중하는 태도는 기도할 때 가능하며, 기도하지 않으면 우리의 신앙과 삶은 완전히 분리되고 맙니다.

제가 오래전 대구에 갔을 때 그 지역에서 유명하다는 따로국밥을 주문했었습니다. 특별한 것이 없고 그저 밥과 국이 따로 나오는 음식이었습니다. 이렇게 분리된 따로국밥과 같은 교인은 주님과도 분리되었기 때문에 그분의 음성을 들을 수 없습니다. 그러나 기도로 주님의 생명과 연결된 성도는 산책을 할 때나 친구와 차 한 잔을 마실 때에도 주님의 음성이 들립니다. 이때 막혔던 길이 열리고 기적을 경험하게 되는 것입니다. 그러므로 사랑하는 여러분, 기도하는 일에 힘써서 하나님의 일과 세상의 일이 분리되지 않고 일상에서 예배하는 자가 되시기를 축복합니다.

"엘리의 눈이 점점 어두워 가서 잘 보지 못하는 그 때에 그가 자기 처소에 누웠고 하나님의 등불은 아직 꺼지지 아니하였으며 **사무엘은 하나님의 궤 있는 여호와의 전 안에 누웠더니 여호와께서 사무엘을 부르시는지라** 그가 대답하되 내가 여기 있나이다 하고"(삼상 3:2-4)

구약에 하나님의 말씀이 희귀할 때 사무엘은 어린데도 늘 성전에서 잠을 잤습니다. 반면에 엘리 제사장은 집에서 잠을 잤습니다. 하나님의 음성은 제사장에게 들린 것이 아니고 성전에서 기도하며 잠을 자는 어린 사무엘에게 들린 것입니다. 성경은 성령을 가까이 하는 자에게 주의 음성이 들린다는 것을 말해주고 있습니다. 엘리 제사장은 두 아들이 전쟁에 나가 모두 전사하였다는 소식을 듣고 의자에서 떨어져 목이 부러져 죽었고, 그의 며느리는 태아에 아이를 가졌지만 이미 하나님의 영광이 떠났다고 하여 아이의 이름을 '이가봇'이라고 지었습니다. 사무엘상 3장에서 소개하는 엘리 제사장 가문의 비통한 이야기를 통해서 말하고자 하는 영적인 교훈은 기도하지 않으면 미래가 없다는 것이며 기도가 우리의 생명줄이라는 것입니다. 기도하지 않으면 하나님의 영광이 떠나므로 미래가 없고 비전이 없다는 것을 반드시 기억해야 합니다.

지금도 주님은 우리에게 말씀하시지만 우리가 듣지 못하는 것입니다. 그 이유는 하나님과 너무 멀리 떨어져 있기 때문이며, 그분에 대한 관심이 없기 때문입니다. 이처럼 하나님과 멀리 떨어져 주님의 음성을 듣지 못하는 사람은 다른 소리를 듣게 됩니다. 그것은 바로 사탄이 하는 소리입니다. 그 어둠의 소리를 듣는 자들은 다 죽습니다. 그러므로 기도해야 합니다. 기도는 하나님을 가까이 하는 것입니다.

"성령이 아시아에서 말씀을 전하지 못하게 하시거늘 그들이 브루기아와 갈라디아 땅으로 다녀가 무시아 앞에 이르러 비두니아로 가고자 애쓰되 **예수의 영이 허락하지 아니하시는지라"**(행 16:6-7).

사도 바울도 처음에는 아시아로 선교를 떠나려고 모든 것을 준비했습니다. 그런데 성령이 그를 막으십니다. 기도하는 바울은 일상에서 성령의 음성을 알아듣고 순종하였다는 것이 중요합니다. 이처럼 성령의 음성을 민감하게 인식하는 훈련은 평상시에 바울이 기도하는 사람이었다는 증거입니다.

"밤에 환상이 바울에게 보이니 **마게도냐 사람 하나가 서서 그에게 청하여 이르되 마게도냐로 건너와서 우리를 도우라 하거늘** 바울이 그 환상을 보았을 때 우리가 곧 마게도냐로 떠나기를 힘쓰니 이는 **하나님이 저 사람들에게 복음을 전하라고 우리를 부르신 줄로 인정함이러라**"(행 16:9-10).

바울은 성령의 인도함을 받아 음성에 순종하고 하나님의 큰 역사를 이루게 됩니다. 마게도냐 지방 빌립보로 건너간 사도 바울은 고난과 어려움이 있었지만 승리합니다. 빌립보에서의 승리는 앞으로 바울이 행하는 모든 선교를 뒷받침해주는 전초기지가 되었으며, 바울이 로마 감옥에서 순교하는 그 순간까지도 그를 돕는 동역자로서의 역할을 감당해주었습니다.

이처럼 바울이 성령의 인도함을 받고 순종할 때 그의 몸을 통해 하나님 나라를 살아가는 자의 모습을 세상에 나타내는 도구가 되게 하셨습니다. 이것이 주님을 섬기는 것이며, 바울의 미래를 하나님께서 끝까지 책임져주시는 것을 보게 됩니다. 그러므로 성도 여러분! 내가 기준이 되는 것이 아니라 일상에서 성령의 음성을 듣고 순종해야 합니다. 구원받은 자에게 모든 일은 다 주님의 일입니다.

3. 성령님은 자기를 굴복하는 기도로 주님과 하나 되어 순종할 때 역사하십니다

앞에서 소개했던 이반 로버츠가 한 기도는 "나를 굴복하게 하소서" 오직 이 한 가지뿐이었습니다. 새 언약 시대에 살고 있는 우리는 무엇을 이루어 달라고 기도할 필요가 없습니다. 주님 안에 모든 것이 다 이루어져 있기 때문입니다. 오직 한 가지 기도해야 하는 것은 '나를 굴복하게 하소서' 하는 것입니다. 하나님 나라의 역사를 '나'라는 거짓 자아가 틀어막고 있으니 성령께서 어떤 역사도 하실 수 없습니다. 그러나 기도는 자기를 굴복시키는 것입니다. 내가 죽고 내가 깨질 때, 우리를 통하여 폭발적인 성령의 역사가 일어나게 됩니다. 그러므로 기도 응답을 틀어막고 있는 것은 바로 나 자신이라는 것을 인식해야 합니다.

"이에 **금식하며 기도하고** 두 사람에게 안수하여 보내니라"(행 13:3).

기도와 금식은 '나'라는 거짓 자아를 굴복시키는 것입니다. '나'가 깨어진 성도는 놀랍게도 자신이 주님과 하나라는 것을 믿게 됩니다. 예전에는 사람이 손잡이를 상하로 되풀이하여 움직여 줄 때 그 압력에 의하여 지하수가 땅 위로 나오도록 하는 우물 펌프를 사용했었는데 아무리 힘을 쓰고 펌프질만 한다고 해서 물이 나오지 않습니다. 그러나 물 한 바가지를 부을 때 물이 올라오게 되는 것처럼, 기도할 때 성령이 우리의 영혼에 마중물이 되어 폭발하여 올라오게 되는 줄 믿습니다. 이것이 기도입니다. 할렐루야!

그러나 여러분이 기도하지 않고 세상에만 온 힘을 쏟아붓고 열심히 산다면 오히려 마중물 없이 펌프질만 할 때 물 한 방울 얻지 못하는 허탈감을 경험해야 할지도 모릅니다. 본문에서도 금식하여 성령의 음성을 들은 바울과 바나바를 따로 세우고 안수하여 보내었는데, 안수는 주님의 이름으로 하는 것이며 '주님과 하나가 되었다는 것을 의미합니다.

"주와 합하는 자는 한 영이니라"(고전 6:17).

여기에 놀라운 성령의 비밀이 있습니다. 안수는 세례와 연결이 되는데, 안수는 항상 주님과 하나임을 나타내는 것입니다.

"그러므로 **우리가 그의 죽으심과 합하여 세례를 받음으로 그와 함께 장사되었나니** 이는 아버지의 영광으로 말미암아 그리스도를 죽은 자 가운데서 살리심과 같이 우리로 또한 새 생명 가운데서 행하게 하려 함이라"(롬 6:4).

기도하지 않으면 우리는 하나님과 분리됩니다. 그러나 기도는 분리된 우리를 주님과 연합되게 합니다. 안수나 세례는 우리가 주님께 **빠졌다**(합쳤다)는 뜻으로, 이제는 내 몸이 나의 소유가 아니라 주님의 소유이며, 주님의 몸이 되었다는 의미입니다.

"**너희 몸**은 너희가 하나님께로부터 받은바 너희 가운데 계신 **성령의 전인** 줄을 알지 못하느냐 **너희는 너희의 것이 아니라 값으로 산 것이 되었으니** 그런즉 너희 몸으로 하나님께 영광을 돌리라"(고전 6:19-20).

예수와 연합된 우리가 가는 곳에 주님이 함께 동행해 주시고, 주님이 있는 곳에 우리도 같이 있는 것입니다. 성령님께서 우리의 몸을 사용하여 일하신다는 이런 믿음을 가진 자에게 성령님께서 역사하십니다. 그러므로 우리의 몸이 성전이 될 때 하나님의 영광을 나타낼 수 있는 도구가 되는 것입니다. 내 몸이 주님의 몸이 될 때 날마다 기름 부음으로 인해 강건해지는 역사를 경험하게 됩니다. 우리가 주님과 한 몸이라 하셨습니다. 우리의 몸이 예수와 하나가 되었다는 믿음이 올 때, 마귀의 역사나 질병의 역사가 끊어지고 모든 육체의 고통이 떠나며 치유가 임하고 빠르게 회복되는 것입니다.

 사랑하는 성도 여러분! 우리가 기도하여 주님과 한 몸인 것을 굳게 붙잡아야 합니다. 안수 받는 것도 주님과 하나 됨을 선포하는 것이므로 이를 귀중히 여겨야 합니다. 성령님은 오늘도 주님의 말씀을 사모하여 나를 굴복시키기를 소원하여 기도하는 자에게 주님과의 연합을 통하여 놀랍게 역사하십니다. 아멘.

지금도 주님은 우리에게 말씀하시지만 우리가 듣지 못하는 것입니다. 그 이유는 하나님과 너무 멀리 떨어져 있기 때문이며, 그분에 대한 관심이 없기 때문입니다. 이처럼 하나님과 멀리 떨어져 주님의 음성을 듣지 못하는 사람은 다른 소리를 듣게 됩니다. 그것은 바로 사탄이 하는 소리입니다. 그 어둠의 소리를 듣는 자들은 다 죽습니다. 그러므로 기도해야 합니다. 기도는 하나님을 가까이 하는 것입니다.

전도와 선교,
어둠의 세력에서 승리하라

(행 13:4-12; 골 1:13)

인도네시아의 유명한 선교사 멜 태리(Mel Tari) 선교사가 쓴 책 《급하고 강한 바람처럼》(하늘기획, 2005)에 나오는 감동적인 이야기가 있습니다. 멜 태리 선교사의 전도팀이 토착 신을 열렬하게 섬기는 인도네시아 어느 마을에 전도를 나갔습니다. 전도팀이 마을에 들어서자 그 마을의 족장이자 제사장이 나와서 말을 하길 "당신들이 우리 마을에 예수 신을 전하려면 예수가 우리 신보다 더 강하다는 것을 증명해 보여라. 그렇지 않으면 너희는 우리 신에 의하여 큰 재앙을 받을 것"이라고 으름장을 놨습니다.

그러자 전도팀은 누구의 신이 더 강한지 대결해 보자고 제안했습니다. 그날 마을 사람들이 다 모였는데 한 1,000명 가까이 모였다고 합니다. 전도팀은 그 자리에서 간절히 기도한 후 "예수의 보혈과 예수 이름으로 명하노니 사탄, 마귀는 이 마을에서 떠날지어다! 예수 이름으로 명하노니 떠나갈지어다" 하며 외치는 명령 기도를 했습니다. 그런 기도를 하고 얼마 후 놀라운 일이 벌어졌습니다.

그 마을의 족장이자 토착 신을 섬기는 제사장이 벌벌 떨면서 "선생님들, 나는 당신들이 섬기는 예수를 믿고 싶습니다"라고 말하는 놀라운 반전이 일어났습니다. 그 이유를 묻자 그는 "나는 마을의 제사장으로 그동안 신들과 대화를 해 왔습니다. 그런데 오늘 당신들이 예수 이름으로 떠나라고 명령하자 이곳에 있는 가장 큰 신부터 작은 신들까지 '우리가 이곳에 머무는 것을 예수가 더 이상 허락하지 않는다'라고 외치며 달아나고 말았습니다" 하는 것입니다.

정말 놀랍지 않습니까? 기독교는 관념의 종교가 아닙니다. 생명의 종교입니다. 예수님께서도 내 말은 영이요, 생명이라고 하셨습니다. 기도는 능력이요, 성령을 받고 말씀대로 선포할 때 영적 전쟁에서 승리할 수 있습니다.

"그런즉 너희는 하나님께 복종할지어다 마귀를 대적하라 그리하면 너희를 피하리라"(약 4:7).

그렇습니다. 사랑하는 여러분, 전도와 선교는 철저한 영적 전쟁입니다. 인간의 힘이나 논리가 아니라 오직 주님을 믿는 믿음, 예수의 보혈과 부활을 의지하여 사탄, 마귀를 대적하고 승리할 때 이루어집니다. 세계적인 교회 성장 학자이며, 미국의 풀러신학대학교 교수인 피터 와그너 박사는 "교회가 부흥하려면 반드시 그 지역의 귀신을 쫓아내야 부흥한다"라고 주장했습니다.

성경 본문에는 안디옥 교회에서 최초의 선교사로 바울과 바나바를 따로 세우고, 금식과 기도를 통하여 성령님의 인도하심에 따라 이제 1차 전도가 시작되고 있습니다.

"두 사람이 성령의 보내심을 받아 실루기아에 내려가 거기서 배 타고 구브로에 가서 살라미에 이르러 하나님의 말씀을 유대인의 여러 회당에서 전할 새 요한을 수행원으로 두었더라"(행 13:4-5).

여기서 구브로는 큰 섬입니다. 안디옥에 남서쪽으로 96km 떨어진 섬으로, 무역으로 아주 유명한 로마 직속 총독 관할 지역이며 유대인이 많이 살았고 바나바의 고향입니다. 그래서 첫 선교지를 구브로로 정하고 총독을 전도하려고 하는데 생각지 못한 어둠의 방해를 받습니다. 사탄에 사로잡힌 유대인 거짓 선지자 마술사 엘루마가 총독이 예수를 믿지 못하도록 방해하고 막는 것입니다.

"이 마술사 엘루마는 그들을 대적하여 총독으로 믿지 못하게 힘쓰니"(행 13:8).

여기서 바울과 바나바가 어떻게 이 어둠의 세력을 이기고 전도, 선교를 승리하는지 깊이 생각해 보겠습니다.

1. 성령 충만해야 어둠의 세력인 사탄, 마귀를 물리칠 수 있습니다

"두 사람이 성령의 보내심을 받아 실루기아에 내려가 거기서 배 타고 **구브로에 가서**"(행 13:4).

"바울이라고 하는 사울이 성령이 충만하여 그를 주목하고"(행 13:9).

사탄, 마귀는 인간의 능력으로 쫓아낼 수 있는 것이 아닙니다. 오직 성령 충만으로 예수가 그 사람의 주인이 되는 역사 속에서 쫓아낼 수 있습니다.

교회에서 성령 충만에 대해 많이 이야기합니다. 그런데 여러분이 성령 충만하다는 것을 어떻게 알 수 있습니까? 몸이 뜨거워지고 방언을 하면 성령 충만입니까? 그래서 성도들은 성령 충만에 대한 중요한 영적 진리를 이해하셔야 합니다.

예수 믿고 거듭난 자는 '나는 죽고 예수가 주인'이 되십니다. 그러므로 예수님은 우리 안에 영으로 와 계신데, 그분이 우리 몸을 사용하시는 것이 성령 충만입니다. 성령 충만은 우리의 생각과 감정과 몸을 통하여 주님이 일하시도록 하는 것입니다. 다시 말하면 성령이 우리 생각을 사용하시고 우리 입과 손과 발을 사용하시도록 주권을 내어드릴 때 바로 '성령 충만하다'고 말하는 것입니다. 이럴 때 귀신이 쫓겨나가는 역사가 일어납니다.

그러나 우리가 자기 생각대로 살면서 "하나님은 나를 도우세요"라고 한다면, 그것은 내가 주인의 자리에 앉아 하나님을 종 부리듯이 하는 것과 다름이 없다는 것을 반드시 인식하셔야 합니다. 그래서 우리가 쉬지 말고 기도함으로 우리 안에 와 계신 성령(예수)께서 폭발적으로 나타나시도록 우리 몸을 내어드리는 것을 성령 충만이라고 말할 수 있습니다. 이때부터 여러분은 세상 말을 하지 않게 됩니다.

성령과 아무런 상관도 없는 말들, "내 논리에는, 내 판단에는 이렇습니다"라는 인간의 철학이나 신념을 말하지 않게 된다는 의미입니다. 그러므로 영의 인도함을 받아 생각하고 말할 때 여러분 가정에 어둠이 쫓겨나가고 하나님의 역사가 나타납니다. 이러한 기적이 일어나도록 하는 비결은 역시 기도입니다. 기도는 내가 죽고 예수가 내 안에 사시게 하는 것이기 때문입니다.

베드로가 오순절 마가 다락방에서 기도할 때 성령 충만함으로 성전에서 40년 앉은뱅이로 살았던 한 사람을 예수 이름으로 일으킴으로 어둠의 세력을 물리치고 치유하는 첫 사역을 열게 되었습니다.

"**베드로가 이르되** 은과 금은 내게 없거니와 **내게 있는 이것을 네게 주노니 나사렛 예수 그리스도의 이름으로 일어나 걸으라** 하고"(행 3:6).

베드로는 자기 안에 주인으로 계신 부활 예수(성령)의 인도하심을 따라 자신의 손을 사용하여 그 앉은뱅이의 오른손을 잡고 일으켜 걷게 합니다. 이와 같이 놀라운 역사는 성령이 베드로의 손을 통해 흘러감으로써 앉은뱅이 안에 있는 어둠이 쫓겨나가게 된 것입니다.

"오른손을 잡아 일으키니 발과 발목이 곧 힘을 얻고 뛰어 서서 걸으며 그들과 함께 성전으로 들어가면서 걷기도 하고 뛰기도 하며 **하나님을 찬송하니**"(행 3:7-8).

앉은뱅이에게 어둠의 세력인 사탄, 마귀가 떠나갔음을 증명하는 것이 바로 예배입니다. 앉은뱅이가 일어나 걸은 일 자체가 중요한 것이 아닙니다. 그가 40년 동안 성전 문 앞에 앉아 있었지만 어둠에 붙잡혀 있었기 때문에 한 번도 예배를 드려보지 못했다는 것입니다. 그러나 성령의 역사로 귀신이 쫓겨나가니 성전으로 들어가 이제 자신의 주인이 예수라는 것을 깨닫고 기뻐하며 하나님을 찬양할 수 있는 구원을 받았다는 사실에 주목하셔야 합니다. 그러므로 나는 죽고 내 안에 오신 예수를 주인으로 영접할 때 우리는 성령 충만의 상태가 되는 것입니다. 이때 어둠이 떠나고 자유하게 되는 것입니다.

그렇습니다. 성령 충만의 역사는 영이신 주님이 오직 그 사람을 통하여 나타나는 역사입니다. 우리가 성령 충만으로 불신자들 안에 있는 악한 세력(마귀 사탄)을 내어 쫓을 때 그들이 비로소 하나님의 자녀로 거듭남으로 전도가 되어지는 것입니다.

"그러나 **내가 하나님의 성령을 힘입어 귀신을 쫓아내는 것이면** 하나님의 나라가 이미 너희에게 임하였느니라 **사람이 먼저 강한 자를 결박하지 않고서야 어떻게 그 강한 자의 집에 들어가 그 세간을 강탈하겠느냐** 결박한 후에야 그 집을 강탈하리라"(마 12:28-29).

마태복음 12장에서 예수님 자신을 도적으로 비유하십니다. 그리고 '강한 자의 집'을 마귀가 다스리는 세상으로, '세간'은 세상 사람들에 빗대어 말씀하시면서, 그 집에서 가장 강한 자(마귀 사탄)를 꼼짝 못하게 결박해야만 세간(세상 사람)을 가지고 나올 수 있고 하십니다. 즉, 강한 자를 결박하는 성령 충만을 받을 때 불신자들을 사탄의 세력으로부터 탈환함으로써 전도할 수 있다는 의미입니다.

그러므로 사랑하는 여러분, 강한 자를 결박하는 성령 충만을 받으시기를 축복합니다. 성령 충만은 전도의 핵심이며, 성령 충만은 기도로 가능해집니다. 왜냐하면 기도는 내가 죽고 예수가 커지기 때문입니다.

그러나 내가 작아지고 주님이 커지시도록 기도를 하지 않는 사람은 자기가 주체(주인)가 되어 자기 마음대로 살고 싶어 합니다. 내 생각과 내 판단대로 살려고 하는 사람은 어찌 보면 하나님 나라를 허는 작은 여우가 될지도 모릅니다. 아가서를 보면 포도원에 꽃이 피어 아름다운 열매를 맺으려고 하는데, 이 포도원에 작은 여우가 들어와 포도원 동산을 파괴하려고 합니다.

그러므로 교회 공동체나 가정과 자녀, 사업장의 경계를 헐고 열매 맺지 못하게 하는 작은 여우(내가 주인 되어 사는 것)를 반드시 잡아내야 합니다. 그 비결은 오직 기도로 성령의 임재를 놓치지 않음으로 주님의 생각과 마음을 받아내는 것입니다. 그러므로 거듭난 성도의 직업은 '기도자'라는 것을 잊지 않으셔야 합니다.

2. 전도, 선교는 이미 이루어진 복음의 확신을 가지고 어둠의 세력에 선포해야 하는 것입니다

"바울이라고 하는 사울이 성령이 충만하여 그를 주목하고 이르되 모든 거짓과 악행이 가득한 자요 마귀의 자식이요 모든 의의 원수여 주의 바른 길을 굽게 하기를 그치지 아니하겠느냐"(행 13:9-10).

바울은 마술사 엘루마를 향하여 예수 이름을 강력하게 사용하고 있습니다. 그렇습니다. 거듭나서 예수와 연합된 성도는 예수 이름 안에 자신의 이름이 들어 있습니다. 죽음을 이기시고 이미 승리하고 부활하신 예수와 하나 된 우리에게도 예수 이름의 능력을 사용할 수 있는 권한을 주셨기 때문에 어둠을 향하여 '예수 이름'으로 명할 수 있는 것입니다.

교회는 하나님의 자녀가 된 사람들이 모인 공동체로서 성령을 받아 악한 세력을 대적해 쫓아내고 영혼들을 구원하기 위해 영적 싸움을 해야 하는 책임을 가지고 있습니다. 우리는 주님 안에 들어간 사람들입니다. 그래서 우리는 과감히 예수 이름으로 그 어둠의 세력에게 승리를 선포해 물리칠 수 있습니다.

"그가 우리를 흑암의 권세에서 건져내사 그의 사랑의 아들의 나라로 옮기셨으니"(골 1:13).

우리는 흑암의 나라에 속해 있지 않고 예수의 나라에 속해 있다는 것에 확신을 소유하셔야 합니다.

본문에 바울이 믿음으로 선포하여 엘루마(바 예수)는 얼마 동안 눈이 멀게 됩니다.

"보라 이제 주의 손이 네 위에 있으니 네가 맹인이 되어 얼마 동안 해를 보지 못하리라 하니 즉시 안개와 어둠이 그를 덮어 인도할 사람을 두루 구하는지라"(행 13:11).

거짓 선지자이며 마술사인 엘루마는 박학다식한 사람으로, 세상 지식으로 교묘하게 사람을 속이고 총독인 서기오 바울까지도 예수를 믿지 못하도록 방해합니다. 이처럼 세상의 논리로 하나님의 진리를 거스르는 자들은 엘루마와 같은 사람이며, 어둠에 잡힌 상태라고 말할 수 있을 것입니다.

그러나 총독은 바울이 사탄의 세력을 대적하여 엘루마가 소경이 된 사건을 보면서 놀라워하였고, 오히려 예수를 믿게 되는 반전이 일어납니다. 이처럼 전도는 영적 전쟁입니다. 구원은 오직 예수라는 외길이며, 생명의 길은 좁고 협착한 길입니다. 반면에 많은 사람들이 쉽게 들어가는 넓은 길은 멸망의 길입니다.

"이에 총독이 그렇게 된 것을 보고 믿으며 주의 가르치심을 놀랍게 여기니라"(행 13:12).

빌립보의 선교여행에서도 귀신 들린 점쟁이가 사도 바울을 쫓아다니면서 선교를 방해했습니다. 바울 일행은 자신들의 신분을 드러내지 않고 조용하고 은밀하게 복음을 전하려 했지만, 그 귀신 들린 점쟁이가 이 사람들은 예수를 전하는 자들이라고 떠드는 바람에 점쟁이 주인으로부터 고발을 당하였고, 선교도 제대로 못한 채 매를 맞고 감옥에 갇히는 어려움을 겪기도 합니다.

그러나 바울 일행은 감옥에서 기도하며 성령 충만에 거할 때, 옥문이 열리고 간수가 구원되는 역사를 통하여 빌립보 교회가 든든히 세워져 가는 놀라운 기적을 경험합니다.

> "우리가 기도하는 곳에 가다가 **점치는 귀신 들린 여종** 하나를 만나니 점으로 그 주인들에게 큰 이익을 주는 자라 **그가 바울과 우리를 따라와 소리 질러 이르되 이 사람들은 지극히 높은 하나님의 종으로서 구원의 길을 너희에게 전하는 자라** 하며"(행 16:16-17).

그 점쟁이는 어둠에서 해방되었고 나중에는 바울을 섬기는 자로 빌립보 교회의 선교에 큰 역할을 감당하는 사람이 됩니다. 할렐루야! 그렇습니다. 우리가 이 어둠의 세력과 세상에 대하여 선교적 사명을 완수하고 승리하려면, 예수님께서 십자가에서 이미 다 이루신 복음의 확신을 갖고 승리의 복음 되시는 예수 이름을 선포해야 합니다.

> "이같이 여러 날을 하는지라 바울이 심히 괴로워하여 돌이켜 그 귀신에게 이르되 **예수 그리스도의 이름으로 내가 네게 명하노니 그에게서 나오라** 하니 귀신이 즉시 나오니라"(행 16:18).

이처럼 어둠의 세력을 끊어내는 영적 전쟁을 통해 여러분에게 하나님의 승리와 능력이 경험되시기를 축복합니다. 그러므로 기독교는 관념이 아니라 생명입니다. 영이요, 생명입니다. 그러므로 영이요, 생명이신 말씀으로 살 때 여러분의 가정과 사업에 역사하는 어둠이 떠나고 질병과 가난이 다 떠나갑니다. 할렐루야!

3. 전도, 선교는 복음으로 사울(가장 큰 자)이 바울(가장 작은 자)로 거듭나야 합니다

"이에 총독이 그렇게 된 것을 보고 믿으며 주의 가르치심을 놀랍게 여기니라"(행 13:12).

거듭난 우리는 사울의 눈이 닫히고, 바울의 눈이 열려야 합니다. 총독은 서기오 바울(작은 자)이라는 이름을 갖고 있습니다. 그러나 그의 삶은 자신이 주인 되어 사는 사울(큰 자)처럼 살고 있는 듯합니다. 총독은 참 지혜로운 사람으로 잠깐 마술사 엘루마에게 현혹되었지만, 바울과 바나바의 복음을 듣기를 원했고 엘루마가 눈이 머는 것을 보면서 영적인 눈이 열리고 구원을 받게 됩니다.

그러므로 총독은 내가 주인으로 살았던 사울의 삶을 버리고, 예수를 주인으로 받아들임으로 주님의 생각과 마음을 나타내는 바울의 삶을 선택하게 된 것입니다. 그러므로 여러분, 내가 작아져야만 빛의 세계가 열립니다.

그러나 내가 커지면 어둠에 눈이 열립니다. 어둠에 눈이 떠지면 다른 사람들을 평가하고 비난하며 판단하기에 바쁘고 자기 안에는 평안이 떠나기 때문에 스스로 불행해집니다. 반대로 빛에 눈이 떠지면 어둠이 보이지 않습니다. 상대방의 단점이 보이지 않게 되니 용서하고 사랑할 수 있게 되는 것입니다. 그러므로 우리에게 하나님이 허락하신 환경과 사람들을 바라보는 눈의 교정적 체험이 일어나야 합니다.

사도 바울도 사울(가장 큰 자)의 이름으로 살 때는 예수 믿은 사람들을 죽이고 핍박하는 데 앞장을 섰지만, 다메섹 도상에서 부활의 주님을 만나고 빛을 볼 수 없는 소경이 되었다가 아나니아를 통해 다시 눈을 뜨고 영적인 세계(하나님 나라)를 보게 됨으로써 바울(가장 작은 자)의 관점으로 바뀐 것입니다.

이처럼 사울이 어둠에 갇혀 있던 소경이 되었다가 '빛을 다시 보게 되는' 계시적인 사건은, 내가 주인으로 사는 사울의 삶에서 이제는 주님을 주인으로 모시는 바울의 삶에 영적 눈을 떠야 하나님 나라에 들어갈 수 있다는 구원의 메시지를 우리에게 주고 있습니다.

"즉시 **사울의 눈에서 비늘 같은 것이 벗어져 다시 보게 된지라** 일어나 세례를 받고"(행 9:18).

"음식을 먹으매 강건하여지니라 사울이 다메섹에 있는 제자들과 함께 며칠 있을새 **즉시로 각 회당에서 예수가 하나님의 아들이심을 전파하니**"(행 9:19-20).

바울은 눈을 뜨자마자 즉시로 나아가 예수 복음을 전합니다. 여러분이 바울이 될 때 나는 죽고 내 안에 예수 생명이 있으니, 그 생명은 우리로 하여금 전도하게 하는 힘을 공급하는 것입니다.

그렇습니다. 사랑하는 여러분! 우리도 한번은 사울처럼 세상에서 눈이 닫히는 소경이 되었다가 눈이 열리는 바울의 체험이 일어나야 합니다. 시야 교정이 일어나야 합니다.

"구브로에서 난 레위족 사람이 있으니 이름은 요셉이라 사도들이 일컬어 **바나바라**(번역하면 위로의 아들이라) **하니** 그가 밭이 있으매 팔아 그 값을 가지고 사도들의 발 앞에 두니라"(행 4:36-37).

바나바의 원래 이름은 요셉으로 재력 있고 세상에서 부러울 것이 없었던 사울의 삶을 살았지만, 사도를 통하여 예수를 영접하고 자기의 물질을 사도들 앞에 다 내려놓은 가장 작은 자 '바울의 체험'을 한 것입니다.

바나바 자신은 작아지고 그 안에 예수가 커지고 주님으로 충만하니 사도 바울을 세워주고 위로하는 사람이 되었습니다. 여러분, 나 자신은 작아지고 주님으로 채워지는 바울이 될 때 우리가 손대는 모든 영역에서 주님의 일하심을 경험하게 되며 질병으로부터 놓임받고 삶에 승리가 옵니다.

그렇습니다. 사랑하는 여러분! 전도와 선교의 완성은 오직 성령의 역사로만 가능합니다. 그러므로 영적인 눈이 떠져 하나님 나라가 보여질 때 여러분은 자유자가 됩니다. 세상에서 가장 큰 자(사울)라는 허상에서 벗어나 주님 안에서 가장 작은 자(바울)의 체험을 할 때, 참 자아로 하나님 나라에 거하는 승리자가 되는 것입니다. 아멘!

내가 작아지고 주님이 커지시도록 기도를 하지 않는 사람은 자기가 주체(주인)가 되어 자기 마음대로 살고 싶어 합니다. 내 생각과 내 판단대로 살려고 하는 사람은 어찌 보면 하나님 나라를 허는 작은 여우가 될지도 모릅니다. 아가서를 보면 포도원에 꽃이 피어 아름다운 열매를 맺으려고 하는데, 이 포도원에 작은 여우가 들어와 포도원 동산을 파괴하려고 합니다.

교회 공동체나 가정과 자녀, 사업장의 경계를 헐고 열매 맺지 못하게 하는 작은 여우(내가 주인 되어 사는 것)를 반드시 잡아내야 합니다. 그 비결은 오직 기도로 성령의 임재를 놓치지 않음으로 주님의 생각과 마음을 받아내는 것입니다. 그러므로 거듭난 성도의 직업은 '기도자'라는 것을 잊지 않으셔야 합니다.

하나님은 누구를 통하여
뜻을 이루시는가?

(행 13:13-23; 고후 4:7-10)

　　　　　　　　미국 매사추세츠 주의 어느 정신병원 지하 병동에 환자 앤이라는 소녀가 있었습니다. 아버지는 술에 중독되어 가족에게 항상 폭력을 가하였고, 어머니와 남동생은 결핵으로 목숨을 잃었습니다. 가족이 와해되어 버린 충격으로 앤은 정신적 문제가 오면서 점점 난폭해져 갔으며, 다섯 살 때 트라코마에 감염되어 시각에도 이상이 왔습니다. 이런 비극 속에서 그녀는 공격적이고 자해를 하는 소녀가 되었고, 몸이 굳어가면서 대소변도 가릴 수 없는 거의 버려진 상태가 되어 어느 누구도 찾지 않았습니다.

　그런데 샤론 로라는 간호사가 그런 그녀를 돌보기 위해 찾아왔습니다. 로라는 앤에게 183일 동안 "하나님이 너를 사랑한다"고 말해 주었고, 언제나 가족처럼 얼굴을 씻기고 머리를 빗겨주고 성경을 읽어주며 때로는 찬양을 불러 주기도 했지만 앤은 별다른 반응이 없었습니다.

　그러나 어느 날 로라는 접시에 두고 간 초콜릿 하나가 없어진 것을 보았습니다. 그녀는 너무 기뻤습니다. 로라는 원장에게 알렸고,

더 정성을 다하여 앤을 돌보았습니다. 점차로 하나님의 기적이 일어나기 시작했습니다. 이제 앤은 자주 웃는 모습을 보이며 반응을 하면서 결국 정신 질환이 떠났고 정상적으로 대화를 할 수 있게 됩니다. 로라는 앤에게 손바닥에 글을 써 주면서 성경을 가르쳤습니다. 그 이후로 회복되기 시작한 앤은 파킨스 시각 장애인 학교를 최우수 학생으로 졸업을 했고 시력도 회복하게 되는 놀라운 기적을 경험합니다.

그러나 안타깝게도 앤을 친딸처럼 사랑해준 로라(1829-1888) 간호사가 59세로 세상을 떠납니다. 앤은 너무 슬펐지만 자기가 로라에게 받은 그 하나님의 사랑을 다른 사람에게 전하기로 작정하였습니다.

앤은 어느 집에 가정교사로 들어가게 되었고 그곳에서 한 소녀를 만나게 됩니다. 그녀는 자신이 받은 그 사랑 그대로 3중 장애인 소녀의 손바닥 위에 알파벳을 쓰는 방법을 사용해 영어를 가르쳤으며, 성경을 읽어주고 기도를 해주며 절망 속에서 몇 번이나 자살 시도를 했던 소녀를 붙잡아 주었고 소녀는 결국 놀랍게 변하게 됩니다. 그 소녀는 장애인 최초로 하버드 대학을 수석으로 졸업을 하고, 세계적인 사회 운동가로 그 명성을 얻게 된 헬렌 켈러(1880-1968)입니다.

헬렌 켈러를 살려낸 가정교사는 바로 그 유명한 앤 설리번(1866-1936)입니다. 헬렌 켈러는 항상 "나는 앤 설리번 선생이 있기에 내가 있었고, 앤 설리번 선생 없는 헬렌 켈러는 존재할 수 없다"라고 말했습니다. 놀랍지 않습니까? 정신병원 지하에 버려져 죽어 가는 앤 설리번을 로라라는 간호사가 하나님의 사랑을 흘려보내 살렸고, 앤 설리번은 아무런 소망이 없었던 헬렌 켈러에게 그 사랑을 다시 흘려보냄으로써 살려낸 것입니다.

그 이후에 헬렌 켈러는 귀와 입이 열렸고, 어눌하지만 어느 정도 의사소통을 할 수 있는 상태로 회복되었습니다. 이것이 바로 하나님 사랑의 역사인 것입니다. 이처럼 하나님의 역사는 어떤 사람을 통해 전달되는가를 성경에서도 말해주고 있습니다.

"폐하시고 다윗을 왕으로 세우시고 증언하여 이르시되 내가 이새의 아들 다윗을 만나니 **내 마음에 맞는 사람이라 내 뜻을 다 이루리라 하시더니**"(행 13:22).

그렇습니다. 하나님은 사울을 폐하시고 다윗이란 하나님의 마음에 합한 사람을 찾았으며 그를 통하여 하나님의 뜻을 이루어 가십니다. 하나님은 외모를 보지 않고 중심을 보십니다. 하나님의 마음과 일치된 사람을 통하여 그분의 뜻이 이 땅에 이루어질 때 질병의 치유와 가정이나 사업, 모든 삶의 영역에서 회복이 일어나는 것입니다.

그러나 성도 여러분, 하나님의 뜻이 이 땅 가운데 이루어지지 않는데 무슨 축복을 기대할 수 있겠습니까? 주님의 뜻이 이루어지지 않는 것은 여러분이 그분과 마음이 하나가 되지 않았기 때문입니다.

"내가 보는 것은 사람과 같지 아니하니 **사람은 외모를 보거니와 나 여호와는 중심을 보느니라** 하시더라"(삼상 16:7).

하나님의 역사는 사람이 많이 모여 있다고 이루어지는 것이 아닙니다. 하나님은 주님의 마음과 맞는 한 사람을 통하여 역사하십니다. 그래서 하나님의 역사가 일어나기 힘든 것입니다. 하나님은 중심을 보시며, 주님의 마음에 합한 사람을 통하여 교회를 이루어 가십니다. 그러므로 하나님을 이용하려는 마음이 아니라 주님과 여러분의 깊은 속마음이 연결되는 은혜가 있기를 축복합니다.

성경 본문에서 바울과 바나바는 구브로 섬의 바보에서 배를 타고 비시디아 안디옥에 이르러 회당에서 하나님이 마음에 맞는 사람들을 통하여 어떻게 자신의 뜻을 이루어 가시는가를 말씀합니다.

1. 하나님의 뜻은 하나님이 이루어 가신다는 섭리적 겸손이 있는 자를 쓰십니다

"바울이 일어나 손짓하며 말하되 **이스라엘 사람들과 및 하나님을 경외하는 사람들아 들으라**"(행 13:16).

바울은 이스라엘 역사 속에 어떻게 하나님이 친히 그분의 뜻을 이루어 가시는가를 말씀합니다.

"이 이스라엘 백성의 하나님이 우리 조상들을 택하시고 애굽 땅에서 나그네 된 그 백성을 높여 큰 권능으로 인도하여 내사 광야에서 약 사십 년간 그들의 소행을 참으시고 **가나안 땅 일곱 족속을 멸하사 그 땅을 기업으로 주시기까지 약 사백오십 년간이라** 그 후에 선지자 사무엘 때까지 사사를 주셨더니 그 후에 그들이 왕을 구하거늘 **하나님이 베냐민 지파 사람 기스의 아들 사울을 사십 년간 주셨다가 폐하시고 다윗을 왕으로 세우시고** 증언하여 이르시되 내가 이새의 아들 다윗을 만나니 **내 마음에 맞는 사람이라 내 뜻을 다 이루리라** 하시더니"(행 13:17-22).

이스라엘 역사를 보면 하나님은 애굽에서 400년간 종살이를 하게 하시다가, 모세를 통하여 홍해를 가르시는 기적으로 이스라엘 백성들은 출애굽시키셨습니다. 애굽의 왕자로 지식과 권력을 갖고 있었던 모세는 하나님이 쓰시기에 불편한 사람이었습니다. 그러한 모세가 하나님 마음에 합한 자가 되기까지 80년을 기다리셨다가 사용하십니다.

또한 여호수아를 통하여 요단강을 건너 가나안 일곱 족속을 정복하고 그 땅을 차지하는 데 450년이 걸렸습니다. 그 후 선지자 사무엘을 통하여 사울을 왕으로 세웠지만, 결국은 그를 폐하시고 하나님의 마음에 맞는 목동 다윗을 왕으로 세우셨다는 이야기를 하면서, 이스라엘 역사 전반에 걸친 하나님의 개입과 섭리를 성경에서 말하고 있습니다.

다윗도 인간적으로 단점이 많은데 무엇이 하나님의 마음에 합하다고 하셨을까요? 그것은 오직 하나님의 뜻은 하나님이 친히 이루어 가신다는 섭리적 겸손의 믿음을 소유한 다윗을 인정하셨다는 것입니다. 이처럼 하나님은 하나님의 마음과 일치된 사람을 찾으셔서 뜻을 이루어 가십니다. 물론 하나님은 사람을 통해 일하십니다. 그러나 선택받은 자의 능력으로만 되는 것이 아닙니다. 하나님께서는 섭리적 겸손의 태도를 지닌 사람을 기뻐하시며, 주권을 내어드린 그 사람을 통하여 자신의 일을 친히 이루어 가십니다.

후에 다윗은 가장 사랑하고 믿었던 아들 압살롬의 반역으로 왕위를 빼앗기고 밤중에 도망을 가게 됩니다. 비탄한 심정으로 도망을 가는 중에 사울 집안 사람인 시므이가 다윗에게 당신이 피를 많이 흘려 아들에게 왕위를 빼앗겼다고 저주를 퍼붓습니다. 그때 다윗의 군대 장군 아비새가 시므이를 죽이려 하자 다윗이 그를 말리며 이렇게 말을 합니다.

"또 다윗이 아비새와 모든 신하들에게 이르되 **내 몸에서 난 아들도 내 생명을 해하려 하거든 하물며 이 베냐민 사람이랴 여호와께서 그에게 명령하**

신 것이니 그가 저주하게 버려두라 혹시 여호와께서 나의 원통함을 감찰하시리니 오늘 그 저주 때문에 여호와께서 선으로 내게 갚아 주시리라 하고"(삼하 16:11-12).

이처럼 고통과 어려움 가운데서도 주님의 뜻이 있다는 섭리적 믿음을 소유했던 다윗은 겸손한 마음을 가진 사람이었습니다. 그는 사람의 말을 따라가는 자가 아니라 하나님 마음에 합한 사람이었습니다. 다윗은 자신이 가장 힘들고 억울할 때도 그 속에 하나님의 뜻이 있다는 것을 인정하는 사람이었습니다. 하나님께서는 다윗의 그 마음을 보시고 주님의 마음에 합하다고 여기신 것입니다.

성도 여러분이 반드시 기억하셔야 할 것은 우리 한 사람 한 사람의 인생 전체가 하나님께 들어가 있다는 것입니다. 억울할 때나 기쁠 때나 어떠한 환경이라도 모든 것이 하나님의 섭리라고 믿는 것이 신앙이고, 하나님은 그런 사람을 들어서 하나님의 뜻을 이루어 가십니다.

2. 하나님께서 쓰시는 사람의 믿음은 육신의 믿음을 극복해야 합니다

"바울과 및 동행하는 사람들이 바보에서 배 타고 밤빌리아에 있는 버가에 이르니 요한은 그들에게서 떠나 예루살렘으로 돌아가고"(행 13:13).

선교여행에 바울과 동행했던 요한 마가는 중간에 되돌아가 버렸습니다. 요한 마가는 원래 부잣집 아들로 태어났기에 고생을 몰랐고, 인간적인 믿음으로 바나바와 바울을 따라 선교의 길을 나섰습니다. 그러나 그는 선교 도중 하차를 하고 예루살렘으로 돌아가고 맙니다.

육신의 신앙을 가진 자는 온전한 하나님의 사역자가 될 수 없습니다. 자기 생각과 다르면 언제나 배신을 합니다. 나중에 이 사건 때문에 밤빌리아에서 환상의 콤비였던 바울과 바나바가 크게 싸우고 헤어지는 분쟁의 요인이 됩니다. 그래서 바나바는 마가를 데리고 구브로(고향)로 갔고, 바울은 실라와 함께 마게도냐와 빌립보로 가면서 헤어지게 됩니다.

"며칠 후에 바울이 바나바더러 말하되 우리가 주의 말씀을 전한 각 성으로 다시 가서 형제들이 어떠한가 방문하자 하고 **바나바는 마가라 하는 요한도 데리고 가고자 하나** 바울은 밤빌리아에서 자기들을 떠나 함께 일하러 가지 아니한 자를 데리고 가는 것이 옳지 않다 하여 **서로 심히 다투어 피차 갈라서니** 바나바는 마가를 데리고 배 타고 구브로로 가고 바울은 실라를 택한 후에 형제들에게 주의 은혜에 부탁함을 받고 떠나"(행 15:36-40).

우리는 요한 마가와 같은 육신적인 믿음을 극복해야 합니다. '나'라는 거짓 자아에 붙잡힌 육적인 사람은 기준이 자기 자신이기 때문에 주님이 쓰실 수 없습니다. 그러므로 그리스도인은 세 단계에 이르는 영적 성숙으로 나아가야 합니다.

첫 번째, 십자가 보혈로 죄 사함받았다는 것에 머물러 있는 신앙에서, 두 번째, 나를 죽이고 십자가를 체험한 영적인 신앙으로 자라가야 하며, 마지막으로는 성령의 인도함을 받는 성숙한 성도에 이르기까지 자라나야만 주님께서 사용하실 수 있는 그릇이 될 수 있습니다.

그래서 우리는 기도해야 하는 것입니다. 기도를 해야만 우리는 육신에서 벗어날 수 있으며, '나'라는 거짓 자아가 깨어지기 때문입니다. 구원은 받았지만 내가 죽지 않으면 주님은 우리를 사용하실 수가 없으며 오히려 사탄의 도구가 됩니다. 그러므로 우리가 십자가를 체험하고 영의 인도함을 받을 때 주님의 뜻을 이루어 가는 도구가 되는 것입니다. 그러므로 십자가 복음, 부활의 복음, 최종적으로 하나님 나라 복음에 이르러야 진정한 하나님의 사람이 되는 것입니다.

이후에 마가도 육적인 믿음에서 탈출하여 영적인 믿음으로 성장해 베드로를 따라 선교에 큰 일꾼이 됩니다. 선교는 영적 믿음을 가진 사람들을 통하여 하나님 나라의 복음이 전파됩니다. 또 사람들을 구원할 수 있는 전도가 되는 것입니다. 이제 영적 눈을 뜬 마가는 그 당시 시련과 환난을 당하고 있는 성도들에게 하나님의 은혜를 체험하고 극복할 수 있는 신앙의 위로와 용기를 주기 위한 목적으로 베드로의 편지를 정리한 베드로전서, 후서와 같은 서신서를 기록하는 동역자가 됩니다.

"데마는 이 세상을 사랑하여 나를 버리고 데살로니가로 갔고 그레스게는 갈라디아로, 디도는 달마디아로 갔고 **누가만 나와 함께 있느니라 네가 올 때에 마가를 데리고 오라 그가 나의 일에 유익하니라**"(딤후 4:10-11).

또한 예수의 제자이며 의사였던 누가는 끝까지 바울과 함께하며 로마 감옥까지 가면서 바울의 모든 일을 기록하였는데, 그중 하나가 사도행전입니다. 그러나 마가나 데마처럼 하나님의 사역에 동참하다가 자신의 뜻과 맞지 않는다는 이유로 세상으로 되돌아가는 사람도 있습니다. 그러나 마가 요한과 같이 '나'를 깨뜨린 사람은 자신의 비전에 눈을 뜨게 되고 바울과 동역할 수 있는 유익한 사람이 되기도 하는 것입니다. 그리고 바울은 죽기 직전에 디모데에게 편지하여 마가를 데리고 오라고 합니다. 중요한 것은 하나님은 육신적인 사람은 쓰실 수가 없다는 것입니다.

"너희는 아직도 육신에 속한 자로다 너희 가운데 시기와 분쟁이 있으니 어찌 육신에 속하여 사람을 따라 행함이 아니리요"(고전 3:3).

"이는 젖을 먹는 자마다 어린 아이니 의의 말씀을 경험하지 못한 자요"(히 5:13).

그렇습니다. 성도 여러분! 수십 년을 교회 다니고 직분이 있고 구원은 받았으나 어린아이와 같다면, 육신적 신앙에서 탈출하여 장성한 자로 성장하시기를 축복합니다. 그러므로 기도하셔야 육신에서 빠져나올 수 있으며 하나님의 뜻에 합한 자가 됩니다.

3. 주님의 그릇으로 자신을 깨트려 주님을 나타내는 자가 되어야 합니다

"아브라함과 다윗의 자손 예수 그리스도의 계보라"(마 1:1).

성경은 하나님께서 마음에 합한 사람으로 인정하신 아브라함, 다윗을 소개하면서, 주님의 마음에 자신의 마음을 일치시켰던 그들을 통하여 예수 그리스도가 이 땅에 오실 수 있도록 길을 예비한 통로가 되었다고 말합니다. 이처럼 예수님을 이 땅에 나타내는 통로, 그릇(하나님의 형상)으로 말하고 있습니다. 그렇습니다. 우리는 이 땅에 하나님의 형상(주님의 그릇)으로 지음을 받았기에 주님을 나타내는 통로가 될 때 우리를 통하여 하나님의 역사를 나타내시며, 우리 몸을 사용하시는 것입니다.

그릇이 깨져야 그 안에 계신 하나님을 볼 수 있습니다. 그래서 날마다 나를 깨뜨리는 것이 신앙인 것입니다. 날마다 나를 깨뜨리는 것이 기도입니다. 내가 깨어져야만 주님이 나타나실 수 있습니다. 컵은 물을 담고 있는 그릇입니다. 물은 컵이 깨어질 때 흘러갈 수 있으며, 컵이 깨어져야만 그 그릇 안에 있는 내용물이 물이라는 것을 볼 수 있게 됩니다.

그러나 안타까운 것은 우리의 그릇이 너무 단단해서 깨어지지 않으면 세상 사람들은 여러분 안에 계신 예수를 볼 수 없고, 거짓 자아인 나의 모습만 보게 되니 주님을 나타낼 수 없게 됩니다. 그러나 여러분이 자신을 깨뜨리지 않은 채 삶이 어려워지면 하나님께 나를 도와달라고만 하니, 주님이 사용하실 수 없는 그릇이 되는 것입니다.

그렇기 때문에 성경에 쉬지 말고 기도하라고 하셨습니다. 기도는 무엇을 얻기 위해 하는 것이 아닙니다. 하나님 나라에는 이미 다 이루어져 있으며, 우리는 믿음으로 찾아오기만 하면 되는 것입니다. 그렇다면 기도는 무엇입니까? 기도는 내가 깨어지는 것입니다. 내가 깨어지지 않으니 주님은 나에게 가려져 보이지 않습니다. 내가 깨어질 때 내 안에 주님이 나타나실 수 있습니다. 그리고 무엇보다 중요한 것은 우리에게 주님의 존재 자체가 길이라는 것입니다. 그러므로 여러분이 하나님과 하나가 되어야 병이 치유되고 삶의 길이 열려지는 것입니다. 할렐루야!

자신을 깨뜨린다는 것을 가장 잘 보여준 인물은 구약의 다윗입니다. 다윗이 왕위에 올랐을 그 당시에는 예루살렘에 법궤가 없었습니다. 이에 다윗은 오매불망 법궤를 찾았고, 법궤를 아비나답의 집에서 예루살렘으로 모시기를 원했습니다. 그렇게 아비나답 집에서 나오다가 웃사가 법궤를 만져 죽습니다.

그 후 모든 율법의 절차에 따라 레위인들로 법궤를 메게 하고, 다윗은 그 법궤 앞에서 제사를 드리며 정성을 다하면서 나팔을 불게 합니다. 다윗은 왕이라는 체면을 벗어던진 채 에봇을 입고 사람들 앞에서 덩실덩실 춤을 춥니다. 다윗이 얼마나 하나님을 사모했는지를 잘 보여주는 장면입니다. 그때 에봇을 입고 다윗이 춤을 출 때 몸이 드러나는 것을 왕비였던 미갈이 업신여기며 책망합니다. 그때 다윗은 단호히 자기 부인 미갈을 꾸짖습니다.

"다윗이 미갈에게 이르되 이는 여호와 앞에서 한 것이니라 그가 네 아버지와 그의 온 집을 버리시고 나를 택하사 나를 여호와의 백성 이스라엘의 주권자로 삼으셨으니 내가 여호와 앞에서 뛰놀리라 내가 이보다 더 낮아져서 스스로 천하게 보일지라도 네가 말한 바 계집종에게는 내가 높임을 받으리라 한지라"(삼하 6:21-22).

다윗에게는 왕이라는 신분이 중요하지 않았습니다. 하나님을 나타내는 일이라면 자기 체면이나 지위와 상관없이 깨지고 낮아져도 상관없다는 것입니다. 이것이 주님의 영광을 드러내기 위하여 자신을 깨트리는 십자가의 삶입니다. 하나님은 이런 사람을 사용하시고 하나님 마음에 합하다고 말씀하십니다.

"우리가 이 보배를 질그릇에 가졌으니 이는 심히 큰 능력은 하나님께 있고 우리에게 있지 아니함을 알게 하려 함이라 우리가 사방으로 우겨쌈을 당하여도 싸이지 아니하며 답답한 일을 당하여도 낙심하지 아니하며"(고후 4:7-8).

사도 바울도 자신을 보배를 가진 질그릇이라고 비유하면서, '나'

라는 그릇이 깨어지면 내 안에 있는 보석과 같은 예수가 나타나시니 어떤 시련 앞에서도 낙심하지 않고 걱정하지 않는다고 말합니다. 그리고 바울은 '나'라는 그릇이 깨어짐으로써 주님의 생명이 세상에 나타나는 것을 기뻐합니다.

내가 깨어지면 사방이 막히고 어디에도 길이 없는 듯한 환경에 놓일지라도 바울은 '내가 깨어지면 사방이 막히고 어디에도 길이 없는 듯한 환경에 놓일지라도 욱여쌈을 당하지 않게 되며, 혹여 어려움이 온다 할지라도 낙심하지 않고 소망을 갖게 된다'는 신앙고백을 하고 있는 것입니다. 그러므로 우리도 모든 상황 속에는 하나님의 섭리가 있다는 믿음과 겸손을 놓치지 않아야 합니다.

"우리가 항상 예수의 죽음을 몸에 짊어짐은 예수의 생명이 또한 우리 몸에 나타나게 하려 함이라"(고후 4:10).

'예수의 죽음을 몸에 짊어짐'은 내 육신을 깨뜨렸다는 뜻입니다. 즉, 내가 죽고 예수의 생명이 우리를 통해 세상으로 흘러나가 삶으로 하나님 나라를 나타내고, 드러냄으로 불신자들에게 하나님을 전하는 선교적 사명을 다할 수 있게 되는 것입니다.

사랑하는 성도 여러분! 아브라함과 다윗은 예수님이 오시는 통로가 되어 인류를 구원하는 하나님의 뜻을 이루었습니다. 또한 자기를 깨뜨리고 하나님의 사랑을 흘려보낸 로라를 통해 앤 설리번의 삶이 치유되었고, 그 사랑을 받은 앤 설리번이 헬렌 켈러에게 회복의 통로가 됨으로 하나님의 합한 사람으로서 주님의 뜻을 이루어 갔습니다. 이처럼 우리 모두 하나님의 도구로 그분의 뜻을 이루어 가는 성도가 되길 축복합니다. 아멘!

"내가 보는 것은 사람과 같지 아니하니 사람은 외모를 보거니와 나 여호와는 중심을 보느니라 하시더라"(삼상 16:7).

하나님의 역사는 사람이 많이 모여 있다고 이루어지는 것이 아닙니다. 하나님은 주님의 마음과 맞는 한 사람을 통하여 역사하십니다. 그래서 하나님의 역사가 일어나기 힘든 것입니다. 하나님은 중심을 보시며, 주님의 마음에 합한 사람을 통하여 교회를 이루어 가십니다. 그러므로 하나님을 이용하려는 마음이 아니라 주님과 여러분의 깊은 속마음이 연결되는 은혜가 있기를 축복합니다.

제2부
하나님 나라 복음에 눈뜨다

왜 예수님이신가?

(행 13:23-41; 요 14:16-17)

인도의 유명한 선교사 스탠리 존스(1884-1972)가 이슬람교도에게 예수님을 믿어야 구원이 있다고 전했습니다. 그러자 이슬람교도가 스탠리 선교사의 말을 막으면서 "당신들의 기독교는 우리가 가진 것을 가지고 있지 않습니다"라고 말하는 것이었습니다. 그것이 무엇이냐고 물으니 "메디나(사우디아라비아의 마호메트 무덤)에 가면 이슬람의 창시자인 마호메트란 사람이 있었다는 증거가 있지만 당신들이 믿는 예수의 무덤이 있는 예루살렘에 가보면 빈 무덤밖에 볼 수 없지 않소?"라고 말하였습니다.

그때 스탠리 선교사가 "맞소. 그것이 바로 이슬람교와 기독교가 다른 점입니다. 당신들이 믿는 마호메트는 사람이기에 무덤이 있지만 예수님은 하나님의 아들이기에 부활하셨고 빈 무덤뿐입니다. 부활하신 그 주님은 영으로 우리와 함께하고 있습니다"라고 반박하자 이슬람교도는 아무 말도 못 하고 떠나고 말았습니다.

그렇습니다. 이 세상에는 기독교 외에도 종교가 많습니다. 불교,

이슬람교, 유교 등 모든 종교의 창시자는 인간입니다. 그들이 훌륭해서 가르침과 교훈을 우리에게 줄 수도 있을 것입니다. 하지만 그들은 관념적인 사고나 지식, 정보를 줄 수 있을지 모르나 생명을 주지는 못합니다. 반면에 예수님은 하나님의 아들로 십자가에서 우리 죄를 위하여 죽으시고 부활하여 보좌 우편에서 믿는 자에게 성령으로 영생을 주셨습니다. 그리고 영원히 우리와 함께하시며 날마다 기도에 응답하시는 분이십니다.

이번에 저희 교회에서 준비하고 있는 1차 새 생명 축제를 앞두고 갑자기 날씨가 추워진다고 하여 걱정이 되었습니다. 그리고 전날 밤 잠을 자다가 새벽에 깨어 기도하는 중에 "사람을 살리는 일은 날씨와 상관이 없다"는 말씀을 마음에 주셨습니다. 우리의 작은 신음에도 세밀하게 응답하시는 주님과의 교제를 경험하는 시간이었습니다.

그리고 축제 날이 되어 날씨가 쌀쌀한 가운데도 많은 영혼들이 나와 예배를 드리는 모습을 보면서, 예수를 살아계신 분으로 믿고 체험한 성도는 복음을 전하지 않을 수 없다는 것을 다시 확신하게 되었습니다.

"하나님이 세상을 이처럼 사랑하사 독생자를 주셨으니 이는 **그를 믿는 자마다 멸망하지 않고 영생을 얻게 하려 하심이라**"(요 3:16).

"내가 아버지께 구하겠으니 그가 **또 다른 보혜사를 너희에게 주사 영원토록 너희와 함께 있게 하리니**"(요 14:16).

부처가 영원토록 우리와 함께할 수 있습니까? 다른 종교가 섬기는 대상은 모두 인간으로서, 사람들에게 인간적인 지혜는 주었지만 지금은 죽고 없습니다. 그렇다면 왜 예수님이십니까? 예수님은 십자가에서 죄를 사하시고 부활하여 생명을 주시고 지금도 살아서 성령으로 우리와 함께하시기 때문입니다.

"그는 진리의 영이라 세상은 능히 그를 받지 못하나니 이는 그를 보지도 못하고 알지도 못함이라 그러나 너희는 그를 아나니 그는 너희와 함께 거하심이요 또 너희 속에 계시겠음이라"(요 14:17).

부활하신 주님은 영이시기 때문에 세상 사람들은 예수님을 보지도 못하고 깨달을 수도 없습니다. 그러나 예수를 믿는 우리는 그분이 직접 찾아와 주셨고 우리와 함께 사시는 분이라고 말하고 있습니다. 그렇습니다. 생명을 주는 종교는 하나밖에 없습니다. 그분은 예수이십니다. 인간이 만든 종교는 생명을 줄 수 없습니다. 유한한 생명을 가진 인간은 결국 자신도 죽음에 이르게 되는데, 어떻게 한계를 가지고 있는 인간이 인간에게 영원한 생명을 줄 수 있겠습니까?

우리를 구원할 분은 오직 예수님뿐이십니다. 교회를 아무리 오래 다녀도 관념적으로 예수 십자가로 구원받았다는 교리로는 구원에 이르지 못합니다. 생명을 주시는 분은 오직 예수라는 믿음에 확신이 있어야 기도 응답이 일어나고 성령의 인도함을 받아 기적이 일어나는 것입니다. 이 축복을 누려본 사람은 나가서 복음을 전할 수 있게 됩니다.

교회는 전도하지 않으면 생명이 끊어진 상태입니다. 예수를 전하지 않는 것은 죽은 것입니다. 예수 생명과 연결됨이 없으면 교회 안에 인본적인 관점에서 옳고 그름을 따지며 분쟁과 싸움이 일어나고 세상으로 나가서 전도하지 않습니다. 그러므로 예수 생명에 대한 깨달음이 있으시기를 축복합니다.

"하나님이 약속하신 대로 **이 사람의 후손에서 이스라엘을 위하여 구주를 세우셨으니 곧 예수라**"(행 13:23).

성경 본문에서 사도 바울은 안디옥 회당에서 구약을 통하여 예수의 부활에 대하여 여러 번 강조하면서 아브라함과 다윗의 계보를 따라 예수가 우리를 죄에서 건져주셨으며 우리 주인 되시는 구원자라고 선포하고 있습니다. 하나님은 믿지만 예수를 인정하지 않고 있는 유대인들을 향하여 '왜 예수인가?'를 말씀하고 있는 것입니다.

부활이 없다면 예수의 존재는 완전히 무너지는 것입니다. 부활이 없었다면 예수님은 의미 없이 죽임을 당한 정치 운동가로 역사에 기록되었을지도 모릅니다. 그러나 죽음을 깨뜨리시고 부활하셨기 때문에 영원한 생명을 소유한 분이 되셨고, 자신 안에 있는 그 생명을 거듭난 우리에게 주실 수 있습니다.

"성경에 그를 가리켜 기록한 말씀을 다 응하게 한 것이라 후에 **나무에서 내려다가 무덤에 두었으나 하나님이 죽은 자 가운데서 그를 살리신지라**"(행 13:29-30).

"또 하나님께서 죽은 자 가운데서 그를 일으키사 다시 썩음을 당하지 않게 하실 것을 가르쳐 이르시되 내가 다윗의 거룩하고 미쁜 은사를 너희에게 주리라 하셨으며 또 다른 **시편에 일렀으되 주의 거룩한 자로 썩음을 당하지 않게 하시리라** 하셨느니라 다윗은 당시에 하나님의 뜻을 따라 섬기다가 잠들어 그 조상들과 함께 묻혀 썩음을 당하였으되 **하나님께서 살리신 이는 썩음을 당하지 아니하였나니**"(행 13:34-37).

부활하시고 살아계신 예수의 실존은 생명 그 자체입니다. 그 부활하신 예수 생명을 받은 우리도 영원한 생명을 소유하게 된다는 진리는 기독교 외에는 없습니다.

이제 우리 구원자가 왜 예수님이신가에 대하여 깊이 생각해 보겠습니다.

1. 예수님은 부활하시어 우리 믿는 자와 영원히 함께하시는 임마누엘이십니다

"내가 아버지께 구하겠으니 **그가 또 다른 보혜사를 너희에게 주사 영원토록 너희와 함께 있게 하리니**"(요 14:16).

보혜사 성령이 믿는 우리에게 오셔서 영원토록 함께하신다는 약속을 주셨습니다. 이 세상에서 영원토록 나와 함께하는 대상은 아무도 없습니다. 자식도 때가 되면 다 떠나고 남편이나 친구도 끝까지 함께하지 않습니다. 그러나 우리와 함께하시는 예수는 부활하셔서 우리와 영원히 함께하시는 임마누엘 되시는 하나님이십니다.

"보라 처녀가 잉태하여 아들을 낳을 것이요 그의 이름은 임마누엘이라 하리라 하셨으니 이를 번역한즉 **하나님이 우리와 함께 계시다 함이라**"(마 1:23).

지구상에 다양한 종교들의 창시자는 인간입니다. 그러나 인간은 죽음이라는 한계를 뛰어넘을 수 없기 때문에 영원히 우리와 함께할 수 없는 대상입니다. 석가모니도 죽었고 석가 자신이 신이 아니라고 분명히 말했지만, 불교는 아미타불이라는 극락정토(극락세계)에 있는 부처라는 교리를 만들어서 믿고 있습니다. 그러나 우리 주 예수님은 믿는 자의 죄를 사하기 위하여 죽으셨다가 부활하시어 성령으로 우리와 함께하시면서 생명의 길로 인도하십니다.

그래서 하나님의 아들이 우리와 함께한다는 믿음이 있는 사람은 기도합니다. 그러므로 우리는 삶에 어려움이 있을 때마다 날마다 쉬지 말고 기도하여 내 안에 계신 주님께 구하면 그분은 우리에게 길을 알려 주시고 친히 우리의 삶을 인도해 주십니다.

"아무것도 염려하지 말고 다만 **모든 일에 기도와 간구로, 너희 구할 것을 감사함으로 하나님께 아뢰라** 그리하면 모든 지각에 뛰어난 하나님의 평강이 그리스도 예수 안에서 너희 마음과 생각을 지키시리라"(빌 4:6-7).

신약의 기도는 내 안에 계신 주님과의 인격적인 교제이며 그분을 찾는 것입니다. 자신이 처한 상황 속에서 주님의 뜻이 무엇인가를 물어보는 것이 기도이며, 기도할 때 우리는 성령의 임재 가운데 머물러 있게 됩니다. 그러므로 내 안에 계신 그분과 연결됨으로 인하여 날마다 기도할 수 있는 것입니다. 항상 주님의 생명과 연결되어 있다면 쉬지 말고 기도하라는 말씀이 우리의 삶에서 저절로 되어집니다.

기도를 통해 주님의 마음과 연결됨으로써 자신의 생각과 감정이라는 거짓에 붙잡혀 있지 않도록 인도하시기 때문에 그리스도 안에서 우리의 마음과 생각을 지킬 수 있는 힘을 공급하십니다. 주님은 우리로 하여금 거짓 자아를 좇아가는 것으로부터 빠져나오게 도우십니다. 그러므로 기도하는 사람은 어떤 경우에도 좌절하지 않습니다.

그러나 현대인들이 자기 생각과 감정을 진실이라고 믿으며 우울감과 불면증, 공황장애와 같은 스스로의 감옥에서 나오지 못하는 것을 보게 됩니다. 이는 하나님과 교제하지 못하기 때문에 생각이 병들었다고 진단할 수 있을 것입니다. 그러므로 날마다 기도함으로 내 생각과 감정을 예수님의 생각과 감정으로 바꾸는 것이 구원이며 날마다 승리하는 비결인 것입니다.

우리의 생각이라고 하는 것은 경험으로부터 온 것입니다. 내가 살아온 경험이 긍정적인 부분도 있지만 부정적인 부분이 더 많습니다. 그래서 쉬지 말고 기도하라고 하신 이유는, 사람의 두뇌에 저장된 부정적인 프로그램에 의해서 붙잡혀 있는 생각의 감옥으로부터 탈출시키기 위함입니다. 예수가 없는 사람은 육적이고 어두운 생각에 사로잡혀 있기 때문에 병이 듭니다.

그렇다면 어떻게 병을 고칠 수 있습니까? 내 생각과 감정으로부터 나 자신을 분리시키고, 예수의 생각과 마음을 받을 때 병이 떠나가는 것입니다. 왜냐하면 주님 안에는 병이 없기 때문입니다. 주님 안에는 부정적인 것이 없으며 악이 없습니다. 영적 눈을 뜨면 내가 육적 존재가 아니라 예수와 연합된 영적 존재임이 믿어집니다. 그러므로 여러분이 임마누엘 되시는 주님을 붙잡으시기를 축원합니다.

> "내가 너희에게 분부한 모든 것을 가르쳐 지키게 하라 볼지어다 내가 세상 끝 날까지 너희와 항상 함께 있으리라 하시니라"(마 28:20).

그러므로 성도 여러분! 예수가 있는 인생이 되어야 합니다. 자기 생각대로 사는 사람은 나중이 되어서야 자신이 틀린 길로 갔다는 것을 알게 됩니다. 그러나 그때는 되돌리기에 너무 늦어버리고 후회만 남게 됩니다. 그러니 "주님, 제가 어디로 가야 합니까?"라고 물어봐야 하며 그분의 응답을 들어야 합니다. 그리고 우리는 길 잃은 영혼들에게 나아가 복음을 전해야 하는 것입니다. 교회의 생명은 전도에 있습니다. 예수를 아는 사람은 반드시 복음을 전하게 됩니다.

탈무드에 어떤 사람이 죽을병이 들어 친구 세 명에게 도움을 청하였습니다. 첫 번째 친구에게 찾아가니 그에게 죽을병이 왔다면 어쩔 수 없다며 아주 싸늘하게 돌아섰습니다. 두 번째 친구를 찾아가 자신의 죽음을 말하니 슬프게 울면서 죽는 순간까지 함께할 수 있지만 너의 죽음과는 함께할 수 없다고 이야기했습니다. 그래서 세 번째 친구에게 가니 그를 꼭 안아 주면서 말을 합니다. "걱정하지 마라. 내가 세상 끝까지 함께할 것이고 죽음 저편에도 함께할 것이다"라고 했습니다.

첫 번째 친구는 누구일까요? 그것은 세상 물질입니다. 물질은 죽음 앞에는 아무 도움이 못 됩니다. 두 번째 친구는 가족입니다. 가족은 정말 죽는 순간까지 함께할 수 있지만, 죽음을 함께할 수는 없습니다. 세 번째 친구는 예수님이십니다. 주님만이 우리 죽음의 끝에서도 함께하는 진정한 친구이십니다.

저도 목회자로서 40여 년 동안 교회를 이끌어 오면서 순간순간 다가오는 무거움을 혼자의 힘으로 견뎌보려고 했다면 감당하지 못했을 것입니다. 그러나 주님이 함께하시고 그분의 도우심으로 인하여 여기까지 올 수 있었습니다. 또한 앞으로 저를 통해 이루고자 하시는 주님의 인도하심에 따라 거기까지 갈 것입니다. 누가 우리가 가야 할 방향을 자신 있게 지시해줄 수 있겠습니까? 오직 주님만이 우리가 가야 할 길을 확정하실 수 있으시고, 오직 주님만이 우리를 인도하실 줄 믿습니다.

2. 예수님은 지금도 살아계셔서 우리 죄를 사하시고 의롭게 하는 기적을 주십니다

"그러므로 형제들아 너희가 알 것은 **이 사람을 힘입어 죄 사함을 너희에게 전하는 이것이며** 또 모세의 율법으로 너희가 의롭다 하심을 얻지 못하던 모든 일에도 **이 사람을 힘입어 믿는 자마다 의롭다 하심을 얻는 이것이라**"(행 13:38-39).

성경 본문에서 사도 바울은 '이 사람'을 힘입어 죄 사함을 받는다고 했습니다. 예수를 힘입어 죄 사함을 얻었으며, 예수를 힘입어 의롭다 하심을 얻었다고 말하고 있습니다. '우리가 그분을 힘입어 죄 사함받았다'는 것은 우리에게 힘을 주는 대상이 지금도 살아있으며 그 힘을 우리에게 부여해 주었다는 의미일 것입니다.

어떤 사람이 아무리 뛰어나고 훌륭하다 할지라도 우리가 죽은 사람을 힘입을 수는 없습니다. 그러므로 예수는 부활하여 살아 계신다고 주장할 수 있는 것입니다. 죽은 자는 생명과 능력이 없는 대상입니다. 그러나 바울은 예수가 살아 계시기 때문에 그 힘의 능력으로 말미암아 우리가 죄 사함을 받을 수 있다고 말하고 있습니다.

기적의 전제조건은 바로 '의로움'입니다. 기도할 때마다 우리는 겸손을 표현한다고 하면서 "이 불쌍한 죄인, 지푸라기보다 못한 죄인을 용서해 주시옵소서"라고 고백합니다. 우리는 죄를 지을 수 있지만 주님과 연합된 우리는 의인입니다. 거듭나서 예수와 한 영이 된 자는 의인의 신분을 소유하게 된다는 것입니다. 그러므로 죄인의 신분이 아니라 의인이라는 죄 사함에 확신이 있는 사람, 즉 내가 주 안에서 의인이라는 믿음이 있는 사람에게 기적이 일어나고 기도가 응답됩니다.

미국의 능력있는 사역자인 맥스웰 휘트 박사의 저서 《예수의 보혈은 현실 생활에서 어떤 역할을 하는가?》(The Power of Blood, 나침반, 1997)에서 말하길 "주님의 십자가 보혈은 지금도 믿는 자의 심령에 흐르고 있다"라고 주장합니다. 2000년 전에 예수님은 죽은 것이 아니라 영원하신 하나님이시기 때문에 시간과 공간을 초월하시고 원인과 결과를 초월하신 분이십니다.

혼(soul)적인 사람은 인간의 논리로 세상을 바라보지만, 인간의 사고와 논리를 초월하시는 분이 하나님이십니다. 지금도 살아 계셔서 믿는 자에게 보혈이 흘러내리고 있다는 믿음이 우리에게 있을 때 내 죄가 씻김을 받았다는 확신이 오는 것입니다. 너무도 중요한 것입니다.

또한 믿는 자는 그분을 힘입어 의롭다 함을 얻는다고 말씀하십니다. 그분이 '영원한 의(義)'이시기 때문에 예수를 믿는 우리도 '의(義)'라는 것입니다. 그러므로 의롭다 함을 받은 우리 안에 하나님의 속성과 능력이 들어오게 되니 주님의 능력이 나타나고 병이 치료되고 역사가 나타나는 것입니다. 그러므로 의사가 여러분의 병을 고치는 것이 아니라 의로우신 그분의 능력이 병을 고치신다는 사실을 놓치지 않기를 축복합니다.

하루는 설교 준비를 하고 있는데 우리 교회 부목사의 장인께서 암 수술 후 투병을 하시면서 식사도 전혀 못하시고 혈관에 더 이상 수액조차도 들어가지 않을 정도로 쇠약해진 상태로 오셨습니다. 얼굴에 어둠이 가득한 그분에게 "당신의 마음이 안을 향하여 계속 들어가고 있습니다. 그러면 죽습니다. 반대로 밖으로 나가야 살 수 있습니다"라고 권면했습니다. 사람은 자신의 생각으로부터 빠져나오지 못하고 자꾸 안을 향하면 내 생각이라는 감옥에 사로잡혀 버립니다.

그러나 거짓된 생각에서 탈출하여 주님 안으로 들어가 예수의 마음을 받아내면 그분의 평강과 기쁨이 우리를 덮어 생명을 얻는 것입니다. 이러한 영적 원리를 말씀드리고 나서 예수 이름으로 기도해 드렸는데 그 순간 어둠이 떠나고 그분의 얼굴이 확 펴졌습니다. 그리고 집에 가서 식사도 하시고 그 다음날 주일 예배에 나오셨습니다.

할렐루야! 여러분, 믿음은 논리와 개념이 아닙니다. 그렇다면 어떻게 병을 고칠 수 있습니까? 예수가 살아계시기 때문에 우리가 그분의 능력을 힘입는 것입니다. 그러므로 우리가 주님 안에 들어가면 기적이 일어납니다. 여러분이 그분을 힘입을 수 있기를 축원합니다.

앞에서 언급했던 인도의 유명한 선교사 스탠리 존스에 대한 일화가 있습니다. 그가 그 열악한 상황에서 선교를 하다가 중풍으로 쓰러지고 말았습니다. 목숨은 건졌으나 간신히 벽을 잡고 걸어서 화장실에 갈 정도로 몸이 쇠약해졌습니다. 스탠리 존스 박사는 유명한 사람이었기에 간호사들이 인사를 했습니다. "존스 박사님, 건강하세요!" 그때 그는 간호사에게 호통을 치면서 "그렇게 인사하지 마세요. 나를 보면 '스탠리 존스여! 예수 이름으로 명하노니 똑바로 걸어라!' 그렇게 말하세요"라고 하는 것이었습니다.

그 이후로부터 그 병원에서는 그를 보면 모두 "스탠리 존스여! 예수 이름으로 걸어라!"라고 인사해 주었는데, 얼마 후에 이 스탠리 존스 선교사는 정말 중풍병에서 온전히 치유되는 기적이 일어났고 90세까지 장수하게 됩니다.

교회에서 예수에 대해 설명하고 성경공부를 하지만, 예수에 대한 정보와 지식만으로 어떤 능력이 나타나겠습니까? 주님은 지금도 살아 계셔서 그분의 부활을 믿고 주님으로 영접하여 그분을 힘입으면 죄 사함을 얻게 하십니다. 또한 의롭게 되어 살아 계신 주님의 능력이 나타나 어떤 질병이나 어떤 환경에서든 자유하게 하는 구원의 역사를 이루십니다.

그러나 이러한 믿음이 없으면 날마다 가난과 질병에 붙잡혀서 힘겨운 삶을 살게 됩니다. 우리가 병이 들었을 때 의사의 도움을 받지만 병은 하나님이 치료하신다는 믿음이 있을 때 그 믿음대로 성령께서 역사하십니다. 우리는 한순간도 주님을 힘입지 않으면 살 수 없는 존재입니다. 그러므로 오직 예수입니다. 이것이 복음입니다. 오직 예수라는 복음의 본질을 전하는 것이 교회 존재의 이유인 것입니다.

3. 예수님을 믿으면 새 생명을 주시어 죽어서도 영생(천국)에 이르게 하십니다

"또 다른 시편에 일렀으되 주의 거룩한 자로 썩음을 당하지 않게 하시리라 하셨느니라"(행 13:35).

우리가 예수님을 믿으면 주님의 생명(영생)이 임하여 죽어도 지옥에 가지 않고 천국에 가게 됩니다. 이미 주님이 나의 죄를 사해주셨고 나를 대신해서 지옥(음부)에까지 가셨다가 부활하셨기에 우리는 죽어도 영생 천국에 가는 것입니다. 그러나 하나님을 모르고 예수를 믿지 않으면 다 심판을 받아 지옥을 향하여 갑니다. 이 땅의 삶이 전부가 아닙니다. 그러나 눈에 보이는 세상이 전부라고 믿는 사람은 속은 것입니다.

"한번 죽는 것은 사람에게 정해진 것이요 그 후에는 심판이 있으리니"(히 9:27).

미국의 19세기 최고의 부흥사 D. L. 무디(1837-1899) 목사는 평소에 이렇게 말을 했습니다. "여러분은 D. L. 무디 목사가 죽었다는 소식이 신문에서 나거든 그 말을 한마디도 믿지 마십시오. 그때는 지금보다 더 생생하게 천국에 살아 있을 것입니다. 나는 1837년에 육신으로 태어났고, 1855년에 영적으로 거듭났습니다. 육신으로 태어난 나는 하나님께서 부르실 때 목숨은 끊어지지만, 영으로 태어난 나는 천국에 영원히 살아 있을 것입니다."

이 말은 1899년 그가 죽기 얼마 전에 뉴욕 집회에서 했던 말입니다. 그리고 얼마 후에 하나님의 부르심을 받았는데 무디 목사가 아들에게 말하길 "이제 하나님이 나를 부르신다. 천국으로 갈 꽃마차가 기다리고 있다"고 하면서 환한 얼굴로 소천하였습니다.

"예수께서 이르시되 내가 곧 길이요 진리요 생명이니 나로 말미암지 않고는 아버지께로 올 자가 없느니라"(요 14:6).

그렇습니다. 사랑하는 여러분, 왜 예수입니까? 세상 종교의 교주는 인간입니다. 그들은 모두 죽었습니다. 오직 예수님만이 하나님의 아들이시며 죽음에서 부활하여 지금도 살아 계셔서 가정과 사업장, 학교나 우리의 모든 삶의 영역에서 주님께서 함께하십니다. 주님은 자신을 믿는 자 속에 오시어 새 생명을 주시고 영생(천국)의 길로 인도하십니다. 이것이 하나님께서 보여주시는 최고의 사랑 표현입니다. 그래서 우리가 전도하는 것입니다. 오직 예수입니다. 아멘.

세상 사람들은 예수님을 보지도 못하고 깨달을 수도 없습니다. 그러나 예수를 믿는 우리는 예수님을 우리에게 찾아오셔서 우리와 함께 사시는 분이라고 말하고 있습니다. 그렇습니다. 생명을 주는 종교는 하나밖에 없습니다. 그분은 예수이십니다. 인간이 만든 종교는 생명을 줄 수 없습니다. 유한한 생명을 가진 인간은 결국 자신도 죽음에 이르게 되는데, 어떻게 한계를 가지고 있는 인간이 인간에게 영원한 생명을 줄 수 있겠습니까? 우리를 구원할 분은 오직 예수님뿐이십니다.

왜 예수님이신가?(행 13:23-41; 요 14:16-17)

하나님께 감사는,
가시밭길에서도 꽃을 피운다

(행 13:42-52; 롬 8:28)

　　　　　　　중국 고사에서 전해 오는 이야기입니다. 어느 마을에 큰 과일나무 한 그루가 있었습니다. 이 과일나무는 크기도 엄청나지만 열매도 풍성히 달려 동네 사람들에게 좋은 양식을 제공하고 있었습니다. 그런데 이 나무에 독특한 점이 있었습니다. 절반은 맛있고 영양분이 좋은 과일을 맺지만, 절반은 맛이 없고 떫고 독이 있는 열매를 맺는 것입니다. 잘못 먹으면 큰 탈이 나기 때문에 동네 어른들은 아이들에게 항상 조심해서 먹어야 한다고 주의를 주곤 했으나 아이들이 구별하지 못하고 마구 먹어서 문제가 생겼습니다.
　그래서 동네 사람들이 모여서 회의를 하고 독이 있는 과일나무의 절반을 잘라내기로 결정했습니다. 그 이후로는 이 과일나무 때문에 걱정을 하지 않게 되었습니다. 그런데 문제가 생겼습니다. 독이 있는 열매를 맺는 가지를 잘라낸 지 몇 년 후 나무가 말라서 결국 죽게 된 것입니다. 원인을 조사해 보니 독이 있는 나쁜 기운을 흡수했던 가지를 잘라내니 그 독성이 좋은 열매를 맺는 나뭇가지로 옮겨갔기 때문이었습니다. 이 이야기가 우리에게 주는 교훈이 있습니다.

사랑하는 여러분! 우리가 살아가는 삶의 현실도 좋은 일과 나쁜 일이 있지만 대부분의 사람들은 어렵고 부정적인 일은 없기를 바라고 그것이 축복인 줄 압니다. 그러나 성경은 그렇게 말하지 않습니다. 우리의 현실은 낮과 밤이 있듯이 좋은 일과 어려운 일이 늘 함께 있습니다. 영적 눈을 뜨고 하나님의 시야를 소유하면 좋은 일이나 혹여 어려움이 있을지라도 감사할 수 있습니다.

그러나 내 삶은 온통 고통과 어려움뿐이고 불행하다고 말하면서 만사에 불평과 원망이 가득한 사람은 하나님의 축복 원리를 모르고 있기 때문입니다. 우리 인생의 어려움과 고통을 어떤 시야로 보는가가 중요합니다. 그러나 하나님의 시야가 열리지 않은 채 우리의 병든 시야로 보기 때문에 모든 상황을 좋고 나쁨, 옳고 그름의 관점으로만 판단하고 있으니 삶이 병들어 가는 것입니다.

"범사에 기한이 있고 천하 만사가 다 때가 있나니 날 때가 있고 죽을 때가 있으며 심을 때가 있고 심은 것을 뽑을 때가 있으며 죽일 때가 있고 치료할 때가 있으며 헐 때가 있고 세울 때가 있으며 울 때가 있고 웃을 때가 있으며 슬퍼할 때가 있고 춤출 때가 있으며"(전 3:1-4).

사람들은 각자 자신의 환경이 좋은 일보다 나쁜 일이 더 많아서 늘 삶이 어렵다고들 합니다. 오늘은 비가 와서 싫고 내일은 바람이 불어서 싫다고 투덜대기도 합니다. 그러나 우리가 살고 있는 이 땅에 비는 오지 않고 태양만 비춘다면 쓸모없는 사막화가 되어버릴 것입니다. 적당히 비가 오고 바람도 불어주니 땅이 비옥해지고 풍성한 열매를 맺게 되는 것과 마찬가지로, 우리의 삶에도 기쁜 일도 있지만 때로는 힘든 일도 겪어가면서 하나님의 시야로 볼 수 있다면 어떤 문제라도 하나님의 선하심을 인정하게 되고 그때부터 행복을 경험하게 될 것입니다.

그러나 눈이 바뀌지 않았다면, 하나님의 시야를 소유하지 못하고 하나님 나라에 들어가지 못합니다. 인간은 스스로의 기준을 가지고 좋고 나쁨을 판단할 때 항상 불행하게 됩니다. 물론 고통 자체는 누구에게나 힘들게 느껴집니다. 그러나 몸이 아파 본 사람만이 건강의 축복을 아는 것입니다. 고통을 하나님의 시야로 볼 수 있다면 주님의 선하신 주권을 인정할 수 있고 우리는 감사할 수 있습니다.

"하나님께서 지으신 모든 것이 선하매 감사함으로 받으면 버릴 것이 없나니"(딤전 4:4).

또한 바울은 하나님이 지으신 모든 것이 선하다고 말씀하고 있습니다. 그는 무엇을 말하려 하고 있습니까? 하나님의 섭리 안에서 좋은 일, 힘든 일, 모든 일에 선하시다는 믿음으로 감사할 수 있다면 버릴 것이 없고 '가시밭길 속에서도 꽃을 피울 수 있다'고 고난이 주는 새로운 의미를 던지고 있는 것입니다. 그러므로 여러분의 영적 시야가 바뀌고 감사에 눈을 뜬다는 것이 얼마나 큰 축복인지 깨달으시기 바랍니다.

하나님 나라에 눈이 떠지면 기도하게 됩니다. 기도하면 어둠이 물러가고 빛에 눈을 뜨게 되면서 더 이상 어둠이 보이지 않게 됩니다. 내가 스스로 재판관이 되어 옳고 그름을 판단하는 것 자체가 저주입니다. 그러나 하나님 나라에 들어가 영적 눈을 뜨면 내 환경에서 부정적인 부분이 보이지 않게 되고 상대방의 단점이 보이지 않게 되어 자유가 옵니다.

성경 본문에서도 바울과 바나바는 주님과 시야를 맞추고 어려운 안디옥 이방 지역에서 하나님의 복음을 전하고 있습니다. 때로는 모욕을 당하고 핍박을 받아 이고니온으로 가서 유대인의 회당에서 복음을 전했습니다. 수많은 유대인과 이방인들이 예수님을 믿게 되자, 복음을 거부하는 유대인들이 이방인들을 선동하여 두 사도를 돌로 쳐서 죽이려 합니다. 정말 부정적인 가시밭길입니다. 그러나 그들은 끝까지 하나님을 향한 감사의 믿음과 절대 긍정으로 하나님 나라 복음을 전하여 꽃을 피우게 됩니다.

> "주의 말씀이 그 지방에 두루 퍼지니라 이에 유대인들이 경건한 귀부인들과 그 시내 유력자들을 선동하여 **바울과 바나바를 박해하게 하여 그 지역에서 쫓아내니 두 사람이 그들을 향하여 발의 티끌을 떨어버리고** 이고니온으로 가거늘 **제자들은 기쁨과 성령이 충만하니라**"(행 13:49-52).

바울과 바나바가 이고니온에서 쫓겨나면서 발의 티끌을 떨어버렸다는 것은 하나님 나라 복음 듣기를 거부하고 영생을 얻기로 작정하지 않은 유대인들에 대한 심판을 의미합니다. 그러나 말씀 속에는 바울과 바나바가 절망하지 아니하고 하나님의 기쁨과 성령이 충만하여 박해와 고난 속에서도 꽃을 피웠다는 역설적인 메시지가 들어 있습니다. 선교의 실패로 인해 인간적으로는 참담했을 것입니다. 그러나 그들은 절망감이라는 자신의 생각과 감정으로부터 탈출하여 하나님 나라를 여행하는 자로 하나님의 시야를 소유했기 때문에 기뻐할 수 있었습니다.

그렇습니다. 인간은 보이는 대로 삽니다. 자기 스스로를 불행하다고 보면 불행한 사람이 되고, 행복하고 복되다고 보면 행복한 사람이 되는 것입니다. 그러므로 우리의 영이 하나님 나라로 들어갈 때 하나님의 시야를 갖게 됩니다. 이제 감사와 믿음으로 어떻게 가시밭 길에서 꽃을 피우는가를 생각해 보겠습니다.

1. 우리가 예수 믿고 영생을 얻은 것은 하나님의 작정임을 감사해야 합니다

"이방인들이 듣고 기뻐하여 하나님의 말씀을 찬송하며 **영생을 주시기로 작정된 자는 다 믿더라**"(행 13:48).

사도 바울은 우리가 예수를 믿게 되는 것은 인간의 노력이나 결심으로 되는 것이 아니고 하나님의 작정(예정)으로 구원받는다는 것입니다. 우리는 절대적인 하나님의 은혜로 구원을 받게 되었고 영생(천국)을 얻게 된 것입니다. 세상에 이것처럼 감사할 일이 없습니다. 성도들이 신앙생활하다가 때로는 "나 기분 나빠서 교회 안 나간다"라고 말하기도 합니다. 그러나 여러분이 교회에 와서 말씀이 들린다는 것은 이미 하나님께서 구원하시기로 작정하셨다는 것입니다. 그러므로 주님의 은혜에 감사하셔야 합니다.

그분이 우리를 심판하시기로 작정하셨다면 지옥으로 떨어지고 말 것입니다. 그러나 하나님께서는 우리를 자녀 삼기로 작정하셨습니다. 그러므로 우리를 구원하심에 대한 진정한 감사가 있어야 합니다. 또한 거듭난 자는 하나님 나라에 영으로 들어가 있다는 믿음이 있어야만 어떤 어려움 속에서라도 감사할 수 있는 능력이 나오는 것입니다. 이때 환난 속에서도 축복의 꽃이 피기 시작합니다.

그러나 교회를 다니면서도 믿음의 눈을 뜨지 못하면 삶의 고통을 만날 때 "교회 다녀도 아무 소용없네"라는 말이 나오기도 합니다. 비가 오고 바람이 불어 힘들고 싫다고 하지만 만약 햇빛만 있다고 하면 사막이 되어 다 죽습니다. 그러므로 우리에게 환난이 와도 필요하기에 주시는 것입니다. 그래서 감사한 것입니다. 이러한 믿음이 있어야 합니다. 영적 눈이 떠져야만 부정적인 내 생각에서 빠져나올 수 있습니다.

미국의 유명한 부흥사 다니엘 휘틀(Daniel W. Whittle, 1840-1901)이 작사하고, 그의 동역자 맥그라나한(James McGranahan, 1840-1907)이 작곡한 새찬송가 310장 "아 하나님의 은혜로"는 제가 가장 좋아하는 찬송 중 하나입니다.

아 하나님의 은혜로 이 쓸데없는 자
왜 구속하여 주는지 난 알 수 없도다.
내가 믿고 또 의지함은 내 모든 형편 아시는 주님
늘 보호해 주실 것을 나는 확실히 아네

이 찬양은 '하나님께서 미래에 나를 보호해 주실 것이다'라는 의미가 아닙니다. 나를 구원하신 주님은 '지금 내 안에 살아 계심으로 이미 나를 보호하시고 있다는 것을 알고 있다'는 확신을 감사하며 고백한 것입니다. 휘틀 목사는 그 유명한 무디 목사와 함께 복음을 전한 목회자로 어려운 일도 많았습니다. 교회당이 두 번이나 불이 나서 다 태우고 다시 건축하면서 빚에 몰려 쫓겨나기도 했습니다. 그러다가 디모데후서 1장 12절 말씀을 묵상하다가 이 찬송 시를 짓게 되어 전 세계 기독교인이 애창하는 곡이 되었습니다.

"이로 말미암아 내가 또 이 고난을 받되 부끄러워하지 아니함은 내가 믿는 자를 내가 알고 또한 내가 의탁한 것을 그 날까지 그가 능히 지키실 줄을 확신함이라"(딤후 1:12).

그는 현재 자신의 형편이 너무 어렵고 힘든 일이 많다 해도 하나님이 늘 보호해 주고 결국은 승리할 것을 이미 알고 믿었기에 감사했습니다. 그리고 그는 자신의 어려운 가시밭길 같은 환경에서도 하나님께 감사 신앙으로 승리의 복음 꽃을 활짝 피운 사람입니다. 그렇습니다. 성도 여러분! 하나님 나라는 차원적으로 지금 여기 와 있습니다.

사실 인간의 관념과 언어적 표현으로 그 나라를 설명한다는 것은 불가능합니다. 그러나 그 나라가 우리 안에 가까이 와 있으며, 주님이 통치하시는 하나님 나라는 내 머리 1cm 위에 와 있습니다.

우리는 이 땅에서 하늘을 바라보고 사는 사람이 아니라, 이미 하나님 나라에 들어가서 이 땅을 바라보고 사는 자입니다. 그러므로 성도는 하늘에서부터 우리가 살아가고 있는 이 땅에 출장을 온 것입니다. 청지기로서 우리에게 맡겨주신 일을 마치면 본사 하늘로 돌아가서 상급을 받기로 작정된 사람입니다. 그렇기에 이 세상에서 당하는 어려움은 문제가 아니라 축복입니다.

"나는 선한 싸움을 싸우고 나의 달려갈 길을 마치고 믿음을 지켰으니 이제 후로는 나를 위하여 의의 면류관이 예비되었으므로 주 곧 의로우신 재판장이 그 날에 내게 주실 것이며 내게만 아니라 주의 나타나심을 사모하는 모든 자에게도니라"(딤후 4:7-8).

사랑하는 여러분! 우리가 착하고 잘해서 하나님을 믿게 된 것이 아닙니다. 하나님의 무조건적인 은혜로 구원받고 이미 하나님의 나라에 우리 영이 들어가 있습니다.

2. 우리의 삶은 우연이 아니라 하나님 은혜(선물)이기에 감사해야 합니다

"회당의 모임이 끝난 후에 유대인과 유대교에 입교한 경건한 사람들이 많이 바울과 바나바를 따르니 두 사도가 더불어 말하고 항상 하나님의 은혜 가운데 있으라 권하니라"(행 13:43).

사도 바울은 유대교 입교로 개종한 사람들, 많은 핍박과 어려움에 빠진 사람들에게 항상 하나님의 은혜 가운데 있으라고 간절히 권하고 있습니다. "하나님의 은혜 가운데 거하라"는 바울의 권면은 하루하루의 삶이 힘겹고 어려워 보여도 지금 예수 부활 생명과 연결되어 있다면 그 고통은 주님 안에서 선물이고 축복인 줄 알고 감사할 수 있다는 것입니다.

그러면 가시밭길 속에서도 긍정이 부정을 덮고 꽃을 피울 수 있다는 이야기입니다. 다시 말하면 현재 우리가 성령과 연결되어 있다면 주님의 생각과 마음으로 살아가기 때문에, 나의 과거에 부정적인 경험이나 미래에 대한 불안이 끊어지고 자유하게 된다는 의미입니다.

그러나 이 영적 원리를 깨닫지 못하는 사람은 하루하루가 괴롭고 너무도 힘이 들 것입니다. 우리가 마귀에게 속는 부분이 있습니다. 내가 노력하면 다 잘될 것이라는 속임수입니다. 그러나 절대 그렇지 않습니다. 오직 우리가 삶에서 하나님의 은혜 속에 거할 때 어둠도 빛으로 바뀌어 축복이 됩니다.

요셉을 보십시오. 정말 그는 억울하게 형제들에게 팔려서 노예가 되었습니다. 비록 그는 노예의 신분이었지만 일상 속에서 오늘의 시련을 선물로 받아들이고 살 때 보디발 집의 가정 총무가 되었습니다. 또 보디발 아내의 모함으로 감옥에 갇혔지만 하나님의 역사와 은혜로 바라보는 시야를 소유한 그는 감옥에서 간수장에게 신뢰를 받고 옥중 죄수를 맡아 제반 사무를 처리하게 됩니다. 또 요셉은 술 관원장을 통하여 바로 왕의 꿈을 해몽함으로써 애굽의 총리가 됩니다.

요셉은 엄청난 가시밭길 인생에서 최고의 아름다운 꽃을 피웁니다. 그리고 흉년이 들어 자신을 애굽에 팔았던 원수 같은 형제들이 식량을 사러 왔을 때 이렇게 말합니다.

"당신들이 나를 이곳에 팔았다고 해서 근심하지 마소서 한탄하지 마소서 **하나님이 생명을 구원하시려고 나를 당신들보다 먼저 보내셨나이다**"(창 45:5).

요셉은 시야가 전혀 다릅니다. 그는 하나님 나라를 본 사람입니다. 그리고 요셉은 자신의 생애를 한마디로 간증합니다.

"당신들은 나를 해하려 하였으나 **하나님은 그것을 선으로 바꾸사 오늘과 같이 많은 백성의 생명을 구원하게 하시려 하셨나니**"(창 50:20).

하나님은 어떤 환경이라 할지라도 선으로 바꾸실 수 있는 능력이 있는 분이십니다. 그러니 누가 우리를 정죄하고 오해한다 할지라고 내가 처리하려고 힘을 쓸 필요가 없습니다. 정말로 요셉이 자기의 굴곡진 삶 속에서도 꽃을 피울 수 있었던 것은 항상 기도하며 하나님과 시야를 맞추고, 은혜와 감사로 자신의 고통을 해석할 수 있는 신앙의 힘이 있었기 때문이었습니다.

3. 하나님 사랑을 믿고 뜻을 이루는 자는 모든 것이 합력하여 선을 이룹니다

"우리가 알거니와 하나님을 사랑하는 자 곧 그의 뜻대로 부르심을 입은 자들에게는 모든 것이 합력하여 선을 이루느니"(롬 8:28).

하나님 안에서는 좋은 일, 나쁜 일이 없습니다. 영적 눈이 떠져야 모든 것이 합력하여 선을 이룰 것이라는 시야가 생겨 하나님의 관점으로 볼 수 있게 됩니다. 그러므로 모든 일에 하나님의 사랑을 깨닫고 주님의 뜻을 나타내려고 하는 자에게는 하나님 나라를 체험하게 하심으로 모든 것이 합력하여 선을 이루는 감사의 축복을 받게 되는 것입니다.

성경에서 욥만큼 큰 환난과 역경을 경험한 사람도 없을 것입니다. 욥은 전혀 죄가 없는 자로 동방의 의인이고 하나님이 칭찬한 사람입니다. 그런데 갑자기 사탄의 역사로 자녀 10명이 모두 죽었으며, 모든 재산도 자연재해나 도둑질을 당해 빼앗기고 빈털터리가 되었습니다. 그러나 욥은 원망하지 않고 하나님을 찬양합니다.

"이르되 내가 모태에서 알몸으로 나왔사온즉 또한 알몸이 그리로 돌아가올지라 주신 이도 여호와시요 거두신 이도 여호와시오니 여호와의 이름이 찬송을 받으실지니이다 하고"(욥 1:21).

그는 보는 시야가 다른 사람이었습니다. 그런데 설상가상으로 상황이 더 악화하여 심한 피부병을 앓게 되고, 심지어 부인은 악담을 퍼붓고 차라리 하나님을 욕하고 죽으라고까지 저주하면서 배신합니다. 그러나 욥은 하나님을 원망하며 죄를 짓지 않습니다.

"그가 이르되 그대의 말이 한 어리석은 여자의 말 같도다 **우리가 하나님께 복을 받았은즉 화도 받지 아니하겠느냐 하고 이 모든 일에 욥이 입술로 범죄하지 아니하니라**"(욥 2:10).

욥은 기도하는 사람이었기에 하나님의 시야로 볼 수 있는 눈이 열렸고 이제 부정적인 관점이 아니라 하나님 나라의 관점으로 보는 사람이 될 수 있었던 것입니다. 그 후에 욥은 세 친구들과 토론하면서 잠시 신앙이 흔들렸지만, 끝까지 기도하여 하나님 나라를 체험하면서 감사 신앙을 회복합니다.

"**주께서는 못 하실 일이 없사오며 무슨 계획이든지 못 이루실 것이 없는 줄 아오니**"(욥 42:2).

욥은 하나님께서는 못 하실 일이 없으신 분이시라는 것을 알았다고 고백합니다. 그는 하나님 주권에 대한 믿음을 다시 회복하면서 영적 눈이 열려 이제는 주님을 눈으로 보게 되었다고 합니다. 이제 하나님의 시야로 보게 되었고, 완전히 다른 사람이 되었다는 의미입니다.

"내가 주께 대하여 귀로 듣기만 하였사오나 **이제는 눈으로 주를 뵈옵나이다**"(욥 42:5).

그가 공포에 가까운 환난 속에서 하나님 나라를 체험하면서 감사 신앙을 고백하니 배가의 복을 받습니다. 가시밭길에서도 축복의 꽃을 피웁니다. 이것은 하나님을 사랑하고 그 뜻을 이루려는 사람에게만 가능한 것입니다. 이처럼 하나님 나라에 들어가 경험하며 감사하면 모든 것이 연합하여 선을 이룹니다.

또 다윗과 같이 하나님 마음에 합한 사람도 사울 왕에게 십 년 이상 쫓겨 다니면서 나중에는 블레셋 땅으로 들어가 아기스 앞에서 미친 사람같이 행동하면서 목숨을 유지합니다. 그 어둠의 십여 년 세월 동안 시련의 훈련을 통해 어둡고 혼란한 시대에 위대한 왕이 됩니다. 다윗은 하나님을 사랑하기에 주의 영과 연합하여 선을 이룸으로 가시밭길에서 꽃을 피운 것입니다.

사랑하는 여러분! 영국 설교의 황태자로 알려진 스펄전 목사님의 말씀으로 설교를 마칩니다. 그는 "우리에게 별빛을 주신 하나님께 감사하면 달빛을 주실 것이고, 달빛을 주신 하나님께 감사하면 햇빛을 주실 것이며, 또 햇빛을 주신 하나님께 감사하면 주님이 별빛도 달빛도 햇빛도 필요 없는 영원한 빛의 나라 천국을 주실 것이라"고 했습니다. 아멘.

우리의 환경이 좋은 일보다 나쁜 일이 더 많아서 늘 삶이 어렵다고들 합니다. 오늘은 비가 와서 싫고 내일은 바람이 불어서 싫다고 투덜대기도 합니다. 그러나 우리가 살고 있는 이 땅에 비는 오지 않고 태양만 비춘다면 쓸모없는 사막화가 되어버릴 것입니다. 적당히 비가 오고 바람도 불어주니 땅이 비옥해지고 풍성한 열매를 맺게 되는 것과 마찬가지로, 우리의 삶에도 기쁜 일도 있지만 때로는 힘든 일도 겪어가면서 하나님의 시야로 볼 수 있다면 어떤 문제라도 하나님의 선하심을 인정하게 되고 그때부터 행복을 경험하게 될 것입니다.

기독교인들은 이렇게 살아간다

(행 14:1-7; 요삼 1:2)

다른 종교 이야기를 하는 것 같아 조심스럽지만, 칠장사에서 화재를 일으키고 분신자살한 조계종 전 총무원장이었던 자승이라는 스님에 대한 이야기가 사회에 큰 충격을 주고 있습니다. 지금은 경찰과 국정원이 원인을 조사를 하는 중이라 확정적으로 말할 수는 없지만, 조계종에서는 소신공양(燒身供養)이라고 공식 발표를 했습니다. 소신공양은 자기 몸을 불태워 석가 부처에게 드린다는 뜻이라고 합니다. 불교의 교리는 자비이며 또한 불교 교리에서 가장 으뜸가는 것이 불살생입니다. 불살생은 다른 생명을 죽이지 말아야 하는 것은 물론 자기 생명도 함부로 해치면 안 된다는 의미가 내포되어 있습니다. 생명은 내 것이니 내 맘대로 죽여도 된다는 불교의 교리는 잘 이해되지 않습니다. 그가 쓴 쪽지 유서에는 "생사가 없다 하나, 생사가 없는 곳이 없구나. 더 이상 구할 것이 없으니 인연 또한 사라지는구나"라는 글이 적혀 있었습니다. 이분의 법명은 '자승'으로 알려져 있는데 그 쪽지에는 자무(慈無), '인자가 없다, 사랑이 없다'라고 적혀 있었습니다.

세상에는 수많은 종교와 수많은 이론과 진리, 우리를 구원할 메시아가 있는 것같이 말하지만 실제는 없습니다. 죽음으로 끝나는 종교는 진리가 아닙니다. 오직 우리를 구원하시고 살리시는 구세주는 지금도 살아계시며 우리에게 생명의 힘을 주시는 예수님뿐입니다. 그러므로 기독교는 관념의 종교가 아니라 생명의 종교입니다. 하나님의 생명을 얻은 자녀가 되었을 때 우리는 하나님을 아버지라 부를 수 있습니다. 이것이 기독교의 핵심입니다. 그러나 영적 눈을 뜨지 못하면 우리는 관념이나 신념으로 교회를 다니게 되며 아무런 능력도 소유할 수 없습니다.

신념은 신앙과 다릅니다. 신념은 혼(soul)적인 차원을 말하며, 신앙은 영(spirit)적인 차원을 의미합니다. 교회에 나오기는 하지만 자기 신념으로 사는 사람은 결정적인 순간에 무너지고 맙니다. 그러므로 주님이 주시는 참 생명으로 사는 성도가 되어야 합니다. 우리에게 생명을 주실 분은 오직 예수님밖에 없습니다. 이것에 대한 확신이 있을 때 우리 삶에 주님의 능력이 나타납니다. '착하게 살아라, 남을 도와주어야 한다' 등의 교훈들은 기독교의 핵심이 아닙니다. 일상에서는 나의 신념으로 살면서 일주일에 한 번 교회만 나가면 된다고 생각하고 있다면, 능력도 없고 본질적인 변화도 없으며 구원도 없습니다.

신념은 정신적인 차원의 이데올로기로서 자신의 생각과 감정에 따라 사는 것이므로 기독교가 아닙니다. 내 생각과 감정, 신념에 의해 움직이는 사람은 자신의 한계에 맞닥뜨리게 되면 좌절합니다. 그리고 인간의 신념은 언제든지 바뀔 수 있습니다. 또한 목숨이 끊어지는 죽음의 순간 우리가 평생 붙잡고 있었던 그 신념조차도 깨어지고 사라져 버리는데, 이처럼 변하는 것은 진리가 아닙니다. 그러므로 예수 생명이 우리의 신념을 사로잡을 때 인간의 한계를 뛰어넘는 하나님의 능력을 경험하게 되는 것입니다. 거듭난 영적인 존재로서 생명을 소유하는 자가 되어야만 우리의 육체가 깨어져도 천국으로 들어가게 됩니다.

"다른 이로써는 구원을 받을 수 없나니 천하 사람 중에 구원을 받을 만한 다른 이름을 우리에게 주신 일이 없음이라 하였더라"(행 4:12).

죽음으로 끝나는 종교는 진리가 아닙니다. 그러므로 불교도 철저하게 관념적인 종교입니다. 오직 예수님만이 부활하여 죽음을 이기시고 믿는 자에게 새 생명(영생)을 주심으로 관념과 정신세계를 초월하여 이 땅에서 승리할 수 있는 힘을 공급해 주십니다. 하나님의 생명(ζωή 조에)에 의해서 사람의 신념이 바뀌는 것이 구원입니다. 다시 말하면 인간 중심적인 사고와 감정에서 해방되는 것이 구원이라는 것입니다. 그러나 성령을 체험하지 않으면 신념이 우리의 모든 삶을 좌우하게 됩니다. 그러므로 기도해야 합니다.

성경의 말씀(로고스)이 성령의 역사로 레마가 될 때, 그 말씀이 우리의 심중에 영으로 들어오는 것입니다. 설교를 들어도 성경에 대한 정보나 지식에 머물러 있으면 주님의 음성을 한 마디도 듣지 못하고 내 판단으로 모든 것을 결정하게 되는데, 나중에 가면 다 틀리게 됩니다. 기독교인은 돈의 힘이나 권력, 재력으로 사는 사람이 아니라 성령이 주시는 힘, 즉 영력으로 사는 자입니다. 이것에 눈을 뜨지 못하면 기독교인으로서 어떻게 살아가야 하는지 모른 채 자신이 결정한 방향으로 계속 달려가고 있다는 사실입니다. 그러므로 교회는 성도들에게 영적으로 눈을 뜨게 하고 영의 인도함을 받아 그 힘으로 신념의 변화를 이루게 하는 훈련소입니다.

"소년이라도 피곤하며 곤비하며 장정이라도 넘어지며 쓰러지되 **오직 여호와를 앙망하는 자는 새 힘을 얻으리니 독수리가 날개 치며 올라감 같을 것이요** 달음박질하여도 곤비하지 아니하겠고 걸어가도 피곤하지 아니하리로다"(사 40:30-31).

불교의 부처는 죽었기 때문에 영원한 생명을 주지 못하지만 사람들에게 경전이나 교리를 통해 신념은 전달해 줄 수 있습니다. 그러나 생명의 종교가 될 수는 없습니다. 반대로 여호와를 앙망하는 자는 하나님이 공급하시는 새 힘을 얻게 됩니다. '새 힘'은 이 땅에 존재하는 힘이 아닙니다. 세상의 힘으로 사는 사람의 삶은 날마다 피곤하고 고되기 짝이 없습니다. 그러나 영적인 눈을 뜨고 주님이 주시는 힘을 공급받을 때, 우리는 인간의 한계를 뛰어넘는 새 힘으로 살아가게 되는 것입니다. 이처럼 신념이나 지력과는 다른 차원인 영력으로 사는 것이 기독교인입니다.

"사랑하는 자여 네 영혼이 잘됨 같이 네가 범사에 잘되고 강건하기를 내가 간구하노라"(요삼 1:2).

영혼은 '푸쉬케'라는 헬라어로 인간의 지·정·의를 포함하는 혼(soul)적인 부분을 의미합니다. 혼은 영(spirit)으로부터 오는 힘을 공급받을 때 승리하게 되는데, 사람들은 이것을 기적이라고 말합니다. 그러나 자유의지를 가지고 모든 상황을 판단하고 결정하는 인간의 혼이 육에 속하게 되면, 그는 육신에 속한 자가 되어 어둠의 에너지에 사로잡히게 됩니다. 교회를 다녀도 자신의 신념으로 사는 사람은 직장에서도 자기 힘으로 일하려고 하니 시달리고 지치게 됩니다. 또한 예배도 율법과 형식이 되어 버리니 종교 생활 자체가 피곤하게 느껴지는 것입니다.

성경 본문을 보면, 바울과 바나바는 안디옥에서 유대인들의 핍박으로 이고니온으로 피해 와서도 복음을 전하여 많은 사람들이 다 하나님을 믿고 구원을 받게 됩니다.

"이에 이고니온에서 두 사도가 함께 유대인의 회당에 들어가 말하니 유대와 헬라의 허다한 무리가 믿더라"(행 14:1).

이고니온에서도 그들은 엄청난 어둠의 세력의 방해를 받았지만, 세상 속에서 승리하는 기독교인의 삶을 잘 나타내 주고 있습니다. 이처럼 하나님의 역사가 일어나는 현장에는 어둠의 세력도 동시에 나타납니다. 그러므로 성도들의 삶의 현장은 늘 영적인 도전 속에 있습니다. 그러나 주님께서 공급하시는 새 힘으로 이겨나갈 수 있다는 믿음을 굳게 붙잡으시길 축복합니다.

이제 이 어둠의 세상 속에서 기독교인들이 승리하는 삶의 모습을 생각해 보겠습니다.

1. 성도는 거듭나서 하나님 나라의 주님과 하나 되어 주를 힘입어 세상을 이깁니다

"그러나 순종하지 아니하는 유대인들이 이방인들의 마음을 선동하여 형제들에게 악감을 품게 하거늘"(행 14:2).

교회 안에도 자신의 신념으로 사는 혼(soul)적인 종교인과 영의 인도함으로 새 힘을 받아 사는 성도들이 같이 살아가고 있습니다. 우리가 살아가는 세상은 빛과 어둠이 뒤섞여 있습니다. 그렇기 때문에 영적 눈을 뜨지 못한 사람은 세상의 소리가 더 잘 들리고 부정적인 생각과 마음을 품게 됩니다. 그러나 반대로 진정한 기독교인은 영이요 생명인 말씀을 붙잡는 은혜의 삶을 누리게 됩니다. 본문에서도 복음을 전하다 당한 핍박과 환란 중에도 바울과 바나바가 오랫동안 인내하고 견딜 수 있었던 힘에 대하여 말하고 있습니다.

"두 사도가 오래 있어 주를 힘입어 담대히 말하니 주께서 그들의 손으로 표적과 기사를 행하게 하여 주사 자기 은혜의 말씀을 증언하시니"(행 14:3).

그들은 자신의 힘이나 지식이 아니라 주님을 힘입었다고 말합니다. 주님으로부터 오는 힘은 우리가 기도할 때 오는 것입니다. 이고니온에서 바나바와 바울이 주를 힘입어 표적과 기사를 일으키며 복음을 담대히 전하니 예수를 믿고 그들을 따르는 사람들이 생겨납니다. 이와 같은 하나님의 역사가 지금 우리가 살고 있는 여기에서도 일어나고, 기도 응답이 풀어질 때 불신자들이 예수를 믿게 됩니다. 그리고 성도들에게도 주님의 힘을 입는다는 것이 어떤 것인가를 가르쳐야 하는 것이 교회의 존재 이유입니다. 그러므로 교회는 나의 힘이 아니라 하나님의 힘을 힘입고 살아가는 공동체라는 것을 세상 사람들에 보여줘야 할 책임이 있습니다.

사랑하는 성도 여러분! 우리가 예수를 믿어 거듭남으로 구원을 받으면 육체는 이 땅에서 살지만, 우리의 영은 하나님 나라에서 주님과 하나가 됩니다. 그러므로 세상을 이기는 비결은 우리가 주님과 연합된 상태가 될 때 우리는 세상과 다른 힘, 즉 하늘에서 내려오는 새 힘인 주님을 힘입는 것입니다. 우리가 하나님 나라에서 예수와 하나라는 믿음을 소유하는 것이 승리의 근원입니다. 그러나 우리가 인간의 생각으로부터 나오는 힘으로 일하고 있다면, 교회는 다니고 있지만 세상 사람과 다를 바가 없습니다. 나중에 다 망가지고 후회할 일만 남을 것입니다.

"**예수께서 대답하시되 내 나라는 이 세상에 속한 것이 아니니라** 만일 내 나라가 이 세상에 속한 것이었더라면 내 종들이 싸워 나로 유대인들에게 넘겨지지 않게 하였으리라 이제 내 나라는 여기에 속한 것이 아니니라"(요 18:36).

그래서 예수님께서도 이 땅에 사시면서 당신의 나라는 이 세상에 속하지 않았다고 말씀하셨습니다. 하나님 나라는 죽어서 가는 것이 아니라 여기에 와 있습니다. 그러므로 우리의 육체는 비록 이 땅에 살고 있지만 내 영은 그 나라에 들어갔다는 이 믿음에 눈을 뜨지 못하면, 우리가 당하는 고통을 이겨낼 수 있는 어떠한 일도 일어나지 않을 것입니다. 그러므로 주를 힘입어야 자신의 한계를 극복할 수 있을 것 아니겠습니까? 성경에 '내 영이 잘됨과 같이'라는 말씀은 주님과 우리가 하나가 된 상태를 의미하는데, 이처럼 예수와 하나가 될 때 우리는 세상을 이길 수 있습니다. 그러나 여러분의 삶에 성령으로 역사하지 않으면 해답은 없습니다. 예수님께서 육체를 입고 오셔서 하나님 나라 복음을 선포하실 때 성령의 역사도 같이 일어납니다.

오늘날 교회에서 예수만 믿으면 천국 간다고 가르치고 있지만, 한국교회는 결론을 놓쳤습니다. 거듭난 우리는 하나님의 자녀가 되었으므로 이제 세상에 속한 자가 아니라 하나님 나라에 속한 자로서 주님과 하나가 된 것입니다. 그러므로 주님의 힘을 입을 수 있는 자격이 주어졌고, 예수와 연합되었다는 믿음으로 선포할 때 주님의 능력 자체가 나타나는 것입니다. 우리의 몸은 물리적 세계에 살고 있지만, 영으로는 차원이 다른 하나님 나라에 살고 있다는 사실입니다.

요한복음 15장에서도 우리가 예수를 믿어 구원을 받아 하나님의 자녀가 되었다면 우리도 세상에 속한 자가 아니라고 말씀하고 있습니다.

> "너희가 세상에 속하였으면 세상이 자기의 것을 사랑할 것이나 **너희는 세상에 속한 자가 아니요 도리어 내가 너희를 세상에서 택하였기 때문에 세상이 너희를 미워하느니라**"(요 15:19).

예수님은 포도나무 비유를 통해서 우리가 하나님 나라에 들어가 영으로 주님과 하나 됨의 원리에 대해 말씀하고 있습니다. 여러분이 교회를 다니지만 관념적인 신앙만으로는 구원받았다 확신할 수 없습니다. 또한 그리스도인의 삶에서 전제 조건은 '네 영혼이 잘됨같이'가 되어야 합니다. 먼저 우리의 의식체인 혼(soul)이 영(spirit)의 인도함을 받을 때 범사에 잘된다는 영적 원리를 반드시 기억하셔야 합니다. 먼저 우리의 영혼이 잘되어야 삶에서 열매를 저절로 맺게 되는 것입니다.

> "나는 포도나무요 너희는 가지라 **그가 내 안에, 내가 그 안에 거하면 사람이 열매를 많이 맺나니 나를 떠나서는 너희가 아무것도 할 수 없음이라**" (요 15:5).

우리는 예수와 하나로 연합된 존재로 포도나무이신 주님으로부터 힘을 받아 저절로 살고 있는 것입니다. 가지는 나무에 붙어만 있으면 됩니다. 그러므로 우리가 예수께 접붙힘 되어 그분과 연결되어만 있으면 걱정과 염려로부터 자유하게 되어집니다.

"내가 속한 바 곧 내가 섬기는 하나님의 사자가 어제 밤에 내 곁에 서서 말하되 바울아 두려워하지 말라 네가 가이사 앞에 서야 하겠고 또 하나님께서 너와 함께 항해하는 자를 다 네게 주셨다 하였으니 그러므로 여러분이여 안심하라 나는 내게 말씀하신 그대로 되리라고 하나님을 믿노라"(행 27:23-25).

사도 바울이 죄수로서 알렉산드리아 배에 올라 276명과 함께 로마로 호송될 때, 유라굴라 광풍을 맞아 14일간 아무 음식도 먹지 못하게 되어 배에 탄 이들은 살 소망을 다 잃었습니다. 그러나 사도 바울은 그들과 마찬가지로 풍랑 속에 있었지만, 그의 영은 하나님 나라에서 주님의 천사와 대화하면서 주님의 힘을 얻어 276명 전체를 구원하게 됩니다. 이처럼 바울은 주님을 힘입고 사는 하나님의 사람이었습니다.

2. 기독교인들의 삶은 주님을 전적으로 순종함으로 참 안식을 누리는 삶입니다

"이에 이고니온에서 두 사도가 함께 유대인의 회당에 들어가 말하니 유대와 헬라의 허다한 무리가 믿더라 그러나 순종하지 아니하는 유대인들이 이방인들의 마음을 선동하여 형제들에게 악감을 품게 하거늘"(행 14:1-2).

순종을 모르면 안식이 없습니다. 왜냐하면 항상 자기의 마음을 따라 살기 때문에 현재 삶의 자리가 가시방석처럼 느껴집니다. 영의 인도함을 받지 않고 인간적인 생각으로 판단하는 사람은 다른 사람에게까지 부정적인 생각과 마음을 품게 합니다. 인간의 가장 큰 고통과 스트레스는 내가 나의 인생을 책임져야 한다는 것으로부터 오는 것입니다. 그러므로 지금이라도 순종의 복을 깨달아야 합니다.

순종을 배울 때 이제 내가 주인이 되어 사는 무거움과 책임으로부터 벗어나 안식을 누릴 수 있게 됩니다. 예수 믿고 거듭나면 하나님께 순종할 수 없는 우리의 옛사람(자신이 주인)은 죽고, 주님이 내 속에서 주인으로 사심으로 새사람(순종하는 사람)이 되는 것입니다.

"내가 그리스도와 함께 십자가에 못 박혔나니 그런즉 이제는 내가 사는 것이 아니요 오직 내 안에 그리스도께서 사시는 것이라 이제 **내가 육체 가운데 사는 것은 나를 사랑하사 나를 위하여 자기 자신을 버리신 하나님의 아들을 믿는 믿음 안에서 사는 것이라**"(갈 2:20).

하나님의 아들을 믿는 믿음은 '순종'을 의미합니다. '육체 가운데 사는 나는 죽고, 이제 나의 권리를 포기하고 주님께 넘겨드리겠습니다.' 이러한 태도를 전적으로 주님께 순종하는 삶입니다. 나의 생각을 내던지고 기꺼이 주님께 항복(surrender)하며 스스로 짊어진 무거운 짐을 예수님께 넘길 때에 자유함과 참 안식이 오는 것입니다. 이것이 성도들에게 기쁜 소식이며 복음입니다. 그리고 이때 모든 병이 치유됩니다. 내가 주인으로 살면서 모든 것을 끌고 가야 한다는 삶의 버거움은 인간을 병들게 합니다. 그러므로 순종의 복을 놓친 사람이 가장 불행합니다. 그렇지만 주님 안에 들어가 그분과 하나가 될 때 순종의 복을 되찾아 올 수 있습니다.

"수고하고 무거운 짐 진 자들아 다 내게로 오라 내가 너희를 쉬게 하리라 **나는 마음이 온유하고 겸손하니 나의 멍에를 메고 내게 배우라 그리하면 너희 마음이 쉼을 얻으리니** 이는 내 멍에는 쉽고 내 짐은 가벼움이라 하시니라"(마 11:28-30).

치열하게 경쟁하며 다른 사람을 짓밟고 올라가야만 살아남을 수 있는 현대사회를 살아가는 우리에게 어떻게 쉼을 얻을 수 있다고 성경은 말하고 있습니까? 예수님께서는 마태복음 11장에서 무거운 짐으로 힘들어 하는 사람들을 위로하시며 인생의 짐을 쉽고 가볍게 지고 갈 수 있는 영적 원리에 대해 가르쳐주십니다.

'온유하고 겸손한 마음'은 순종하는 자의 마음 상태를 말합니다. 예수님께서 순종함으로 온유하고 겸손한 마음을 소유한 자는 마음에 쉼을 얻게 된다고 말씀하십니다. 예수님께도 이 땅에서 그렇게 사셨습니다. 예수님은 한 번도 '내가'라고 말씀하신 적이 없으셨습니다. 언제나 '하나님 아버지께서 하라고 하신 일을 나도 한다'고 하셨습니다. 그러니 너희들도 자기의 무거운 짐을 지려고 애쓰지 말고, 나의 멍에를 매라고 말씀하시면서 주님의 안식에 초대하십니다. 주님이 우리의 주인 되시기에 나는 죽고 그분이 내 속에 사신다는 믿음이 있을 때, 안식이 온다는 것을 가르쳐 주고 있습니다.

"아담에게 이르시되 네가 네 아내의 말을 듣고 내가 네게 먹지 말라 한 나무의 열매를 먹었은즉 **땅은 너로 말미암아 저주를 받고 너는 네 평생에 수고하여야 그 소산을 먹으리라 땅이 네게 가시덤불과 엉겅퀴를 낼 것이라**…"(창 3:17-18).

성경은 인간을 '주인(Lord)'으로 창조했다고 말씀하신 적이 없습니다. 우리는 하나님의 그릇으로서 그분의 성품을 담아내고 나타내는 하나님의 지체이며 도구인 것입니다. 그러나 인간은 선악과를 따먹은 결과로 자기가 주인(Lord)이 되어 하나님 자리를 차지해버렸습니다. 내가 내 인생의 주인이라는 것은 사탄에게 속은 것입니다. 이것이 인생의 가시덤불과 엉겅퀴가 있는 이유입니다. 그러므로 순종을 빼앗기고 에덴동산 유토피아를 잃어버린 여러분의 인생이 무거운 짐을 짊어지고 가시덤불과 엉겅퀴와 같은 이 땅에서 안식이 없는 영적 어둠의 상태가 되어버린 것입니다.

이제는 하나님의 공급하심으로 저절로 살게 되는 인생이 아니라, 땅에서 스스로의 힘으로 살아야만 하는 삶으로 변환이 일어난 것입니다. 그러기에 사람들은 왜 이렇게 사는 것이 힘드냐고 질문합니다. 그 이유는 내가 주인이라는 거짓 자아로 살기 때문에 삶이 고되고 힘든 것입니다. 거짓 자아로 사는 사람은 기도하지 않습니다. 주님의 뜻을 묻지 않고 자기 자신이 스스로 책임지려고 하니 너무 힘이 든 것입니다. 그래서 병이 들게 됩니다.

그러므로 성도 여러분, 순종에 대한 중요한 영적 원리를 놓치면 안 됩니다. 마귀는 순종의 복을 굴종으로 바꾸어 놓았습니다. 사탄은 세상을 오염시키고 악으로 꽉 차게 만들었습니다. 그래서 인간은 순종의 복을 놓치고 하나님께 대한 순종을 굴종으로 왜곡해서 느낍니다. 그렇기 때문에 자기가 스스로 주인(Lord)이 되어 버린 인간들에게 하나님이 당신의 주인이시니 그분께 순종하라고 하면 저항하고 불순종합니다. 그들은 굴종으로 느끼기 때문에 따지고 대듭니다. 그러니 안식이 없는 것입니다. 모든 일은 주님께서 다 이루어 놓으셨습니다. 그러므로 우리는 주님이 이루어 놓으신 것을 찾아오기만 하면 되는데, 그분의 뜻을 따라가지 않을 때 되는 일은 없고 삶이 힘겹기만 합니다.

어린아이들이 깔깔대고 천진난만하게 웃는 모습은 바라보는 어른들에게 미소를 짓게 만듭니다. 어린아이들이 해맑게 웃을 수 있는 이유는 부모가 자신들의 필요를 채워주고 책임져준다는 자유함이 있기 때문일 것입니다. 우리가 어릴 때 주일학교에서 많이 부르던 찬양이 있는데, 천국을 마치 어린아이가 독사굴에 손을 넣고 사자들과 함께 뛰노는 참사랑과 기쁨의 나라로 묘사하고 있습니다. 또한 예수님도 어린아이와 같지 않으면 천국에 들어갈 수 없다고 하셨습니다. 그렇습니다. 내 삶의 자리에 하나님의 나라가 임하면 사자들이 어린양과 뛰어노는, 즉 이 땅에서의 한계를 뛰어넘는 하나님의 역사가 일어나는 것을 보게 될 것입니다.

그러므로 성도 여러분! 지금이라도 순종의 복에 영적 눈을 뜨는 것이 가장 큰 축복입니다. 그러나 하나님 나라에 들어가지 않으면 인간은 자신의 힘이나 노력으로 절대 순종할 수 없습니다. 하나님 나라를 체험한 자만이 순종의 복에 눈을 뜨며 최고의 복을 누리게 됩니다.

스위스의 종교 개혁자 츠빙글리(1484-1531)는 '순종의 삶'을 강조하면서 '하나님께서 돌담을 뛰어넘으라고 하면 뛰는 것이 내가 할 일이고 그 담을 넘게 하시는 일을 하나님이 하실 것이다. 모세에게 홍해를 건너라고 할 때 바다를 건너기 위해 발을 내딛는 자는 모세였지만, 홍해를 육지처럼 갈라지게 하신 분은 하나님이시다'라고 했습니다. 그는 이런 순종만이 참 안식의 복을 누릴 수 있다고 선언했습니다. 그렇습니다. 순종이 최고의 복이며 최고의 안식입니다. 이것은 하나님 나라를 체험한 기독교인들이 자기가 주인이 아닌 순종으로 사는 것이 최고의 안식의 복입니다.

3. 기독교인들은 하나님 나라에서 기적을 주시는 은혜의 말씀으로 삽니다

'은혜의 말씀으로 산다'는 것은 레마로 사는 삶을 의미합니다. 하나님의 인도하심을 따라 산다는 것은, 주님이 가라고 하면 가고 그 자리에 서라고 하면 서 있는 것을 말합니다. 기도하는 자만이 말씀으로 사는 삶이 가능해집니다. 그러므로 우리는 말씀으로 살아야 합니다.

"예수께서 대답하여 이르시되 기록되었으되 **사람이 떡으로만 살 것이 아니요 하나님의 입으로부터 나오는 모든 말씀으로 살 것이라** 하였느니라 하시니"(마 4:4).

"살리는 것은 영이니 육은 무익하니라 **내가 너희에게 이른 말은 영이요 생명이라**"(요 6:63).

하나님의 입으로 나오는 말씀은 하나님 나라에 거할 때 주님이 레마로 주시는 영의 말씀을 의미합니다.

"한밤중에 **바울과 실라가 기도하고 하나님을 찬송하매** 죄수들이 듣더라 이에 갑자기 큰 지진이 나서 옥터가 움직이고 문이 곧 다 열리며 모든 사람의 매인 것이 다 벗어진지라"(행 16:25-26).

바울이 마게도냐 지방에서 선교를 하다가 빌립보 감옥에 갇혀 수 없는 매를 맞고 다 죽게 되어 아무것도 할 수 없는 상태였지만, 바울과 그 일행들의 영은 이미 하나님 나라에 들어가 있으므로 주님을 힘입어 기도와 찬양을 할 때 옥문이 열리고 묶여 있는 쇠사슬이 풀렸습니다. 이때 자살하려는 간수에게 바울은 하나님 나라의 레마의 말씀을 선포함으로 그 간수는 영이요 생명인 말씀을 듣고 그의 영이 살아나고 구원을 얻게 됩니다.

"이르되 주 예수를 믿으라 그리하면 너와 네 집이 구원을 받으리라 하고" (행 16:31).

이 말씀을 들은 간수는 예수를 주로 영접하고 세례를 받았으며 그의 온 가족이 모두 구원을 받습니다. 이 말씀(레마)이 표적과 기사가 일어나는 은혜의 말씀이며, 하나님 나라를 체험할 때 이런 기적이 일어나는 것입니다.

"세례 요한의 때부터 지금까지 천국은 침노를 당하나니 침노하는 자는 빼앗느니라"(마 11:12).

사랑하는 성도 여러분! 기독교인들은 여기 와 있는 하나님 나라로 들어가야 합니다. 우리는 그 나라에서 주님의 힘을 얻고, 주님을 왕으로 모시는 참 순종의 축복 속에서 안식을 누리며, 날마다 내 힘이 아닌 주님의 힘으로 표적과 기적의 은혜를 경험하는 구원의 삶을 살아야 합니다. 이것이 진정한 기독교인들의 삶입니다. 이런 삶을 사시길 축원합니다.

예수님은 포도나무 비유를 통해서 우리가 하나님 나라에 들어가 영으로 주님과 하나 됨의 원리에 대해 말씀하고 있습니다. 여러분이 교회를 다니지만 관념적인 신앙만으로는 구원받았다 확신할 수 없습니다. 또한 그리스도인의 삶에서 전제 조건은 '네 영혼이 잘됨같이'가 되어야 합니다. 먼저 우리의 의식체인 혼(soul)이 영(spirit)의 인도함을 받을 때 범사에 잘된다는 영적 원리를 반드시 기억해야 합니다. 먼저 우리의 영혼이 잘되어야 삶에서 열매를 저절로 맺게 되는 것입니다.

구원을 받을 만한 민음

(행 14:8-10; 막 5:25-34)

스탠다드 오일(Standard Oil)은 미국에서 석유의 생산, 운송, 정제, 마케팅 분야에서 다른 회사들에 비해 월등한 영향력을 가진 회사입니다. 이 회사가 새로운 유전지를 찾지 못하여 위기에 처해 있을 때, 다시 세계적인 석유 회사로 성장할 수 있도록 기회를 제공한 사람이 있었습니다. 그 회사의 임원 중에 아주 믿음이 좋은 사람이 있었는데, 그는 기도하면서 출애굽기를 읽다가 큰 영감을 받습니다.

"더 숨길 수 없게 되매 그를 위하여 갈대 상자를 가져다가 역청과 나무 진을 칠하고 아기를 거기 담아 나일 강 가 갈대 사이에 두고"(출 2:3).

출애굽기 2장은 모세와 어머니 요게벳의 이야기입니다. 애굽의 감시하에서 남자아이를 더 이상 숨길 수가 없어서 갈대 상자에 역청과 나무 진을 칠하고 어린 모세를 그 상자에 담아 나일 강가에 띄웁니다. 역청은 영어로 'Pitch'인데, 석유의 원액인 타르, 아스팔트 원료를 말합니다. 석유 회사 임원은 이 말씀을 읽고, 나일강 근처에 반드시 유전이 있을 것이라는 확신으로 지질학자 찰스 휫샤트를 현지에 보내어 요게벳이 아기 모세를 나일강에 띄워 보냈다고 추정되는 장소를 찾게 했습니다. 놀랍게도 어마어마한 유전을 발견했고 그곳에 원유 회사를 세워 세계적인 석유 회사로 성장하게 되었다고 합니다.

이처럼 성경 말씀에 영감을 받아 그 말씀이 레마로 들릴 때 어떤 어려운 상황에서도 구원의 기적을 체험하게 되는 것입니다. 성경책 자체는 로고스로 하나님의 말씀이지만, 이 말씀이 성령의 역사하심으로 주님이 우리에게 직접 말씀하시는 음성으로 들려올 때 레마가 되는 것입니다. 성경 말씀이 문자에서 영(spirit)으로, 즉 레마로 들려지기 때문에 구원의 기적이 일어나는 것입니다. 레마를 통해서 우리 안에 소유하게 되는 것이 바로 그리스도의 믿음입니다. 그리스도의 믿음은 반드시 응답됩니다. 내 믿음은 능력이 없지만, 주님이 나에게 하시는 말씀으로 들으면 그리스도의 믿음이 생기고 이때 기적이 일어납니다.

> "또 어려서부터 성경을 알았나니 **성경은 능히 너로 하여금 그리스도 예수 안에 있는 믿음으로 말미암아 구원에 이르는 지혜가 있게 하느니라**"(딤후 3:15).

바울이 자신이 사랑하는 믿음의 아들 디모데에게 보낸 서신서에도 믿음에 대해 권면하는 내용이 있습니다. 바울은 디모데에게 그리스도 안에 있는 믿음을 소유해야만 성경이 구원에 이르는 지혜가 되는 것이라고 가르치고 있습니다. 이 믿음은 내 생각과 감정으로 만든 지식이 아니라 예수의 믿음이 우리에게 구원에 이르는 지혜를 주신다는 것입니다. 그래서 말씀을 듣는 것이 이처럼 중요합니다. 그리스도의 믿음이 없으면 기적은 일어나지 않습니다. 내 생각, 내 느낌, 내 관념으로 만든 믿음은 구원을 주지 못합니다. 그러므로 영의 세계로 들어가서 레마로 들을 때 그 구원받을 만한 믿음을 소유하게 되고, 그 믿음에 의해서 순종할 때 하나님의 역사가 일어납니다.

"그러나 **순종하지 아니하는 유대인들이 이방인들의 마음을 선동하여 형제들에게 악감을 품게 하거늘** 두 사도가 오래 있어 주를 힘입어 담대히 말하니 주께서 그들의 손으로 표적과 기사를 행하게 하여 주사 자기 은혜의 말씀을 증언하시니"(행 14:2-3).

본문은 이고니온에서 안식일에 바울과 바나바가 회당에 들어가 복음을 전하는 장면으로 시작됩니다. 이 때 많은 사람들이 복음을 듣고 회심하는 역사가 일어납니다. 그런데 복음에 불순종하는 유대인들이 이방인들을 선동하여 바울과 바나바가 복음을 전하지 못하도록 하였고, 이들에 대해 악감정을 품도록 하였습니다. 불순종하는 유대인들의 방해에도 불구하고 두 사도는 더욱 담대히 복음을 전하였고, 신실하신 주님께서는 그들이 표적과 기사를 행할 수 있도록 놀라운 힘을 더해 주셨습니다.

바울과 바나바는 이고니온에서 돌에 맞을 뻔한 상황을 피해 루스드라로 이동하여 복음을 전하다가 나면서부터 걷지 못한 채 앉은뱅이로 있던 사람을 고치게 됩니다. 이때 바울은 그가 구원받을 만한 믿음을 가지고 있는 것을 보았고, 그 사람을 향하여 "일어나 걸어라" 명령하였는데 일어나 그가 걷게 되는 기적이 일어난 것입니다. 성도 여러분! 레마는 반드시 기적을 일으킵니다. 이것이 구원받을 만한 믿음입니다.

구원받을 만한 믿음은 기도 응답이 일어나는 믿음이라고 말할 수 있습니다. 이 믿음은 하나님 나라에 눈이 떠져야 소유할 수 있게 됩니다. 하나님 나라에 눈을 뜨지 못한다면 혼(soul)적인 믿음일 뿐입니다. '나'라는 거짓 자아로 하나님을 믿는 내가 만든 신앙일 뿐입니다. 그러므로 혼(soul)적인 믿음을 가지고 있는 사람은 '내 감정과 내 생각으로 하나님을 느끼고 있는 영적 상태에 있다'라고 진단할 수 있을 것입니다.

그래서 여러분이 구원은 받았지만 어린아이의 신앙에 머물러 있는지 아니면 예수님의 장성한 분량으로 자라가고 있는가에 대한 자기인식이 반드시 필요합니다. 성경 말씀이 인간의 겉마음으로 들어가면 육적인 믿음에 머물러 있게 됩니다. 이처럼 겉마음에 있는 성경 말씀은 하나님에 대한 정보와 지식인 로고스라고 하는데, '로고스'는 관념적인 사고 의식이 형성됩니다. 그러나 말씀이 속마음(심중)으로 들어올 때는 영적 믿음이 됨으로 그리스도의 믿음, 즉 구원받을 만한 믿음을 소유하게 됩니다. 이처럼 속마음(잠재의식)에 기록되고 저장된 말씀은 프로그램화되어 심중에 메모리 된 그대로 행하게 되는 행동의식으로 변하게 되는데, 우리의 일상에서 행동의 변화를 목격한 사람들이 "저 사람 예수 믿더니 달라졌네"라고 인정하게 되는 것입니다.

겉마음에 기록된 말씀(로고스)은 인간의 사고에 지식과 정보를 주고 행동의 변화에도 영향을 주기는 하지만 작심삼일이 되기 쉽습니다. 그러나 성령의 역사하심으로 말씀이 레마로 속마음에 새겨지면 행동의식이 되기 때문에, 이때부터 우리는 영의 인도함을 따라 삶 속에서 주님을 나타내는 사람이 되는 것입니다.

이처럼 하나님의 말씀이 겉마음으로 들어오느냐 아니면 속마음으로 들어오느냐가 너무도 중요합니다. 그래서 우리는 항상 쉬지 말고 기도해야 합니다. 레마로 속마음에 영(spirit)으로 단단하게 기록된 하나님의 말씀으로 말미암아 과거로부터 경험한 상처와 어둠들이 빠져나가고 자유하게 됩니다. 그렇습니다. 여러분에게 레마로 들려주신 말씀은 반드시 이루어집니다. 본문에서 바울도 이러한 믿음을 바로 구원받을 만한 믿음이라고 말합니다.

"루스드라에 발을 쓰지 못하는 한 사람이 앉아 있는데 나면서 걷지 못하게 되어 걸어 본 적이 없는 자라 **바울이 말하는 것을 듣거늘 바울이 주목하여 구원받을 만한 믿음이 그에게 있는 것을 보고** 큰 소리로 이르되 네 발로 바로 일어서라 하니 그 사람이 일어나 걷는지라"(행 14:8-10).

발을 쓰지 못하는 사람이 바울이 말하는 것을 '들었다'는 것은 '말씀에 붙잡혔다'는 의미가 있습니다. 바울은 말씀을 깊이 듣고 있는 그 사람 안에 구원받을 만한 믿음이 있다는 것을 보았고 "네 발로 바로 일어서라"고 선포합니다. 여기서 중요한 영적 진리가 있습니다. 우리가 어려움에서 구원을 받을 수 있는 구원 받을 만한 하나님의 믿음이 따로 있다는 것입니다. 그러므로 구원받을 만한 믿음을 여러분 안에 소유하기를 축복합니다.

"열두 해를 혈루증으로 앓아 온 한 여자가 있어 많은 의사에게 많은 괴로움을 받았고 가진 것도 다 허비하였으되 아무 효험이 없고 도리어 더 중하여졌던 차에 **예수의 소문을 듣고** 무리 가운데 끼어 뒤로 와서 그의 옷에 손을 대니"(막 5:25-27).

마가복음 5장에 나오는 열두 해 동안 혈루증에 걸린 여인은 의사도 그 병을 고치지 못하였고 재산도 다 날리고 세상에서 버림받고 좌절에 빠져 있을 때, 예수님 말씀을 전해 듣고 소망을 갖게 됩니다. 주님의 옷깃을 만지기만 해도 구원을 받을 수 있다는 믿음으로 예수님의 옷깃을 만질 때 혈루의 근원이 말랐고 온전한 치유를 얻게 된 것입니다. 이러한 믿음은 예수님에 대한 말씀이 그의 속마음(심중)으로 들어가 그분의 옷자락에 손만 대어도 자신의 병이 반드시 고쳐질 것이라는 소망을 갖게 된 것입니다.

이처럼 하나님 말씀(레마)이 들릴 때 우리에게 소망이 생기고, 이 소망은 반드시 이루어집니다. 왜냐하면 하나님 약속으로 믿음을 갖게 된 것이기 때문에 이루어지는 것입니다.

"예수께서 이르시되 **딸아 네 믿음이 너를 구원하였으니 평안히 가라 네 병에서 놓여 건강할지어다**"(막 5:34).

여러분에게 다시 한번 중요한 영적 원리에 대해 상기시키고자 합니다. 구약의 옛 언약은 하나님과 이스라엘 백성들은 분리된 상태에서 오직 그분의 능력으로 기적과 표적을 보이셨습니다. 그러나 신약을 살아가고 있는 우리에게 주신 새 언약은 금식하고 울고불고 매달린다고 이루어주시는 것이 아니라, 예수님께서 십자가에서 '다 이루었다' 하신 그 약속을 따라 믿음으로 찾아오기만 하면 됩니다.

그러므로 혈루증 걸린 여인에게 주님도 "딸아, 네 믿음이 너를 구원하였으니 평안히 가라"고 말씀하셨습니다. 이것이 새 언약 시대의 원리라는 것을 기억하시길 축원합니다. 기독교는 인간 스스로가 만든 희망의 종교가 아니라 소망의 종교입니다. 창조주 하나님으로부터 말씀(약속)을 받았으므로 반드시 이루어집니다. 혈루증 걸린 여인은 이제 소망의 여인이 된 것입니다.

그러나 하나님 나라에 영적 눈이 열리지 않으면, 자기의 열심과 노력으로 이루려고 하나 힘만 들고 되는 일은 없으니 안타까울 따름입니다. 나의 필요를 채우기 위해 철야하고 금식하면서 이루어 달라고 비는 것은 기독교가 아닙니다.

그러므로 여기에 와 있는 하나님 나라를 침노해야 합니다. 그래야만 그리스도의 믿음으로 바뀌는 것입니다. 그리스도의 믿음이 우리 안에 있을 때 구원받을 만한 믿음이 있다고 할 수 있으며, 이 믿음만 있으면 저절로 되어집니다. 하나님께 무엇을 해달라고 기도하지 않아도 "네 믿음대로 될지어다"가 현실에서 실체로 나타나게 되는 것입니다. 이것이 우주의 법칙이고, 그 믿음이 바로 구원을 받을 만한 믿음입니다.

이제 구원을 받을 만한 믿음을 어떻게 우리 안에 소유할 수 있는가에 대해 깊이 생각해 보겠습니다.

1. 주님의 로고스 말씀이 레마의 말씀으로 들릴 때 구원의 믿음이 생깁니다

"루스드라에 발을 쓰지 못하는 한 사람이 앉아 있는데 나면서 걷지 못하게 되어 걸어 본 적이 없는 자라 **바울이 말하는 것을 듣거늘** 바울이 주목하여 구원받을 만한 믿음이 그에게 있는 것을 보고"(행 14:8-9).

"바울이 말하는 것을 듣거늘"이라고 표현했습니다. 바울이 복음을 전할 때 그 사람에게 성령이 역사하심으로 하나님께서 직접 말씀하시는 '레마'로 들었다는 것입니다. 이것이 구원받는 기적의 비밀입니다. 성령이 역사하실 때 성경의 말씀(로고스)이 레마로 들려지는 것입니다. 로고스는 하나님에 대한 지식과 교훈은 전달해주지만 사람을 살리지는 못합니다. 그래서 기도해야 합니다.

"그러므로 믿음은 들음에서 나며 들음은 그리스도의 말씀으로 말미암았느니라"(롬 10:17).

바울은 하나님의 말씀을 전하고 있지만 성령이 역사하실 때 그 말씀은 하나님이 직접 그 사람에게 말하는 레마의 말씀이 됩니다. 우리에게도 레마의 말씀에 의하여 구원을 받을 만한 믿음(그리스도 믿음)이 생기는 것입니다. 성경은 하나님의 사람들에게 레마로 들려주신 그분의 말씀을 기록한 책이라고 할 수 있습니다. 양은 목자의 음성을 듣고 쫓아가야만 푸른 초장과 쉴만한 물가로 인도함을 받게 되듯이, 우리도 하나님의 레마를 듣고 구원받을 만한 믿음을 소유하게 될 때 영혼이 잘됨같이 범사에 잘되어지는 삶의 구원으로 연결됩니다.

스데반의 순교 후에 사울이 길을 떠나 다메섹에 가까이 이르렀을 때에 갑자기 하늘에서 환한 빛이 그를 둘러 비추면서 하나님의 음성(레마)이 들렸습니다. 바울 일행은 어떤 빛이나 소리를 들었을지는 모르지만, 그들에게는 아무것도 보이지 않으니 그 음성이 어디에서 나오는지도 알지도 못한 채 어안이 벙벙하여 그저 멍하니 서 있기만 하였을 것입니다. 그러나 바울에게는 그 소리가 레마로 들리면서 그는 삶의 목적이 완전히 달라졌습니다. 오직 예수가 목적이 된 것입니다.

그러나 안타까운 것은 수많은 교회에서 설교가 쏟아져 나오지만 말씀 자체를 전하는 것이 아니라 말씀에 대하여 전하고 있기 때문에 아무런 능력이 없다는 것입니다. 예수님께서도 진리가 너희를 자유케 한다고 말씀하셨습니다. 그러나 진리에 대하여 안다고 자유케 된다는 의미는 아닙니다. 진리 자체(레마)는 성령이 직접 말씀하셔야 하는 것입니다. 우리의 환경이 절망적이고 최악이라 할지라도 레마의 말씀이 들려지면 살아납니다. 이것을 구원받는다고 말하는 것입니다. 그러므로 우리에게 하나님의 말씀이 들린다는 것은 엄청난 축복입니다.

회당장 야이로도 자기 딸의 병을 치유해 주실 것을 기대하며 예수님을 모시고 가는 도중에 이미 딸이 죽었다는 소식을 전해 들었습니다. 모든 것이 절망적이고 하늘이 무너지는 상실과 슬픔을 체험했을 것입니다.

"예수께서 그 하는 말을 곁에서 들으시고 **회당장에게 이르시되 두려워하지 말고 믿기만 하라** 하시고"(막 5:36).

그러나 "두려워하지 말고 믿기만 하라"고 말씀하신 예수님의 말씀을 레마로 들은 그는 그 말씀에 붙잡혔기에 절망에 흔들리지 않고 예수님을 모시고 집으로 갑니다. 그리고 "달리다굼(소녀야 일어나라)"이라고 선포하시는 말씀을 듣고 회당장 야이로의 딸이 살아나게 됩니다. 만약 야이로가 예수님의 말씀을 레마로 듣지 못했다면 그의 딸은 살아나지 못했을 것입니다. 그러나 그는 "두려워하지 말고 믿기만 하라"는 말씀을 레마로 들었고, 그 말씀대로 이루어질 것이라는 절대적인 믿음에 붙잡혔습니다. 이처럼 말씀은 사람을 죽이기도 하고 살리기도 하는 능력이 있습니다. 그러므로 구원받을 만한 믿음이 우리 안에 있을 때 문제가 해결되고 한계를 뛰어넘는 하나님의 역사가 일어납니다. 이처럼 구원받을 만한 믿음을 소유한 야이로는 세상이 주는 소리와 세상으로부터 오는 절망을 이기고 주님이 주시는 말씀으로 딸을 살려내는 기적을 이룹니다.

2. 구원받을 만한 믿음은 반드시 믿음의 실상을 바꾸게 되므로 구원을 이룹니다

"바울이 말하는 것을 듣거늘 **바울이 주목하여 구원받을 만한 믿음이 그에게 있는 것을 보고**"(행 14:9).

바울 사도는 그 앉은뱅이를 주목하여 구원받을 만한 믿음이 있었다고 증언합니다. '주목하니'라는 말은 '아테니 사스'라는 헬라어로 '열중하여 보다, 관찰하여 보다'이며, '영적 시야로 보았다'라는 의미입니다. 바울이 영적 시야로 보니 그 앉은뱅이의 영적 눈이 열려 믿음의 실상을 갖고 있는 것을 보았다는 말입니다. 즉, 이 사람은 나면서부터 앉은뱅이로 한 번도 자신이 스스로 걸을 수 있다는 실상(믿음)을 가진 적이 없는 사람이었습니다. 그러나 그 사람은 바울이 전하는 복음을 듣고 '나도 걸을 수 있겠다'는 믿음의 실상을 갖게 된 것입니다. 이처럼 말씀에 붙잡혀 믿음의 실상을 가지면 반드시 그대로 우리의 삶에서 실체(환경)로 나타나게 됩니다.

인간의 생각과 감정으로 만들어진 믿음은 여러분의 환경을 바꾸지 못합니다. 왜냐하면 기분과 감정에 따라 바뀌는 인간적인 믿음이기 때문에 아무런 능력도 없습니다. 그러나 성령은 인간의 기분에 따라 바뀌지 않는 진리의 영이시므로, 실체(환경)를 변화시킬 수 있는 실상의 뿌리(레마)가 되는 것입니다. 우리가 가지고 있는 실상은 우리가 살고 있는 환경(실체)에 거울 비추듯이 그대로 나타나는 것입니다. 우리가 어둠의 실상을 가지고 있으면 부정적인 환경으로, 빛의 실상을 가지고 있다면 긍정적인 환경으로 나타나게 됩니다. 그러므로 하나님의 말씀이 레마로 여러분의 깊은 마음 안에 실상으로 만들어지면, 저절로 환경이 바뀌게 된다는 영적 원리를 이해해야 합니다.

항공공학의 아버지로 불리는 미국인 윌버 라이트와 오빌 라이트 형제는 사람이 하늘을 날 수 있다는 실상을 가지고 있었기 때문에, 수없이 높은 곳에서 뛰어내리고 실험하면서 결국 현실에서 최초로 동력 비행기를 띄우는 데 성공했습니다. 그들이 비행기 역사에 남긴 발자취는 매우 위대하다고 할 수 있습니다. 이처럼 사람이 하늘을 날 수 있다는 실상이 비행기를 만들어냈듯이, 여러분에게 믿음의 실상이 있을 때 현실에서 그대로 이루어지는 환경으로 만들어지는 것입니다.

하나님은 인과론적인 합리적이고 이성적인 관념 속에 갇혀 있지 않습니다. 하나님의 역사는 원인과 결과가 일치되는 것이 아닙니다. 원인과 결과가 동시에 역사되는 것을 우리는 기적이라고 말합니다. 그러나 안타까운 것은 여러분이 이러한 영적 원리를 이해하지 못했기 때문에 구원받을 만한 믿음과 멀리 떨어져 있는 영적 상태에 머물러 있는 것입니다.

"**믿음은 바라는 것들의 실상이요 보이지 않는 것들의 증거니** 선진들이 이로써 증거를 얻었느니라 믿음으로 모든 세계가 하나님의 말씀으로 지어진 줄을 우리가 아나니 보이는 것은 나타난 것으로 말미암아 된 것이 아니니라"(히 11:1-3).

그러므로 구원받을 만한 믿음은 '레마의 말씀으로 만들어진 여러분의 실상'을 말합니다. 기도하지 않는 사람은 보이는 것을 쫓아다니지만, 기도하는 자는 보이지는 않지만 믿음의 실상(레마)을 따라 살게 됩니다. 레마를 소유해야 우리 안에 긍정적인 실상을 갖게 되고, 그래야 기적이 일어납니다. 그러므로 믿음의 실상을 소유하시기를 축원합니다.

어떤 선교사의 간증입니다. 이분은 중동, 아프리카 선교지에서 열심히 사역하다가 너무 피곤하고 체중이 급속하게 줄어들어 급하게 귀국해 검사를 받았는데 간암 4기 판정을 받았습니다. 얼굴의 혈색은 까맣게 변해가고 복수가 차고 세상이 무너지는 절망이 찾아왔습니다. 또 한편으로는 억울하기도 하고 하나님을 원망하는 마음도 올라왔습니다. '그저 하나님의 말씀을 따라 평생 열심히 주의 일을 한 것밖에 없는데 내가 이렇게 젊은 나이에 죽다니…'라는 생각으로 밤잠을 이루지 못했습니다. 그런데 어느 날 성경을 읽다가 한 말씀이 마음에 비수같이 꽂혔습니다.

"친히 나무에 달려 그 몸으로 우리 죄를 담당하셨으니 이는 우리로 죄에 대하여 죽고 의에 대하여 살게 하려 하심이라 그가 채찍에 맞음으로 너희는 나음을 얻었나니"(벧전 2:24).

이 말씀이 그 순간 선교사의 마음에 침투했고, 그는 깜짝 놀랐습니다. 첫 번째로 예수님이 나를 위하여 죽으셔서 나는 죄 사함을 받은 '의인'이 되었다는 것이 깨달아졌습니다. 두 번째로 그분이 나 대신 채찍에 맞음으로 내 병도 다 가져가셨으니 '나는 깨끗하다'라는 믿음이 생겼습니다. 이제 자신은 죄인이 아니라 '주 안에서 의인'이라는 확신이 오면서, 그는 일어나 미친 사람처럼 외치기 시작했습니다. "나는 다 나았다. 내 병은 없다. 주님이 내 병을 가져갔다." 이렇게 외칠 때 신기한 힘이 자신에게 흘러오는 것을 경험하였고, 그는 벌떡 일어나 음식을 먹고 움직이기 시작했습니다. 그 후 의사가 놀랄 정도로 치료가 급속하게 일어났고 3개월 만에 완치가 되었습니다. 할렐루야!

이것이 믿음의 실상을 바꾸는 것입니다. 이러한 하나님의 역사는 레마의 실상을 소유할 때 가능해집니다. 그렇습니다. 하나님의 말씀이 레마가 될 때 실상, 즉 구원받을 만한 믿음을 갖게 됨으로 실체(환경)가 나타납니다. 그러므로 성도 여러분! 하나님의 말씀을 듣고 실상을 바꾼다는 것이 얼마나 중요한 것인지 알아야 합니다. 이것이 신앙이고 믿음입니다.

《적극적 사고방식》의 저자인 노만 빈센트 필 박사는 "당신이 하나님 은혜로 만일 어떤 것을 오랫동안 열심히 상상하고 마음속에 그리면 그것을 얻게 될 것이다"라고 했습니다.

3. 구원받을 만한 믿음은
행동하는 믿음으로 기적의 구원을 이루게 됩니다

"큰 소리로 이르되 네 발로 바로 일어서라 하니 그 사람이 일어나 걷는지라"
(행 14:10).

우리가 행동하는 믿음을 가질 때 기적이 일어납니다. 하나님이 레마의 말씀을 주시고, 그것을 우리가 실상으로 그리고, 그 실상에 따라 행함으로 나타내야 합니다. 그럴 때 구원의 기적이 일어나는 것입니다. '믿음을 바꾼다'는 것은 '생각과 감정을 바꾼다'와 동일한 의미입니다. 거짓 자아인 '나'의 생각과 마음에 기록되고 저장된 재료로 사는 것으로부터 우리의 속마음(심중)에 새겨진 레마의 말씀대로 사는 것을 말합니다. 다시 말하면 주님의 말씀대로 생각하고, 주님의 말씀대로 느끼고, 주님의 말씀하시는 대로 행하는 것이 믿음을 바꾸는 것입니다. 주님의 믿음은 기도할 때만 소유할 수 있습니다.

그러나 어둠의 실상을 소유한 사람은 절대로 순종하여 행동할 수 없습니다. 사람은 자신이 과거에 경험하고 학습된 것에 따라 현재를 살아갑니다. 그러니 사람들은 생각과 경험으로 볼 때 불가능하다고 느껴지는 일은 행동으로 옮길 수 없는 것입니다. 그러므로 과거의 경험에 의해 판단하고 결정하는 '나'라는 거짓 자아는 항상 하나님의 뜻에 역행합니다.

그리고 어둠의 실상은 우리의 현실에서 어둠의 환경 그대로 나타나게 되는데, 그래서 우리의 삶이 어려워지는 것입니다. 기도하지 않으면 100% 자기 생각에 붙잡히기 때문에 결국 과거의 상처로부터 고통스럽고, 현재를 즐기지도 못하고, 미래에 대한 염려로부터 자유로울 수 없습니다. 그래서 자기는 불행하고 실패한 사람이라고 스스로를 규정합니다. 그러므로 성도 여러분! 기도를 놓치지 않기를 축복합니다.

"베드로가 이르되 은과 금은 내게 없거니와 내게 있는 이것을 네게 주노니 나사렛 예수 그리스도의 이름으로 일어나 걸으라 하고 **오른손을 잡아 일으**

키니 발과 발목이 곧 힘을 얻고 뛰어 서서 걸으며 그들과 함께 성전으로 들어가면서 걷기도 하고 뛰기도 하며 하나님을 찬송하니"(행 3:6-8).

그러나 바울은 앉은뱅이에게 '네 발로 바로 일어나라'고 명령합니다. 만약 앉은뱅이가 '나는 가만히 있을 테니, 하나님이 나를 걷게 해주셔야 걷지요'라고 생각했다면 그는 일어날 수 없었을 것입니다. 그래서 바울은 '네 발로 서라'고 선포한 것입니다. 성전 미문의 앉은뱅이도 베드로가 전하는 말씀을 듣고 믿음의 실상을 가지게 되었습니다. 베드로가 그의 손을 잡고 일으킬 때 말씀에 의지하여 일어서려는 행함이 있었던 것입니다. 자신에게 들려온 말씀에 믿음으로 반응할 때, 걷고 뛰기도 하며 하나님을 찬양하게 된 것입니다. 그렇습니다. 레마의 말씀으로 실상이 바뀐 사람은 행동하는 믿음이 있어야 기적의 구원이 일어나는 것입니다.

"예수께서 그들의 믿음을 보시고 중풍병자에게 이르시되 **작은 자야 네 죄 사함을 받았느니라** 하시니"(막 2:5).

마가복음 2장에는 예수님께서 가버나움이라 하는 동네에 들어오셨다는 소문을 듣고 지붕을 뜯어 구멍을 내어 상을 매달아서 중풍병자를 내려오게 했던 네 사람에 대한 이야기가 나옵니다. 예수님께서는 그들의 마음 안에 있는 믿음의 실상을 보시고 중풍병자에게 "작은 자야 네 죄 사함을 받았느니라"고 선포하십니다.

또한 예수님께서 "네 상을 가지고 집으로 가라"고 하신 말씀을 레마로 들은 중풍병자가 믿음의 실상을 갖고 다리에 힘을 줄 때, 일어서서 자신이 누워있던 상을 들고 모든 사람이 보는 앞에서 그 집을 나가게 됩니다. 예수님은 치유를 선포하셨고, 그 말씀(레마)에 순종하여 다리에 힘을 주고 일어나는 것은 중풍병자가 해야 하는 하는 행함이라는 믿음의 원리를 말씀하고 있는 것입니다.

그렇습니다. 이때 구원받을 만한 믿음이 작동되기 시작하는 것입니다. 이것이 새 언약 시대에 우리에게 주신 구원의 비밀입니다. 할렐루야!

"내가 네게 이르노니 일어나 네 상을 가지고 집으로 가라 하시니 그가 일어나 곧 상을 가지고 모든 사람 앞에서 나가거늘 그들이 다 놀라 하나님께 영광을 돌리며 이르되 우리가 이런 일을 도무지 보지 못하였다 하더라"(막 2:11-12).

순종이 제사보다 낫다고 하셨습니다. 혹여 여러분이 다리가 아프픈데 그 다리를 질질 끌면서라도 "나는 다 나았다, 주님이 고치셨다"고 믿음의 행위로 순종하고 선포할 때 치유의 역사가 일어나는 것입니다. 구원을 받을 만한 믿음은 자기 속에 그 말씀의 실상을 바꾸고 반드시 행동하는 믿음으로 나아가야 합니다. 그러므로 믿음으로 순종하는 자가 되시기를 축복합니다.

"네가 보거니와 믿음이 그의 행함과 함께 일하고 행함으로 믿음이 온전하게 되었느니라"(약 2:22).

사랑하는 여러분! 구원을 받을 만한 믿음의 주체는 주님이십니다. 그러나 우리가 할 일도 있습니다. 레마의 말씀을 받아들여야 하고, 실상을 그려야 하며, 그 레마의 실상대로 순종할 때 구원의 기적은 일어납니다. 아멘.

우리가 행동하는 믿음을 가질 때 기적이 일어납니다. 하나님이 레마의 말씀을 주시고, 그것을 우리가 실상으로 그리고, 그 실상에 따라 행함으로 나타내야 합니다. 그럴 때 구원의 기적이 일어나는 것입니다. '믿음을 바꾼다'는 것은 '생각과 감정을 바꾼다'와 동일한 의미입니다. 거짓 자아인 '나'의 생각과 마음에 기록되고 저장된 재료로 사는 것으로부터 우리의 속마음(심중)에 새겨진 레마의 말씀대로 사는 것을 말합니다. 다시 말하면 주님의 말씀대로 생각하고, 주님의 말씀대로 느끼고, 주님의 말씀하시는 대로 행하는 것이 믿음을 바꾸는 것입니다. 주님의 믿음은 기도할 때만 소유할 수 있습니다.

성경을 모르는 자들에게 어떻게 전도하는가?

(행 14:8-18; 렘 2:12-13)

세계적인 역사학자 아놀드 토인비 박사의 명저인 《역사의 연구》를 보면 참 흥미로운 이론이 소개되어 있습니다. 세계를 지배했던 문명이 21개가 있었는데 그중에 19개의 문명이 자멸했다고 주장합니다. 그 이유는 무신론과 물질주의 때문이라고 합니다. 하나님이 없다고 생각하는 무신론적 인본주의나 물질 만능주의가 문제라는 것입니다. 또한 어떤 기독교 심리학자는 무신론을 이렇게 정의했습니다. "하나님이 없다고 주장하는 무신론자는 하나님이 없다고 믿는 사람이 아니다. 그는 자기 안에 각인 되어 있는 하나님의 의식을 지워보려고 몸부림치는 사람들이다." 그렇습니다. 우리 인간은 하나님을 믿든 안 믿든 하나님의 형상으로 지음을 받았기에 우리 속에는 하나님의 형상의 자욱이 많이 남아 있습니다.

그것을 종교 개혁자 존 칼빈은 "인간 속에는 하나님을 알 수 있는 종교의 씨앗이 마음에 떨어져 있다"라고 했습니다. 그래서 하나님이 없는 인본주의로 살아간다는 것은 결국 파멸로 재촉하는 길이라고 했습니다. 하나님 없이 내 힘으로, 내 맘대로 살아보겠다고 하는 것은 영원히 멸망하는 길로 이끌고 간다는 것입니다. 참 일리 있는 말입니다. 하나님 형상으로 지음 받은 인간은 하나님을 떠나서는 살 수 없는 존재입니다. 이처럼 하나님이 없다고 믿는 인본주의도 문제이지만, 하늘, 땅, 나무, 물과 같은 모든 만물이 신이라고 믿는 범신론도 정확하게 보면 하나님이 없는 무신론자와 같은 어둠입니다.

"바울이 아레오바고 가운데 서서 말하되 **아덴 사람들아 너희를 보니 범사에 종교심이 많도다** 내가 두루 다니며 너희가 위하는 것들을 보다가 알지 못하는 신에게라고 새긴 단도 보았으니 **그런즉 너희가 알지 못하고 위하는 그것을 내가 너희에게 알게 하리라**"(행 17:22-23).

본문에서 바울은 아덴에서 복음을 전하게 됩니다. 아덴은 모든 문명의 근원지이며 철학과 학문의 중심이었던 현재 그리스의 수도인 아테네를 말합니다. 그 당시 그리스는 많은 신전과 신(神)들을 섬겼던 곳으로, 바울은 그들에게 '지금 당신들은 알지 못하는 신에게까지 절하며 섬기고 있지만, 내가 참 신(神)을 알게 해주겠다'고 말하고 있는 것입니다.

우리 주변에 교회를 다니면서도 성경적 가치관을 전혀 모르는 인본주의나 물질주의 중심으로 사는 사람들이 많습니다. 주일마다 교회에 출석하고 예배 행위는 하지만 토종비결을 보거나 점쟁이를 찾아가는 분들, 이러한 잘못된 신관에 빠지고 미신에 붙잡힌 사람들에게 어떻게 전도를 해야 할까요?

미신(迷信)이란 '마음이 무엇에 끌려서 잘못 믿는 것'을 의미하며,

헛된 것으로 여겨지는 믿음이나 신앙을 말합니다. 미신은 우리나라 문화에서 무당이 굿을 하거나 정화수를 떠놓고 인간의 안위를 비는 행위들을 말한다고 할 수 있습니다. 기독교적 관점에서는 하나님을 대체하려는 재물이나 권력, 술이나 약물, 게임이나 쾌락을 추구하는 것도 포함될 것입니다. 또한 하나님이 내 삶의 주인이 아니라 내가 주인 되어 살겠다는 '나'라는 또 다른 신(神)을 미신의 범주에 포함시킬 수 있습니다.

이렇듯 미신을 믿는 사람은 하나님을 아직 체험하지 못했기 때문입니다. 불신자든지 아니면 교회는 다니지만 하나님 아닌 다른 신을 섬기고 있는 신자들의 모순적인 신앙생활에 대한 문제는 목회자인 저에게 평생 숙제이면서 또한 성도들의 과제이기도 합니다. 여러분이 진정한 복음에 눈을 뜨게 될 때 가족과 이웃들을 전도할 수 있습니다.

본문 말씀에도 바울과 바나바가 루스드라 지방에서 복음을 전할 때 나면서 앉은뱅이였던 자가 구원을 받을 만한 믿음을 갖게 되었고, 그가 바울의 선포로 일어서게 됨으로 말미암아 그 지역에 일대의 큰 기사와 표적이 일어난 것입니다. 이 말씀이 전하고자 하는 핵심은 바울이 전한 하나님 나라 복음을 들을 때 그 앉은뱅이의 영적 눈이 열렸다는 것입니다. 영적 눈이 열리지 않으면 성경은 하나님에 대한 지식이나 정보에 불과하지만, 영적 눈이 떠질 때 그 말씀은 구원받은 믿음이 됩니다. 교회를 오래 다닌다고 해서 구원받을 만한 믿음을 소유하게 되는 것은 아닙니다. 그러나 새 신자라도 성령의 역사로 하나님 나라에 눈을 뜨면 구원받을 만한 믿음이 생겨나는 것입니다.

"바울이 말하는 것을 듣거늘 **바울이 주목하여 구원 받을 만한 믿음이 그에게 있는 것을 보고 큰 소리로 이르되 네 발로 바로 일어서라 하니 그 사람이 일어나 걷는지라**"(행 14:9-10).

한 번도 걸어보지 못했던 그 사람 안에 있는 믿음을 본 바울이 "네 믿음대로 일어나라" 선포하니 그의 다리가 치유된 것을 보고 그 지역 사람들이 난리가 난 것입니다. 바울과 바나바를 하늘에서 신이 내려왔다고 하면서 바나바는 제우스(신의 아버지)로, 바울은 헤르메스(말씀을 전하는 전달자)라고 칭하고 그들을 향하여 제사를 드리려고 합니다.

"**무리가 바울이 한 일을 보고** 루가오니아 방언으로 소리 질러 이르되 **신들이 사람의 형상으로 우리 가운데 내려오셨다 하여** 바나바는 제우스라 하고 바울은 헤르메스라 하더라 **시외 제우스 신당의 제사장이 소와 화환들을 가지고 대문 앞에 와서 무리와 함께 제사하고자 하니**"(행 14:11-13).

그러나 바울과 바나바는 성경적 진리를 전혀 모르는 이 사람들에게 자신들도 너희와 같은 사람이라고 말하면서 미신적 행위를 중단하게 했고, 참 신(神)을 알지 못하는 그들에게 하나님의 복음을 전함으로 구원의 길이 열리게 됩니다.

앞에서 "인간 속에는 하나님을 알 수 있는 종교의 씨앗이 마음에 떨어져 있다"라고 종교 개혁자 존 칼빈에 대해 언급했었습니다. 모든 인간은 하나님의 형상대로 지음을 받았기 때문에 지구상에 한 명도 예외 없이 그 안에는 하나님의 흔적이 있다는 것입니다. 그렇기 때문에 우리가 불신자들에게 복음을 전할 때, 그들 안에 담고 있는 하나님의 형상, 즉 하나님의 흔적을 인식할 수 있게 됩니다. 그러므로 전혀 성경을 모르는 사람들도 자기 안에 있는 하나님의 흔적을 볼 수 있게 된다는 소망은 먼저 믿은 우리로 하여금 나가서 복음을 전하게 하는 동력이 되는 것입니다.

1. 살아계신 하나님의 기적의 전능하심의 체험으로 헛된 미신을 물리쳐야 합니다

인간은 혼자 존재할 수 없도록 하나님께서 창조하셨습니다. 그래서 하나님이 없는 인간은 또 다른 신을 찾게 되는데, 절대자 하나님을 마음에 두지 않는 사람은 자기 자신을 위한 또 다른 많은 신들을 만들게 됩니다. 이처럼 인간은 두렵기 때문에 자신을 스스로 지키려는 신을 만드는 행위를 하거나 하나님 외에 다른 것들을 마음에 담고 살아갑니다. 이러한 관점에서 볼 때 인간 스스로가 신이 되어버린 인본주의나 돈이면 모든 것을 해결할 수 있다는 물질주의 또한 세상 신을 믿고 있는 어둠에 붙잡힌 상태라고 볼 수 있습니다. 이 모든 것들을 '미신'이라고 말할 수 있습니다.

> "두 사도 바나바와 바울이 듣고 옷을 찢고 무리 가운데 뛰어 들어가서 소리 질러 이르되 **여러분이여 어찌하여 이러한 일을 하느냐 우리도 여러분과 같은 성정을 가진 사람이라 여러분에게 복음을 전하는 것은 이런 헛된 일을 버리고 천지와 바다와 그 가운데 만물을 지으시고 살아 계신 하나님께로 돌아오게 함이라**"(행 14:14-15).

여러분의 삶에서 성령의 표적과 기적을 경험했다면 그것은 하나님 나라를 체험한 것입니다. 그러나 하나님 나라(기적)를 체험하지 못하면 어느 누구도 하나님을 믿지 못하고 사탄이 지배하는 미신에 빠지게 되는데, 그것을 '제사를 드린다'고 말하는 것입니다. 제사는 인간을 신격화하는 헛된 미신적 행위이고 귀신을 섬기는 우상 숭배입니다. 그러나 하나님 나라에 들어간 자는 하나님의 말씀이 레마로 들리게 되고, 레마를 믿음으로 선포할 때 기적과 표적으로 나타나게 됨으로써 하나님을 체험하게 됩니다. 이때 우리 안에 있는 우상들은 쫓겨 나가게 되는데, 여러분의 가정과 자녀와 남편 그리고 사업이 제자리로 되돌아가는 회복을 경험하게 되는 것입니다.

그러나 안타까운 것은 오랫동안 교회를 다녀도 절대자이신 하나님을 경험하지 못한 사람은 세상 신을 쫓아가게 됩니다. 여러분 스스로가 성경을 잘 믿는다고 생각하고 있을지 모르지만, 과연 나는 하나님에 대한 정보와 지식을 알고 있는 것인지 아니면 진정한 하나님 자체를 믿고 있는 것인가에 대해 진지하게 고민해보아야 할 것입니다. 진정으로 하나님께서 내 기도에 응답하셨다는 체험을 한 사람은 하나님 말씀을 의심하지 않고 믿게 됩니다. 그때 우리를 붙잡고 있던 어둠이 떠나는 것입니다. 즉, 어둠이 더 이상 우리에 대한 소유권을 갖지 못하게 되었다는 의미이며, 전능하신 하나님의 기적을 경험할 때 비로소 인간은 헛된 것을 놓을 수 있게 됩니다.

그렇습니다. 인간은 하나님을 놓치면 반드시 다른 우상을 붙잡게 됩니다. 그러므로 지금도 교회에 와서 예배 행위는 하고 있지만, 여러분이 여전히 하나님이 아닌 다른 것을 의존하고 있지는 않는지 멈추어 서서 자신을 성령께서 비추어 달라고 간구하는 시간을 가지시기를 권면드립니다.

"무릇 이방인이 제사하는 것은 귀신에게 하는 것이요 하나님께 제사하는 것이 아니니 나는 너희가 귀신과 교제하는 자가 되기를 원하지 아니하노라"
(고전 10:20).

그래서 바울과 바나바는 선교지에서 먼저 기적을 통해 살아계신 하나님을 나타내 보이고, 미신과 우상에 빠진 자들에게 복음을 전할 수 있는 통로를 열었던 것입니다. 이고니온에서도 믿지 않는 유대인들과 이방인들의 엄청난 핍박이 있었지만 그들은 하나님의 능력을 나타내며 하나님 나라의 복음을 전했기에 승리할 수 있었습니다.

"두 사도가 오래 있어 주를 힘입어 담대히 말하니 **주께서 그들의 손으로 표적과 기사를 행하게 하여 주사 자기 은혜의 말씀을 증언하시니**"(행 14:3).

기적과 표적이라는 말은 '살아계신 하나님을 체험했다, 하나님을 나타냈다'라는 의미입니다. 우리는 기적이라고 하면 흔히 성경에서 홍해가 갈라지거나 죽은 자가 살아나고 소경이 눈을 뜨는 대단한 사건만을 생각하기 쉽습니다. 그러나 기적이나 표적은 우리의 삶에서 크고 작은 하나님의 응답을 경험하는 것까지도 포함하는데, 주님께서 나의 작은 신음과 부르짖음까지도 들으시고 응답하셨다는 것을 경험한 사람은 그분의 사랑으로부터 떠나지 않을 것입니다. 그러므로 크고 작은 응답과 표적을 경험한 사람은 하나님이 살아계시다는 것을 영으로 알게 됩니다. 그리고 기적은 인간의 지식이나 학문으로 되는 것이 아니라 하나님 나라가 체험될 때 나타나는 것이며, 전적인 하나님의 은혜라고 깨닫게 되며, 이처럼 우리의 삶 속에서 전능하신 그분을 체험할 때 어둠(미신)은 쫓겨 나가게 됩니다.

바울이 복음을 전하던 그 당시에 그리스라는 나라가 많은 신들을 섬겼듯이, 우리나라에서 가까운 일본도 첨단과학이나 의학 등 모든 분야에서 탁월하게 발전했고 노벨상도 다수 받았지만, 다신(多神)을 섬기는 나라로 영적인 관점으로 볼 때는 복음이 들어가기 힘든 혼탁한 상태라고 할 수 있을 것입니다. 그러나 현대인들에게 신적인 존재는 단지 보이지 않는 전지전능한 대단한 존재만을 말하는 것은 아닙니다. 현대인의 필수품인 핸드폰을 잠시라도 사용하지 못하면 금단 현상을 경험하게 되는데, 이러한 물건이나 물질, 약물 또는 돈(맘몬, mammon), 권력, 자존심이라는 신(神)을 섬기고 있습니다. 이것들을 우상 또는 세상 신이라고 말할 수 있을 것입니다. 여러분의 자녀들과 우리들 자신 안에도 세상 신을 섬기는 우상(미신)이 있다는 것을 영적 눈을 뜨고 볼 수 있어야 합니다.

그러므로 성도 여러분! 하나님의 은혜로 하나님의 나라에 눈이 떠져 하나님 능력의 기적으로 미신을 물리치시기 바랍니다. 그래야 당신 가정에 귀신의 어둠의 역사가 떠나고 복음의 축복의 역사가 시작됩니다.

2. 하나님의 기적으로 주님의 사랑을 깨달아 하나님께 돌아오게 해야 합니다

"이르되 여러분이여 어찌하여 이러한 일을 하느냐 우리도 여러분과 같은 성정을 가진 사람이라 여러분에게 복음을 전하는 것은 이런 헛된 일을 버리고 천지와 바다와 그 가운데 만물을 지으시고 살아 계신 하나님께로 돌아오게 함이라 **하나님이 지나간 세대에는 모든 민족으로 자기들의 길들을 가게 방임하셨으나 그러나 자기를 증언하지 아니하신 것이 아니니**…"(행 14:15-17).

바울의 주장은 이렇습니다. 주님이 오시기 전에 모든 민족들에게 각자 마음대로 자기의 길을 가도록 허용하신 것처럼 보이지만, 이미 천하 모든 만물 가운데 하나님 자신을 계시해 놓으셨습니다. 또한 예수님이 오신 이후에도 그분의 말씀과 기사와 표적을 많은 사람들에게 눈으로 보여주셨습니다. 그리고 부활의 주님에 대해 많은 증인들이 증언하고 있기 때문에 이제는 아덴 사람들 안에도 참 신(神)이신 하나님의 흔적이 있다는 것입니다. 그러므로 더 이상 그들이 하나님을 부인할 수 없으며, 이방인이라 할지라도 예수를 영접하면 구원을 받을 수 있다는 확신으로 복음을 전하고 있습니다.

그렇습니다. 이처럼 불신자들도 자신의 삶에서 주님의 흔적과 기적을 체험함으로 그들을 향한 하나님의 절대적인 아가페 사랑을 깨달을 때 주께로 돌아오는 것입니다.

그렇다면 하나님의 사랑은 무엇입니까? '십자가에서 우리 죄를 대속하셨다'라고 말하는 것에 저도 동의합니다. 그러나 그것은 교리입니다. 불신자들은 '십자가는 2천 년 전에 인간의 죄를 위해 예수가 죽은 사건일 뿐 현재 우리와 무슨 상관이 있느냐'고 반문합니다. 그리고 교회를 다니지만 예수의 피에 대한 효력이 지금 나 자신에게도 존재하는가에 대해서 관념적으로 이해하고 있는 분들이 많습니다. 오늘날 한국교회가 죄 사함의 효력을 가지고 있는 예수의 보혈이 얼마나 큰 하나님의 사랑인지 잘 모르고 있는 것이 영적 현실이기도 합니다.

그러나 이제 하나님의 절대적 사랑과 기적을 체험한 사람들은 예수를 믿게 되고 지난날의 모든 죄와 허물을 용서받음으로써 하나님의 자녀가 됩니다. 그러므로 죄로 죽었던 우리가 새 생명으로 다시 살아나는 것, 이처럼 큰 하나님의 사랑과 은혜의 복음은 없는 것입니다. 그리고 여러분이 하나님의 나라에 눈을 뜨게 되면 2천 년 전에 십자가에서 흘리신 보혈이 지금도 나에게 흐르고 있다는 것이 믿어집니다. 이때 우리는 죄 사함의 확신을 얻게 되며 구원에 대한 믿음을 갖게 됨으로 하나님의 사랑을 깨닫고 주께로 돌아오게 되는 것입니다.

또한 생명이 끊어지는 그날 심판대 앞에서 우리의 모든 죄들이 드러나게 되는데, 이 모든 허물을 대속해 주신 예수의 보혈로 말미암아 하나님 나라로 입성할 수 있는 자격을 주신 것입니다. 그러므로 여러분의 미래를 영원한 생명으로 책임져주시는 분은 오직 주님뿐이십니다. 이러한 하나님의 사랑을 경험한 사람들이 주께로 돌아옵니다.

말씀을 전하다 보니 저희 교회에 하나님의 절대적 아가페의 사랑을 경험하신 한 분이 문득 생각이 나는데, 올해 93세가 되시는 권사님은 연세가 많으심에도 불구하고 한 번도 새벽기도를 빠지지 않고 예배를 드리십니다. 기존에 신앙생활을 하고 계셨던 분이지만 젊었을 때 깊은 우울증으로 고통스러워 하셨는데, 남편의 손에 이끌려서 저희 교회에 오시게 되었습니다. 매 주일 말씀을 들으시면서 어느새 우울증에서 치유되었고, 하나님이 살아계시다는 것에 흔들림이 없는 믿음을 소유하게 되셨습니다.

지금도 아무리 추운 영하의 날씨에도 아랑곳하지 않고 먼 거리를 걸어서 날마다 교회에 오시는데, 예배 때마다 찬양하시면서 어깨춤을 덩실덩실 추시는 것을 볼 때, '무엇이 저리도 기쁘고 행복하실까?'라는 질문을 던지게 됩니다. 그분의 주관적 세계 안에서 경험되어지는 참된 기쁨과 만족감은 아가페 사랑이 표적으로 임했기 때문입니다. 절대적인 하나님의 사랑을 체험한 권사님의 어깨춤은 자신 안에 소유하고 있는 기쁨을 그대로 표현하고 있는 것입니다. 이처럼 우리 안에 레마의 말씀이 단단하게 뿌리를 내릴 때, 하나님의 사랑을 알게 되고 모든 어둠은 떠나게 됩니다.

"여호와께서 말씀하시되 오라 우리가 서로 변론하자 **너희의 죄가 주홍 같을지라도 눈과 같이 희어질 것이요 진홍같이 붉을지라도 양털같이 희게 되리라**"(사 1:18).

살아계신 하나님의 절대적 사랑을 체험한 자는 지금도 자신에게 예수의 피가 흐르고 있다는 믿음을 소유하게 되고 자신의 죄가 양털과 같이 깨끗하게 씻어졌다는 믿음을 갖게 됩니다. 이때 여러분의 가정과 자녀에게 역사하는 귀신이 쫓겨나게 됩니다. 이처럼 죄 사함에 대한 확신은 이제 자기 자신이 죄인이 아니라 '주님 안에서 의인'이라는 정체성을 갖게 하는데, 이때 여러분은 담대하게 말씀을 선포할 수 있게 됩니다. 그러므로 믿음의 기도와 선포는 성령의 역사로 말미암아 믿지 않던 부모님과 남편, 자녀와 이웃들이 주님께로 돌아오게 하는 놀라운 기적을 경험하게 할 것입니다. 할렐루야!

이러한 대속의 사랑은 어떠한 사람일지라도 변화하게 만들고 그 사람을 통하여 구원의 역사가 일어납니다. 우리나라 초대 교회 최고의 부흥사로 알려진 김익두 목사(1874-1950)도 황해도 안악 지방에서 태어나서 16세에 과거에 떨어지고 사업을 하다가 실패하고 가정이 무너지자 그는 완전히 타락하여 술, 도박, 소위 폭력배가 되어 '안악골 호랑이'라고 불렸습니다.

그가 술집 여자의 꾀임을 받아 교회에 불을 지르고 도망가다가 낙상하여 크게 다쳐 정신을 잃고 다 죽게 되었는데, 그를 데려다가 치료를 해 준 사람이 있었습니다. 그들은 자기가 불태우려고 했던 교회에 미국의 스왈렌(Swallen, W.L) 선교사 일행이었습니다. 김익두는 세상에서 경험하지 못했던 사랑을 체험합니다. 그리고 스왈렌 선교사의 영생에 대한 설교를 듣는 순간 교회를 불태우려고 했던 자신을 사랑한다는 하나님을 체험하면서, 지난날 자신이 지었던 수많은 죄를 회개하고 중생한 것입니다. 기적 중의 기적이지요.

그 후 목사가 되어 회개, 죄 사함, 중생, 천국에 대한 단순한 메시지를 전하였는데, 엄청난 사람들이 모여드는 놀라운 역사가 일어났습니다. 1920년 평양 집회에서는 장대현교회에 3,000명이 모였고, 같은 해 10월 서울 승동교회에서는 일만 명이 회집했습니다. 수많은 기적이 일어났고 많은 사람들이 하나님께 돌아왔습니다. 당시 1922년 5월 9일 자 동아일보 사설에 "김 목사의 집회가 너무 놀랍다, 그러나 기적의 촉구가 지나치다"라고 났습니다. 그러자 황해 노회에서는 그동안 김익두 목사의 집회를 통하여 수많은 사람들이 병 고침을 받은 《이적 증명서》 책자를 발간했습니다. 김익두 목사는 1950년 공산당에 의해 순교할 때까지 일본, 만주, 북한에서 766회 부흥회와 28,000번의 설교, 150개의 교회를 개척했으며 200명 이상의 목회자를 양성하는 대단한 영향력을 끼친 분이기도 합니다.

그가 어떻게 이렇게 다른 사람이 될 수 있었습니까? 하나님의 사랑을 경험했기 때문입니다. 그 사랑을 만난 사람은 하나님의 음성이 들립니다. 그러니 그 사람은 살아납니다. 그러므로 지금이라도 회개하고 주님을 영접하면 지난날의 죄를 용서함 받고 중생하여 하나님의 나라(기적)를 지금 여기에서 경험하게 되는 것입니다.

3. 하나님의 기적으로 주님을 영접하여
영생의 참 만족의 삶을 체험하게 합니다

"그러나 자기를 증언하지 아니하신 것이 아니니 곧 **여러분에게 하늘로부터 비를 내리시며 결실기를 주시는 선한 일을 하사 음식과 기쁨으로 여러분의 마음에 만족하게 하셨느니라** 하고"(행 14:17).

만족함에는 두 가지가 있습니다. 돈, 쾌락, 여행, 맛집 탐방 등이 주는 일시적인 거짓 만족과 주님의 생명이 주는 참 만족입니다. 인간에게는 지·정·의를 담고 있는 혼(soul)적인 부분을 움직이려면 에너지가 필요합니다. 그러므로 하나님으로부터 오는 힘을 공급받아야 우리의 영혼이 만족하고 연약함이 떠나가는 것입니다. 사람들은 이 힘을 세상으로부터 찾으려고 모든 노력을 쏟고 있지만 불행하게도 오히려 자기 자신을 죽이는 기쁨일 뿐입니다.

그러므로 우리는 하나님이 주시는 기쁨에 눈을 뜨셔야 합니다. 여러분이 영원한 생명으로부터 흘러오는 기쁨을 맛보게 되면 세상으로부터 즐거움을 추구하지 않더라도 만족함이 있으므로 기쁘고 행복감을 느끼게 됩니다. 이때 질병이 떠나고 치유되는 것입니다. 그러나 여러분이 세상의 기쁨을 추구하면 이 기쁨은 끝에 가서는 반드시 인간을 죽이는 기쁨이라는 것을 기억하시기 바랍니다.

하나님 형상으로 지음 받은 인간은 그분을 담는 그릇입니다. 그렇다면 그릇은 내용물인 하나님이 담겨져야만 만족할 수 있을 것입니다. 그러나 여러분의 그릇에 재물을 담으려 하거나 자녀, 남편, 명예, 쾌락을 담고 그곳에서 기쁨을 찾으려고 한다면 어떤 만족함이 있겠습니까?

"나 곧 내 영혼은 여호와를 기다리며 나는 주의 말씀을 바라는도다"(시 130:5).

여기에 중요한 영적 원리가 있습니다. 구원받은 내 영(spirit)은 오직 하나님만 찾고 있다는 것입니다. 울고 있는 어린아이에게 사탕을 주면 잠시 울음을 그치기는 하지만 시간이 지나면 배고프다고 다시 엄마를 보채고 우는 아이를 보게 됩니다. 이와 같이 여러분의 영혼도 목마름과 배고픔으로 울고 있습니다. 왜냐하면 하나님 아버지를 잃었기 때문입니다. 그러므로 하나님께서 우리 안에 들어오실 때 참 기쁨을 맛보게 되는 것입니다. 그렇습니다. 구원받은 우리의 영혼은 하나님만을 구하고 있습니다. 그러나 우리가 세상 것으로 자신의 영혼을 채우려 하니 만족함이 없고 공허함이 느껴지는 것입니다.

"파수꾼이 아침을 기다림보다 내 영혼이 주를 더 기다리나니 참으로 파수꾼이 아침을 기다림보다 더하도다"(시 130:6).

여러분이 조용히 기도하며 주님을 묵상하면 내 영(spirit)이 진정으로 찾고 있는 것이 무엇인가를 깨닫게 됩니다. 어린아이가 엄마를 애타게 찾듯이 우리의 영은 말씀만 찾게 되는 것입니다. 그러나 우리의 그릇에 하나님이 아닌 다른 것들을 담으려고 하니 어둠에 붙잡히게 된다는 것을 아셔야 합니다.

"내 백성이 **두 가지** 악을 행하였나니 곧 그들이 생수의 근원되는 나를 버린 것과 스스로 웅덩이를 판 것인데 그것은 그 물을 가두지 못할 터진 웅덩이들이니라"(렘 2:13).

우리 인간의 삶에 필요한 힘은 기쁨으로부터 옵니다. 기쁨에는 죽이는 기쁨과 살리는 기쁨이 있습니다. 죽이는 기쁨은 세상의 쾌락으로 오는 것이고, 살리는 기쁨은 하나님으로부터 오는 것입니다. 우리가 세상으로부터 오는 기쁨을 추구하는 것은 영적인 관점에서 볼 때 하나님 아닌 다른 신, 미신에게 붙잡혀 있다고 볼 수 있습니다. 그 나중은 사람을 병들게 하고 마지막은 지옥으로 가는 것입니다. 그러나 살리는 기쁨은 오직 하나님으로부터 오는 것입니다. 우리가 언론이나 뉴스를 통해서 접하게 되는 소식들을 보면 돈이 많은 재벌이나 연예인들이 세상을 추구하면 할수록 마약이나 프로포폴과 같은 약물을 의존하게 되어 결국 자기 자신을 병들게 하고 죽이는 기쁨을 경험하게 됩니다.

"주께서 생명의 길을 내게 보이시리니 주의 앞에는 충만한 기쁨이 있고 주의 오른쪽에는 영원한 즐거움이 있나이다"(시 16:11).

우리의 영혼은 하나님으로부터 오는 말씀을 받을 때 살리는 기쁨이 오는 것입니다. 불신자들도 살리는 기쁨을 한 번이라도 맛보게 된다면 반드시 살아계신 하나님을 믿고 영적 눈을 뜨게 되면서 주님을 담아내는 하나님의 사람이 됩니다. 그렇다면 사랑하는 성도 여러분! 성경을 전혀 모르는 사람들에게 우리는 어떻게 복음을 전할 수 있겠습니까? 먼저 예수 믿고 거듭난 우리가 나가서 불신자들에게 복음을 전할 수 있는 힘은 기도로부터 나옵니다.

우리가 기도할 때 성령께서는 먼저 예수 믿고 거듭난 성도인 우리 자신의 구원을 확실하게 하시며, 구원의 확신으로 복음을 전할 때 불신자에게도 살리는 생명이신 하나님을 담게 되는 놀라운 역사가 일어나게 되는 것입니다. 이처럼 하나님의 생명을 소유한 자는 이 땅에서도 참 만족을 누리고, 인생의 마지막 호흡이 끊어질 때 천국으로 들어가게 되는 것입니다. 그러므로 우리는 바로 이 기쁜 소식을 전해야 합니다. 아멘!

하나님의 절대적 사랑과 기적을 체험한 사람들은 예수를 믿게 되고 지난날의 모든 죄와 허물을 용서받음으로써 하나님의 자녀가 됩니다. 그러므로 죄로 죽었던 우리가 새 생명으로 다시 살아나는 것, 이처럼 큰 하나님의 사랑과 은혜의 복음은 없는 것입니다. 그리고 여러분이 하나님 나라에 눈을 뜨게 되면 2천 년 전에 십자가에서 흘리신 보혈이 지금도 나에게 흐르고 있다는 것이 믿어집니다. 이때 우리는 죄 사함의 확신을 얻게 되며 구원에 대한 믿음을 갖게 됨으로 하나님의 사랑을 깨닫고 주께로 돌아오게 되는 것입니다.

하나님의 나라로 향하는 자는 두려움이 없다
(행 14:19-28; 요 14:6)

　　　　　1961년 9월 30일, 이화여대 초대 총장을 역임한 김활란 박사가 총장직을 이임하는 날이었습니다. 참석한 사람들은 아쉬움과 슬픔에 차 있었고, 흐느껴 우는 사람도 있었습니다. 그런데 그는 단상에 오르자 갑자기 민요를 부르기 시작했습니다. "내가 가면 아주 가며, 아주 간들 잊을소냐, 닐리리야 닐리리야 니나노, 얼씨구 좋다." 이임식장은 갑자기 웃음바다가 되었습니다. 그 후에 담담하게 이임사를 읽어 내려갔습니다. 그리고 끝머리에 영국의 시인 로버트 브라우닝(Robert Browning, 1812-1889)의 시를 인용했습니다.

　"'가장 좋은 것은 앞날에 있네, 맨 처음의 일은 오직 그것을 위하여 있나니…' 이 시는 저를 위하여 지어진 것 같습니다. 저도 학교를 떠나는 일은 참 아쉽지만, 이것으로 내 인생을 끝맺는 것이 아니라 더 나은 미래, 영원한 나라를 향하여 전진하기 위하여 떠나갑니다."

　김활란 박사를 친일파로 비판하는 사람도 있지만, 그는 누가 무어라고 해도 한국 여성 운동의 대부로 살았고, 이화여대 총장을 마치고 여생을 수많은 농촌의 개척교회를 섬기며, 청년 전도, 넝마주이 전도, 윤락 여성 전도에 힘쓰며 하나님 나라를 전하다가 하나님의 부르심을 받은 훌륭한 전도자였습니다. 그는 또 후손들에게 자기 장례식 때 울지 말고, 천국 가는 자신을 위하여 장례식을 '천국 음악회' 축제로 열어 달라고 말한 것으로 유명합니다.

사랑하는 여러분! 그는 이 땅에서 살아가는 이유와 목적지가 분명했던 사람입니다. 이 땅을 사는 목적은 하나님의 영광이었고, 삶의 목적지는 하나님 나라였습니다. 그의 제자였던 장상 박사(이화여대 총장 역임)는 "나는 김활란 박사처럼 그 어렵고 엄혹한 시절에도 한 치의 두려움도 없이 그렇게 당당하고 힘차게 살았던 사람을 보지 못했다"라고 말합니다.

그렇습니다. 우리가 무엇을 얼마나 크게 하고 엄청난 일을 한다는 것이 중요한 것이 아닙니다. 어떤 목적을 두고 어떤 방향으로 살아가느냐가 훨씬 중요합니다. 삶의 목적이 하나님의 영광이고 그 목적지가 하나님의 나라일 때 우리는 이 세상에서 어떤 환난이나 두려움도 다 극복하고 넉넉히 승리할 수 있습니다.

> "이것을 너희에게 이르는 것은 너희로 내 안에서 평안을 누리게 하려 함이라 **세상에서는 너희가 환난을 당하나 담대하라 내가 세상을 이기었노라**"(요 16:33).

본문에 나오는 사도 바울도 마찬가지였습니다. 루스드라에서 하나님의 엄청난 기적을 일으켰지만 핍박과 환난을 겪었습니다. 매를 맞고 죽음의 상황에 버려졌지만, 다시 살아났고 그곳에 다시 가서 복음을 전하면서 이런 유명한 말씀을 합니다.

"복음을 그 성에서 전하여 많은 사람을 제자로 삼고 루스드라와 이고니온과 안디옥으로 돌아가서 **제자들의 마음을 굳게 하여 이 믿음에 머물러 있으라 권하고 또 우리가 하나님의 나라에 들어가려면 많은 환난을 겪어야 할 것이라 하고**"(행 14:21-22).

여기서 사도 바울은 성령으로 거듭나서 이미 여기 온 하나님의 나라에 들어간 사람입니다. 그러면서 영원하고 또 완성된 하나님의 나라 천국에 들어가려면 많은 환난이 있을 수 있지만 이미 주님이 다 이겼으니 두려워 말고 극복하라는 것입니다.

우리가 예수를 믿는다고 해서 고난이 없는 것은 아닙니다. 고난은 우리를 십자가로 인도하며, 하나님 나라로 밀어 넣습니다. 하나님 나라에서 우리는 안식을 누리며 평강을 경험하게 되는 것입니다. 여러분이 공부하고 사업하는 목적이 무엇입니까? 내 목적을 위해 하나님을 이용하려고 한다면 방향이 틀렸기 때문에 두려운 것이고 결국 병이 드는 것입니다. 하나님은 인간에게 이용당하시는 분이 아니라는 것을 분명히 아셔야 합니다.

그러므로 우리는 삶의 목적과 방향이 분명해야 합니다. 이미 하나님 나라에 들어간 자들은 영원한 천국으로 향하고 있는 것입니다. 그러나 지금 여기에 온 하나님 나라를 체험하지 못한 사람은 영원한 천국에 눈을 뜨기가 어렵습니다. 왜냐하면 권력, 명예, 자식, 돈에 목적이 있는 사람은 하나님 나라가 보이지 않기 때문입니다. 아버지의 집에 거하는 것이 우리 삶의 목적입니다

이제 본문을 중심으로 하나님의 나라를 체험한 자로 영원한 천국으로 향할 때 세상에서 오는 어려움을 어떻게 극복하는가 생각해

봅시다.

1. 하나님의 나라를 체험하고 사는 자는 세상의 어떤 환난에서도 자유합니다

여기 온 하나님 나라를 체험해야만 앞으로 다가올 환난을 넉넉히 이길 수 있습니다. 그러나 여러분이 하나님 나라를 체험하지 못하면 앞으로 다가올 환난을 이겨낼 방법이 없습니다. 그렇기 때문에 영적 눈을 뜨고 주님과 교제를 이루며 하나님 나라로 향하는 사람은 두려움이 없으며, 주님이 다 이루어 놓으신 하나님 나라를 향하는 성도는 어떤 어려움도 이길 수 있다는 믿음을 소유하시기를 축복합니다.

"제자들의 마음을 굳게 하여 이 믿음에 머물러 있으라 권하고 또 우리가 하나님의 나라에 들어가려면 많은 환난을 겪어야 할 것이라 하고"(행 14:22).

앞에서 사도 바울은 루스드라에서 나면서부터 걷지 못하는 사람을 믿음으로 걷게 하는 하나님의 표적으로 많은 사람들이 주님을 믿게 하였습니다. 그러나 어둠의 세력은 가만히 있지 않습니다. 안디옥과 이고니온에서 믿지 않는 유대인들이 몰려와서 바울 일행을 모함하고 충동하여 바울을 죽도록 쳐서 성 밖에 버렸습니다. 그러나 하나님의 은혜로 살아났고, 다시 그 성으로 들어가 말씀을 전하는 것입니다. 어떻게 그런 담대함이 나올 수 있습니까?

그것은 바로 바울은 이미 '여기 온 하나님 나라에 들어간 자'라는 증거입니다. 우리는 육신을 가지고 있기 때문에 고난을 경험하기도하지만, 우리의 영은 이미 모든 것을 다 이루어 놓으신 주님 안에 들어가 있기 때문에 자유할 수 있는 것입니다. 그러므로 고난이 축복을 여는 문이라고 말합니다. 그래서 바울도 하나님 나라에 들어가려면 많은 환난을 겪어야 할 것이라고 말씀합니다. 이 말씀 속에는 반전의 은혜의 역사가 숨어 있습니다.

김활란 박사가 인용한 로버트 브라우닝의 시처럼 "앞에서 일어난 일들은 뒤에 일어날 일을 준비한 것"이라는 말입니다. 이미 하나님의 나라에 들어간 자는 날마다 자기에게 찾아오는 환난으로 자기 자신을 더 부인하고 자기 십자가를 짐으로 하나님 나라에 들어가서 그 나라의 완전함을 더 체험하게 됩니다. 하나님 나라에 들어가면 두려움이 없습니다.

"하나님의 나라는 먹는 것과 마시는 것이 아니요 오직 성령 안에 있는 의와 평강과 희락이라"(롬 14:17).

그래서 하나님 나라를 체험한 자는 세상의 환난과 핍박이 올수록 더 자신을 부인하고 십자가를 체험하여 하나님의 나라로 문을 열고 들어가 하나님의 사랑과 능력과 평강을 더 깊이 체험하고 누리기에 환난을 넉넉히 이기는 것입니다.

"누가 우리를 그리스도의 사랑에서 끊으리요 환난이나 곤고나 박해나 기근이나 적신이나 위험이나 칼이랴 기록된 바 우리가 종일 주를 위하여 죽임을 당하게 되며 도살 당할 양같이 여김을 받았나이다 함과 같으니라 **그러나 이 모든 일에 우리를 사랑하시는 이로 말미암아 우리가 넉넉히 이기느니라**"(롬 8:35-37).

로마서 8장 후반부에서 전달하려고 하는 메시지는 우리가 주님의 사랑 안에 들어가 있다면 세상의 문제들을 넉넉히 이겨나갈 수 있다는 약속의 말씀입니다. 이 얼마나 축복입니까? 이때 주님 안에 있는 사랑, 기쁨, 평안과 절제가 우리에게 흘러들어옵니다.

"하나님이 우리에게 주신 것은 두려워하는 마음이 아니요 오직 능력과 사랑과 절제하는 마음이니"(딤후 1:7).

그래서 사도 바울은 로마 감옥에서 죽음을 앞에 둔 그 엄혹하고 무서운 핍박 속에서도 기뻐하고 기뻐하라고 말할 수 있었던 것입니다.

"주 안에서 항상 기뻐하라 내가 다시 말하노니 기뻐하라"(빌 4:4).

그는 이미 하나님 나라에 들어가 있기 때문에 두려움이 없고 기뻐할 수 있었습니다. 이것이 하나님 나라를 향하는 자의 모습입니다. 그러나 주님 안에 있지 않으면 두려운 것입니다. 두렵기 때문에 술에 취하고 마약을 하고 우울과 불면증에 빠져 나오지 못하는 안타까운 현실 앞에 놓이게 됩니다.

"너희 관용을 모든 사람에게 알게 하라 주께서 가까우시니라 **아무것도 염려하지 말고 다만 모든 일에 기도와 간구로, 너희 구할 것을 감사함으로 하나님께 아뢰라** 그리하면 모든 지각에 뛰어난 하나님의 평강이 **그리스도 예수 안에서 너희 마음과 생각을 지키시리라**"(빌 4:5-7).

그러나 하나님 나라는 염려와 근심이 없는 곳입니다. 그러므로 여기 와 있는 하나님 나라에 들어가야 합니다. 그리스도 예수 안에 있을 때 마음과 생각을 지켜주신다는 말씀입니다. 하나님 나라에 들어갈 때 어떤 어려움이 와도 평강을 경험하니 감사하게 되고 기쁨이 넘치게 된다는 것입니다. 비록 아픔은 있지만 우리의 영(spirit)이 하나님 나라에 들어가 있기 때문에 평안과 감사가 있으니 육체의 질병도 치유되고, 가난이 그 가정을 침범하지 못하며 하나님께서 돕는 역사가 일어납니다. 할렐루야!

2. 하나님 나라 안에서 천국으로 향하는 자들은 심지어 죽음도 두렵지 않습니다

"유대인들이 안디옥과 이고니온에서 와서 무리를 충동하니 그들이 돌로 바울을 쳐서 죽은 줄로 알고 시외로 끌어 내치니라 제자들이 둘러섰을 때에 바울이 일어나 그 성에 들어갔다가 이튿날 바나바와 함께 더베로 가서"(행 14:19-20).

바울은 루스드라 지방에서 큰 하나님의 이적으로 앉은뱅이를 걷게 했습니다. 그래서 많은 사람들이 놀랐고 복음을 전하는 데 대성공을 했습니다. 그러나 안디옥과 이고니온에서 불신자 유대인들이 와서 무리를 충동하여 바울을 돌로 쳐서 다 죽게 했습니다. 그리고 성 밖에 내다 버렸습니다. 그러나 제자들이 바울 주변에서 기도하는 가운데 바울은 살아났고 다시 그 성으로 들어가서 사람들에게 말씀으로 안심시키고 더베로 떠납니다.

어떻게 이런 일이 가능할까요? 인간의 논리나 생각으로는 이해가 안 되는 일입니다. 다 죽은 자가 살아나는 것도 기적인데 다시 그 성으로 들어가는 담력은 어디서 왔을까요? 그렇습니다. 하나님 나라로 향하는 자는 죽음도 두렵지 않습니다. 바울은 이미 십자가에서 죽음을 두려워하는 옛사람이 죽었고, 주님 안으로 거듭났기 때문에 자신의 몸이 깨진다고 해도 두려움이 없는 것입니다. 육체는 깨져도 주님 안에 있는 진정한 나는 이미 여기 온 하나님의 나라에 들어가 있기 때문에 죽음의 공포에 사로잡히지 않습니다.

목숨이 끊어진다는 것은 육신의 옷을 벗어 버리고 새로운 옷을 입고 천국으로 들어가는 영광의 시간이라는 진정한 현실에 영적 눈을 뜰 때 우리는 기뻐할 수 있습니다. 하나님의 사명이 있는 사람은 절대로 죽지 않습니다. 바울에게도 아직 사명이 남아 있었기에 하나님께서 그를 다시 살려내셨고, 2차 전도여행에 이어 4차까지 사명을 향해 땅 끝까지 달려갔던 것입니다.

"우리가 알거니와 우리의 옛 사람이 예수와 함께 십자가에 못 박힌 것은 죄의 몸이 죽어 다시는 우리가 죄에게 종 노릇 하지 아니하려 함이니"(롬 6:6).

그러므로 우리에게 향하고 있는 목적지가 분명하다면 사람들이 비방하거나 억울함을 당한다고 해도 아무런 상관없습니다. 또한 일이 잘되고 못 되는 것에 영향을 받지 않게 됩니다. 혹여 삶 속에서 일이 잘못되었다는 평가를 받았다고 할지라도 우리를 통해 하나님의 영광만 나타나면 되는 것입니다. 표면적으로 보기에 망한 것 같으나 주님의 영광이 나타나기도 하고, 반면에 대단한 성공을 이룬 것처럼 보이나 사탄의 종이 되는 사람도 있을 수 있습니다. 죽음을 두려워하는 옛사람은 십자가에 죽었고, 우리는 주님 안으로 다시 태어났습니다.

그렇습니다. 사랑하는 여러분! 몸(육체)은 진짜 내가 아닙니다. 진정한 나는 주님 안에 있습니다. 몸은 영혼을 담고 있는 그릇입니다. 거듭날 때 옛사람, 거짓 자아(주님과 분리되어 육신을 나로 알고 사는 자)는 죽고 영 안에 다시 태어난 주님과 연합한 영적인 존재로 사는 것입니다. 그러므로 우리의 육체는 거듭난 영(spirit)을 담고 있는 그릇일 뿐입니다. 물론 육적인 죽음이 두려울 수 있지만, 그 죽음의 공포를 이기게 해주시는 분이 우리 안에 계신 성령이십니다. 그 두려운 감정은 내가 아닙니다. 나는 이미 주님 안에 있기 때문입니다. 이것을 체험한 자는 죽음의 두려움에서 벗어날 수 있습니다. 이것이 부활의 믿음입니다.

"자녀들은 혈과 육에 속하였으매 그도 또한 같은 모양으로 혈과 육을 함께 지니심은 **죽음을 통하여 죽음의 세력을 잡은 자 곧 마귀를 멸하시며** 또 죽기를 무서워하므로 한평생 매여 **종 노릇 하는 모든 자들을 놓아 주려 하심이니**"(히 2:14-15).

죽음의 세력에 붙잡혀 있던 우리를 해방시켜 주시려고 오신 분이 예수님이십니다. 죽음으로부터 자유케 하시려고 우리 안에 성령이 와 계신 것입니다. 그러므로 육체가 깨진다고 해도 두렵지 않다는 것이 성령을 받았다는 증거입니다. 그렇습니다. 성령을 받았다는 것이 이처럼 위대한 것입니다.

스데반 집사는 돌에 맞아 죽어가면서도 성령 충만하여 천사의 얼굴을 하고 원수들을 위하여 두려움 없이 기도합니다. 인간적으로 이해가 되지 않지만 그는 몸은 이 세상에 있을지라도 영적으로 이미 주님 안(하나님 나라)에 들어간 것입니다. 인간은 다른 사람을 자신의 힘으로 용서할 수 없습니다. 스데반 안에 계신 주님이 용서하게 하신 것입니다. 내가 다른 사람을 사랑한다? 인간은 진정한 사랑을 할 수 없는 이기적인 본성을 가지고 있습니다. 내 안에 계신 주님이 이웃을 사랑하게 하시는 것이라는 믿음, 이것이 기독교의 신앙입니다.

우리가 예배를 드리러 교회 오는 것 자체도 내가 온 것이 아니라, 내 안에 계시는 주님께서 이끄셨기 때문에 오늘 예배할 수 있다는 것에 눈을 뜨셔야 합니다. 삶의 목적이 하나님께 영광이 되어야 하며, 우리의 목적지는 하나님의 집, 하나님 나라입니다. 그리고 그 속에서 주님을 바라보고 살아갈 수 있도록 붙잡아 주셨기에 우리가 예배의 자리에 나올 수 있는 것입니다.

"스데반이 성령 충만하여 하늘을 우러러 주목하여 하나님의 영광과 및 예수께서 하나님 우편에 서신 것을 보고 말하되 보라 하늘이 열리고 인자가 하나님 우편에 서신 것을 보노라 한대"(행 7:55-56).

"무릎을 꿇고 크게 불러 이르되 **주여 이 죄를 그들에게 돌리지 마옵소서** 이 말을 하고 자니라"(행 7:60).

그래서 스데반은 돌로 치는 자들에 대하여 주님처럼 용서의 기도를 합니다. 20세기 최고의 설교자 로이드 존스 박사는 "육신이 깨질 때면 영적인 속사람으로 당신은 이사 가라"는 말을 했습니다.

3. 하나님 나라에서 천국을 향하는 자는 미래의 두려움에서 벗어납니다

이제 바울과 바나바는 자신들을 죽이려고 했던 세 도시(루스드라,

이고니온, 비시디아)에 다시 방문했다가 처음 선교사로 파송을 받았던 수리아 안디옥교회로 돌아와 선교의 성과를 보고합니다. 참 어려운 일, 목숨까지 위태로웠지만 하나님의 놀라운 기적과 은혜로 이방인들에게 믿음의 문을 여신 사건을 보고하면서 1차 여행을 마친 것입니다.

"비시디아 가운데로 지나서 밤빌리아에 이르러 말씀을 버가에서 전하고 앗달리아로 내려가서 **거기서 배 타고 안디옥에 이르니 이곳은 두 사도가 이룬 그 일을 위하여 전에 하나님의 은혜에 부탁하던 곳이라**"(행 14:24-26).

본문에 바울 일행은 1차 선교를 출발할 때 자기들이 개척한 안디옥교회를 '은혜에 부탁하고' 떠났다는 말입니다. 바울은 교회에 예상치 못한 어떤 일들이 발생할지 모른다는 불확실성 속에서 은혜에 맡기고 선교여행을 떠났습니다. 은혜는 선물입니다. 모든 것을 맡길 수 있다는 것입니다. 하나님 나라에 들어가 있는 사람은 미래를 걱정하지 않습니다. 자신의 미래를 위해 애쓴다고 지켜지는 것이 아니라, 하나님 나라에 들어갈 때 주님의 은혜가 우리의 모든 삶을 지키시는 것입니다.

"그들이 이르러 **교회를 모아 하나님이 함께 행하신 모든 일과 이방인들에게 믿음의 문을 여신 것을 보고하고** 제자들과 함께 오래 있으니라"(행 14:27-28).

우리가 이 땅에서 거듭나서 하나님의 나라를 체험하면 미래의 불확실성에 대한 두려움이 사라집니다. 하나님 나라는 영원토록 현재입니다. 그러므로 주 안에 있는 성도는 미래를 걱정하지 않습니다. 그 나라, 주님 안에서 사는 삶은 이미 하나님의 약속이 다 이루어졌고 그것이 현재의 시제로 이루어졌기 때문입니다.

"예수 그리스도는 **어제나 오늘이나 영원토록 동일하시니라**"(히 13:8).

주님은 언제나 동일하신 분이십니다. 그러므로 하나님 나라는 언제나 현재입니다. 주님 안에 있는 성도는 오늘 현재 주님의 생명과 연결되어 사는 것이며, 내일도 주님의 생명과 연결된 현재를 살게 됩니다. 주님과 동행하는 현재가 매일매일 이어진다면 우리의 미래는 영생으로 연결되는 것입니다. 그러므로 거듭난 성도의 미래는 불확실성이 아니라 확실한 하나님 나라입니다.

예수 믿고 거듭나면 영적 눈이 열리게 되니 미래를 걱정하지 않습니다. 우리가 할 일은 없습니다. 은혜가 하실 일입니다. 은혜는 예수님이 하실 일이라는 것입니다. "나의 나 된 것은 은혜로 된 것이다"라고 사도 바울도 고백하고 있습니다. 그러므로 미래는 우리가 걱정할 일이 아닙니다. 은혜가 이끄는 믿음을 소유할 때 평안을 경험하게 됩니다.

저도 교회의 업무들이 산더미처럼 쌓여 있지만 고민하거나 앞의 일을 생각하지 않습니다. 지금 주님께 붙잡혀서 갈 뿐입니다. 달려갈 길을 다 가고 목숨을 귀중한 것으로 여기지 않는 바울은 지금 성령께 붙들려 자신의 소명을 따라갔던 축복의 사람이었습니다. 그러므로 어떤 일을 하더라도 여러분의 영이 주님 안에 있을 때 승리할 수 있으며, 주님 안에 머물러 있을 때라야 진정한 휴식과 안식이 있는 것입니다.

공생애에 예수님을 만난 사람들은 삶 속에 미래의 두려움이 없었습니다. 오병이어 사건에서 이스라엘의 명절인데도 수만 명이 주님과 함께 광야로 나와서 말씀을 듣습니다. 명절이면 다 먹을 것, 입을 것을 준비해야 하는데 이 사람들은 아무것도 준비되어 있지 않지만 어느 누구도 미래에 대해 걱정을 하지 않습니다. 아무런 대책이 없었지만 그들은 평안했습니다. 예수님께서 제자들에게 먹을 것을 주라고 말씀하십니다. 그때 주님이 아이가 갖고 있는 물고기 두 마리, 보리 떡 다섯 개로 기도하시고 떼어 주시니 남자 오천 명(여성과 아이 포함 2만 명)을 풍성히 먹이고 열두 광주리가 남게 됩니다. 이것이 하나님 나라에 들어간 성도의 미래입니다.

"예수께서 떡을 가져 축사하신 후에 앉아 있는 **자들에게 나눠 주시고 물고기도 그렇게 그들의 원대로 주시니라**"(요 6:11).

광야에 모인 그들은 원대로 먹고도 12광주리가 남습니다. 그들의 미래는 두려움이 없었습니다. 하나님 나라를 목적으로 삼는 자들에게는 하나님의 부족함 없는 풍성함이 그들의 미래이기 때문입니다. 공생애 기간에는 이스라엘 백성들이 예수님을 가까이 찾아가야만 하나님 나라를 경험했습니다. 그러나 예수님의 십자가 죽음과 부활하심으로 이제는 우리 안에 주님이 함께하십니다. 내 안에 하나님 나라가 들어왔습니다. 그러므로 이 땅에서 하나님 나라를 목적으로 사는 자들에게 사명을 감당할 수 있도록 부어주시는 은혜가 우리의 미래라는 믿음으로 살아야 합니다.

사랑하는 여러분! 우리의 삶의 목적은 하나님의 영광이고 삶의 목적지는 하나님 나라 영원한 천국입니다. 그러기 위해서는 우리가 거듭나서 지금 여기 온 하나님의 나라로 들어가야 합니다. 그리고 영원한 천국으로 향하는 자가 되시기를 축복합니다. 아멘.

우리가 이 땅에서 거듭나서 하나님 나라를 체험하면 미래의 불확실성에 대한 두려움이 사라집니다. 하나님 나라는 영원토록 현재입니다. 그러므로 주 안에 있는 성도는 미래를 걱정하지 않습니다. 그 나라, 주님 안에서 사는 삶은 이미 하나님의 약속이 다 이루어졌고, 그것이 현재의 시제로 이루어졌기 때문입니다.

"예수 그리스도는 어제나 오늘이나 영원토록 동일하시니라"(히 13:8).

주님과 동행하는 현재가 매일매일 이어진다면 우리의 미래는 영생으로 연결됩니다. 그러므로 거듭난 성도의 미래는 불확실성이 아니라 확실한 하나님 나라입니다.

베드로에게
구원을 배우라

(행 15:1-11)

영국의 유명한 켐벨 몰간(Campbell G. Morgan, 1863-1945) 목사에게 어떤 광부가 물었습니다.

"하나님께서 저의 죄를 용서해 주신다는 것을 믿을 수 있다면 저는 무엇이든지 바칠 용의가 있습니다. 그러나 하나님을 믿기만 하면 구원받는다는 생각은 도저히 받아들일 수 없습니다. 대가가 너무 쌉니다."

이에 몰간 목사가 광부에게 이렇게 물었습니다.

"친구여 당신은 오늘 일을 했는지요?"

"예, 갱 속에 들어갔었습니다."

"갱 밖으로 나오는데 값을 지불했습니까?"

"천만에요. 한 푼도 지불하지 않았습니다. 그저 승강기에 탑승하면 지상으로 끌어올려졌습니다."

"그러면 그 승강기 타는데 겁이 나지 않았습니까? 또 그 승강기 타는 값이 너무 싸지는 않았습니까?"

"아니오. 승강기 사용료는 무료입니다. 그러나 그 승강기를 안전하게 사용하기 위하여 회사에서 많은 비용을 지불했습니다."

그 순간 광부는 문득 진리를 깨닫게 되었습니다. 자신이 구원을 받은 것은 무료이지만 하나님은 엄청난 비용을 지불하셨다는 것을 깨닫게 된 것입니다. 바로 독생자 예수를 보내시어 십자가에 죽게 하심으로 자신의 엄청난 죄 값을 지불하게 하셨다는 것을 깨닫게 되었습니다. 그때 몰간 목사는 정중히 말했습니다.

"그것이 하나님의 전적인 은혜이고, 하나님의 무한한 사랑입니다."

"하나님이 세상을 이처럼 사랑하사 독생자를 주셨으니 이는 그를 믿는 자마다 멸망하지 않고 영생을 얻게 하려 하심이라"(요 3:16).

그렇습니다. 우리는 공짜로 구원받았지만 하나님은 하나뿐인 자신의 아들을 이 땅에 보내셔서 인간의 죄의 대가를 지불하셨습니다. 우리는 쉽게 내가 예수를 믿어서 구원받았다고 하지만 그것은 너무 단편적인 이야기입니다. 진정한 나의 구원은 인간이 헤아릴 수 없는 하나님의 은혜와 사랑으로만 설명될 수 있습니다.

미국의 유명한 A.W 토저 목사는 구원을 이렇게 설명했습니다.

"구원은 인간 편에서 보면 일종의 선택이다. 그러나 하나님 편에서 보면 그것은 가장 높으신 하나님의 사랑에 의하여 붙들리고 사로잡히고 정복당하는 것이다. 그래서 우리가 그의 은총을 기꺼이 받아들이는 것은 우리의 행동(Actions)이라기보다는 반응(Reactions)이다." 인간이 선택해서 구원받은 것이 아니라 우리가 그 하나님의 사랑에 의하여 반응함으로써 구원받았다는 의미입니다. 따라서 인간 구원의 결정권은 전적으로 하나님께 있다는 것입니다.

사랑하는 여러분! 사탄은 항상 구원의 확신이 있는지 확인합니다. 구원이 확실해야 우리의 삶도 확실합니다. 은혜로 구원받았다는 확신이 있는 사람은 감사함으로 찬양하게 되는데, 이런 사람은 사탄이 절대로 공격할 수 없습니다. 마귀의 어둠의 세력은 '내가 열심히 봉사를 안 해서 구원을 받지 못하는 것 아닌가?' 하고 불안해 하면서 하나님의 전적 은혜로 받는 구원을 자신의 노력이나 공로로 받는 줄로 오해하게 하고, 분쟁하게 하고 또 시험 들고 넘어지게 합니다.

이렇듯 구원이 흔들리는 이유는 구원이 전적인 은혜라는 것을 알지 못하기 때문이며, 그 은혜를 믿음과 감사로 받지 못한 사람은 자신의 행위에 근거해서 죄책감을 갖게 되며 구원이 흔들리게 되는 것입니다. 그러므로 은혜에 근거한 봉사, 은혜에 근거한 섬김이라야 주님 안에서 의미 있는 일이 됩니다. 은혜로 구원받은 것에 감사할 수 있는 성도는 절대로 시험 들지 않습니다. 구원받은 자가 감사로 하는 헌신과 섬김이 있는 곳이 진정한 교회입니다.

"그러므로 우리는 들은 것에 더욱 유념함으로 우리가 흘러 떠내려가지 않도록 함이 마땅하니라…**우리가 이같이 큰 구원을 등한히 여기면 어찌 그 보응을 피하리요** 이 구원은 처음에 주로 말씀하신 바요 들은 자들이 우리에게 확증한 바니"(히 2:1-3).

반면에 은혜로 받은 구원을 너무 쉽게 생각하여 소홀히 여기고 흘러 떠내려가도록 내버려 둔다면, 영원한 지옥 불로 떨어지는 엄청난 보응을 받게 된다는 경고입니다. 그러므로 여러분이 받은 구원을 굳게 붙잡으시기를 축원합니다.

본문에도 사도 바울이 1차 전도 여행을 마치고 수리아 안디옥교회로 돌아왔지만, 할례를 받아야 구원이 있다고 주장하는 율법주의자와 오직 예수 그리스도를 통해 은혜로 구원이 있다는 진리가 충돌하여 분쟁함으로 교회가 흔들리고 있었습니다. 구원의 확신이 흔들리면 교회는 언제나 분쟁과 싸움이 있습니다. 교회가 시끄럽고 문제가 생기는 이유 중 하나는 '은혜로 구원을 받는다'는 구원론이 제대로 자리 잡지 못하여 인간의 지식과 논리로 자기 목소리를 내기 때문입니다. 그러자 바울과 바나바는 예루살렘에 올라가서 총회를 열게 하고 거기서 판단을 받기로 합니다.

"어떤 사람들이 유대로부터 내려와서 형제들을 가르치되 너희가 모세의 법대로 할례를 받지 아니하면 능히 구원을 받지 못하리라 하니 바울 및 바나바와 그들 사이에 적지 아니한 다툼과 변론이 일어난지라 형제들이 이 문제에 대하여 바울과 바나바와 및 그 중의 몇 사람을 예루살렘에 있는 사도와 장로들에게 보내기로 작정하니라"(행 15:1-2).

그러므로 예루살렘교회 총회에서 영적 지도자인 베드로가 '구원은 하나님의 전적인 은혜로 받는다'고 강력하게 전함으로 구원의 진리를 확증하게 됩니다. 우리는 신앙의 승리를 위하여 구원의 진리를 확신해야 합니다. 베드로가 가르친 구원의 진리에 확고하게 서 있어야 합니다.

1. 구원은 유대인이나 이방인도 하나님의 은혜의 택하심으로 이루어집니다

"사도와 장로들이 이 일을 의논하러 모여 많은 변론이 있은 후에 **베드로가**

일어나 말하되 형제들아 너희도 알거니와 하나님이 이방인들로 내 입에서 복음의 말씀을 들어 믿게 하시려고 오래 전부터 너희 가운데서 나를 택하시고"(행 15:6-7).

베드로는 인간의 공로나 노력이 아니라 나 자신도 하나님의 택하심을 받았고, 여러분도 예수를 믿고 구원을 받도록 하나님께서 이미 택하셨다는 것을 전하고 있습니다. 그가 과거 이방인 백부장 고넬료 집에서 복음을 전했던 집회를 통해서 깨달은 구원에 대한 진리와 하나님의 사랑에 대해 말하고 있습니다. 구원은 미리 선택하여 주시는 은혜로 이루어진다고 말하고 있는 것입니다.

"가이사랴에 고넬료라 하는 사람이 있으니 이달리야 부대라 하는 군대의 백부장이라 **그가 경건하여 온 집안과 더불어 하나님을 경외하며 백성을 많이 구제하고 하나님께 항상 기도하더니** 하루는 제 구 시쯤 되어 환상 중에 밝히 보매 하나님의 사자가 들어와 이르되 고넬료야 하니 고넬료가 주목하여 보고 두려워 이르되 주여 무슨 일이니이까 **천사가 이르되 네 기도와 구제가 하나님 앞에 상달되어 기억하신 바가 되었으니 네가 지금 사람들을 욥바에 보내어 베드로라 하는 시몬을 청하라**"(행 10:1-5).

고넬료는 이방인이었지만 로마 황제 가이사 외에는 신으로 인정하지 않았던 그 당시의 법을 받아들이지 않고 이미 하나님을 믿고 있었습니다. 그는 하나님의 전적인 은혜로 하나님으로부터 선택함을 받았고 기도하며 하나님과 교제를 하는 자였습니다. 그 후에 하나님의 지시로 베드로를 초청하였고 그를 통하여 고넬료 전 가족과 초청된 이방인들이 다 구원을 받았습니다. 이것은 하나님의 전적인 선택이었습니다.

"베드로가 이 말을 할 때에 성령이 말씀 듣는 모든 사람에게 내려오시니 베드로와 함께 온 할례 받은 신자들이 이방인들에게도 성령 부어 주심으로 말미암아 놀라니 이는 방언을 말하며 하나님 높임을 들음이러라"(행 10:44-46).

그러므로 인간의 구원은 차별이 있을 수 없습니다. 인간의 노력이나 공로에 좌우되지 않습니다. 구원은 오직 하나님의 은혜로 선택받은 자들에 임하는 것이기 때문에 감사할 수밖에 없습니다. 그러나 사탄은 자꾸 구원에 무엇(율법 행위의 공로)을 첨가하여 은혜의 구원의 진리를 흐리든지 혼란하게 하여 의심이 들게 하고 분쟁이 있게 하는 것입니다. 이것이 사탄의 작전입니다.

저도 불신자 가정에서 성장하였지만 예수 믿고 40년을 목회하면서 수많은 주님의 섭리를 경험하면서 여기까지 오게 되었고 이는 100% 하나님의 은혜였습니다. 그러므로 성도 여러분에게 구원이 전적인 하나님의 은혜라는 확실한 믿음이 있어야만 흔들리지 않고 신앙의 완주를 할 수 있습니다. 그래서 베드로에게 영향을 받은 사도 바울도 구원의 확신이 분명합니다.

"**다른 복음은 없나니** 다만 어떤 사람들이 너희를 교란하여 그리스도의 **복음을 변하게 하려 함이라** 그러나 우리나 혹은 하늘로부터 온 천사라도 우리가 너희에게 전한 복음 외에 **다른 복음을 전하면 저주를 받을지어다** 우리가 전에 말하였거니와 내가 지금 다시 말하노니 만일 누구든지 너희가 받은 것 외에 다른 복음을 전하면 저주를 받을지어다"(갈 1:7-9).

여러분이 우연히 개봉동, 정왕동으로 이사 왔다가 전도자에게 붙잡혀 광진교회 왔다고 생각할 수 있지만, 말씀이 들리고 믿어진다는 것은 무조건 하나님이 택한 것입니다. 이것이 절대적 은혜이고 운명론적이라고 할 수 있을 것입니다. 얼마나 큰 하나님의 축복인지를 알아야 합니다. 시간이 흐르고 나이가 들고 그동안 살아온 인생을 뒤돌아볼 때 모든 것이 다 사라지고 '예수 믿은 것' 하나가 여러분에게 남는다는 사실을 깨닫게 될 것입니다.

2. 성령의 역사와 하나님의 은혜로 말씀이 들리고 믿어짐으로 구원을 받습니다

"많은 변론이 있은 후에 베드로가 일어나 말하되 형제들아 너희도 알거니와 **하나님이 이방인들로 내 입에서 복음의 말씀을 들어 믿게 하시려고 오래 전부터 너희 가운데서 나를 택하시고 또 마음을 아시는 하나님이 우리에게와 같이 그들에게도 성령을 주어 증언하시고**"(행 15:7-8).

성령의 역사는 말씀이 들리고 믿어집니다. 그러나 아무리 똑똑해도 말씀이 들리지 않는다면 그 사람은 구원에 이를 수 없습니다. 하나님의 택하심을 받았다면 반드시 성령의 은혜로 말씀이 들리고 믿어지는 이것이 구원 안으로 들어와 있다는 증거일 것입니다. 그러므로 구원(salvation)의 진리가 여러분을 스스로의 감옥에서 빠져나오게 하고 자유함을 주기 때문에 얼마나 큰 하나님의 축복인 줄 알아야 합니다. 그러나 인간은 '자아의식'이라고 하는 스스로가 만든 감옥 속에 갇혀 있기 때문에 고통스러운 것입니다.

저도 처음에 신앙생활을 할 때 심각한 건강의 문제로 교회에 나왔는데 말씀이 들리지 않았습니다. 목사님이 좋은 말씀을 하시는 것 같은데 들리지 않는 것입니다. 그런데 어느 날 부흥회에서 성령의 역사로 말씀이 정말 꿀 송이같이 달게 들려왔습니다. 그 후에는 누가 무엇이라고 해도 교회 가는 것이 그렇게 즐겁고 기다려졌습니다. 말씀이 들리면서 아픈 몸이 점점 회복되면서 병을 고칠 수 있다는 확신이 생겼습니다. 이것이 성령의 역사이고 하나님이 구원을 이루어 가시는 것입니다. 그러므로 말씀이 들리고 믿어지는 것이 얼마나 큰 은혜인지 알 수 없습니다.

그러나 말씀이 들리지 않으면 하나님에 대한 정보와 지식으로 들립니다. 귀로만 듣는 말씀은 혼(soul)으로만 들어오기 때문에 관념적이 됩니다. 말씀이 영(spirit)으로 들려지면 명철하게 되므로 길을 알게 되는데, 말씀이 날카로운 칼이 되어 거짓과 진리를 구별하게 됨으로써 현재 우리 앞에 놓여진 선택에 대한 정확한 분별력을 갖게 되는 것입니다. 그렇지만 한계를 갖고 있는 인간의 생각과 감정이 느끼는 대로 결정한다면 여러분의 삶이 꼬이고 혼란에 빠지고 길을 잃어버렸다고 느끼고 절망감과 우울감 그리고 무기력이라는 감옥으로 스스로가 갇히게 되고 병들게 되는 것입니다.

그러므로 우리 삶에 빛이 되는 말씀이 들려야만 내 생각과 감정으로부터 탈출할 수 있게 됩니다. 말씀이 들린다는 것이 얼마나 큰 축복인가를 아셔야 합니다.

"주의 말씀의 맛이 내게 어찌 그리 단지요 내 입에 꿀보다 더 다니이다 주의 법도들로 말미암아 내가 명철하게 되었으므로 모든 거짓 행위를 미워하나이다 주의 말씀은 내 발에 등이요 내 길에 빛이니이다"(시 119:103-105).

우리 교단 총회장을 지낸 청주 복대교회 원로목사님이신 민병억 목사님께서 제게 들려준 간증이 있습니다. 그분이 총회장일 때 북한의 봉수교회에 가서 예배를 드렸을 당시 이야기입니다. 그 교회에 목사도 있고, 장로도 있고, 집사도 있고, 성가대도 있고, 성경책도 있고 교인도 한 200명 정도 있었지만 예배 분위기가 이상하더랍니다. 찬송가 가사가 '김일성 원수님이 백두산 정기를 타고 태어나고…김정일 장군님 만세…' 말도 안 되는 찬송가를 만들어 불렀다고 합니다. 이게 교회인가 싶고, 교인들 대부분은 주체사상 자랑을 위하여 세워 놓은 가짜 교인들같이 느껴졌고, 그중 노인들 몇 분만 교인 같더랍니다. 그러나 민 목사님은 찬송을 제대로 부르고 말씀도 철저히 복음을 전했다고 합니다.

예배가 끝나고 봉수교회 당회장 목사와 같이 뒤에서 인사를 하는데, 어떤 할머니 한 분이 악수를 하면서 작은 종이쪽지를 들려주더랍니다. 그래서 그 쪽지를 몰래 펴 보는데, 작은 글씨로 이렇게 적혀 있었다고 합니다. "목사님, 오늘 엄청 은혜 받았어요. 여기도 예수 믿는 사람 있어요. 기도해 주세요." 그 쪽지를 들고 얼마나 울었는지 몰랐다는 말씀을 하셨던 기억이 납니다.

그렇습니다. 사랑하는 여러분! 어떤 어려운 상황에도 성령님은 역사하시고 말씀을 듣는 자가 있고 택한 자는 반드시 예수를 믿어 구원을 받습니다.

3. 구원은 택하심을 받은 믿음으로 마음을 깨끗이 하여 주님을 모신 자에게 주어집니다

"믿음으로 그들의 마음을 깨끗이 하사 그들이나 우리나 차별하지 아니하셨느니라"(행 15:9).

본문에서 '마음을 깨끗이 하셨다'라는 말은 '회개'(헬: 메타노에아)라는 의미로 '내 마음의 주인을 예수로 바꿨다(exchange)'는 것입니다.

주인이 예수로 바뀐 사람은 이제는 내가 사는 것이 아니라, 내 안에 주님이 사시게 됩니다. 나의 삶을 주님이 주관하신다는 믿음을 소유하게 될 때 우리의 구원은 완성되며, 이때로부터 안식을 경험하게 되는 것입니다. 그리고 "수고하고 무거운 짐 진 자들아 다 내게로 오라 내가 너희를 쉬게 하리라"(마 11:28)는 말씀이 여러분의 삶에 이루어지게 됩니다.

구원은 첫 번째로 하나님의 은혜로 택하심을 받았다는 것이며, 두 번째로 성령의 역사로 말씀이 들리고 믿음을 소유하게 되었다는 것, 세 번째는 그 믿음으로 회개에 이르고 주님이 내 안에 계신다는 확신을 갖게 된다는 이 세 가지의 구원론을 확실하게 하셔야 합니다. 즉, 성령으로 거듭나서 마음에 예수를 주인으로 모심으로 하나님의 나라를 체험하게 되는 이것이 베드로가 전하고 있는 구원인 것입니다.

> "그런즉 이스라엘 온 집은 확실히 알지니 너희가 십자가에 못 박은 이 예수를 하나님이 주와 그리스도가 되게 하셨느니라 하니라 그들이 이 말을 듣고 마음에 찔려 베드로와 다른 사도들에게 물어 이르되 형제들아 우리가 어찌할꼬 하거늘 베드로가 이르되 너희가 회개하여 각각 예수 그리스도의 이름으로 세례를 받고 죄 사함을 받으라 그리하면 성령의 선물을 받으리니"
> (행 2:36-38).

그러므로 사랑하는 성도 여러분! 베드로가 가르치는 구원을 배우시기 바랍니다. 회개함으로 성령을 받을 때 주님이 우리 안에 들어오셨다는 믿음을 소유하게 되며, 우리는 무거운 마음의 짐을 내려놓게 됩니다. 그리고 여러분 안에 '주님이 내 안에 계시다'는 것이 분명히 믿어지면 구원받았다는 증거입니다.

저는 이번 부활절에 소니사가 제작한 케빈 레이놀즈 감독의 작품 '부활'이라는 영화를 감명 깊게 봤습니다. 예수의 십자가 처형을 지휘했던 로마군의 호민관 클라비우스(조셉 파인즈 역)는 메시아가 부활했다는 소문을 잠재우기 위해 사라진 예수의 시신을 찾는 임무를 맡게 됩니다. 예수의 무덤을 지키던 군인들은 대제사장들에게 매수되어 예수의 제자들이 스승의 시신을 훔쳐갔다는(마 28:11-15) 거짓말을 하지만, 무덤을 조사한 클라비우스는 의문을 품고 사라진 예수의 시신에 담긴 진실을 찾기 위해 병사들과 함께 제자들을 추적하기 시작했습니다.

예수가 갈릴리 바다에 나타날 것이라는 소문을 듣고 그곳을 찾아간 클라비우스는 부활한 예수가 제자들과 함께 모여 있는 걸 보고 놀라서 검을 떨어뜨립니다. 자신이 직접 예수의 손과 발에 못과 창으로 찔러서 죽였다고 생각했는데, 부활하여 다시 살아있는 그분을 만나게 되면서 그의 마음은 크게 흔들리는 충격을 받게 됩니다. 그 부활의 주님의 말씀은 사랑이었고 귀신 들린 사람을 손수 고쳐주면서 제자들과 고기를 나누시는 주님의 삶은 놀라움 그 자체였습니다. 그는 예수님 앞에서 무릎을 꿇습니다.

그리고 로마인의 상징이었던 끼고 있던 반지를 빼면서 "죽은 자가 살아난 자를 본 후에는 예전과 같을 수는 없다"라고 고백하는 장면은 그의 세계관이 변했음을 보여주고 있습니다. 부활한 예수를 만난 그에게 로마는 인생의 목표가 될 수 없었으며, 예수의 부활을 목격한 이상 예수 외에는 그가 추구해야 할 것이 세상 어디에도 없음을 읽을 수 있었습니다. 이제 자신은 빌라도의 종이 아니라 사랑의 주님의 종으로 예수를 좇아가는 장면으로 영화는 끝이 납니다.

사랑하는 여러분! 부활의 주님을 만나면 여러분도 예전처럼 살

수 없습니다. 예수 믿고 거듭난 우리는 주인이 바뀌는 것입니다. 이것이 우리 안에 주님이 사신다는, 베드로가 말한 구원입니다. 내가 아니고 오직 예수입니다. 부활하신 주님을 체험하면 누구라도 마음의 주인이 바뀝니다. 내가 아니고 오직 예수님이십니다. 그 삶을 구원이라고 합니다. 부활절 후 두 번째 주일인 오늘 이것이 베드로가 가르친 은혜, 구원의 진리를 배우시길 축원합니다.

"그러나 우리는 그들이 우리와 동일하게 주 예수의 은혜로 구원받는 줄을 믿노라 하니라"(행 15:11).

주인이 예수로 바뀐 사람은 이제는 내가 사는 것이 아니라, 내 안에 주님이 사시게 됩니다. 나의 삶을 주님이 주관하신다는 믿음을 소유하게 될 때 우리의 구원은 완성되며, 이때로부터 안식을 경험하게 됩니다. "수고하고 무거운 짐 진 자들아 다 내게로 오라 내가 너희를 쉬게 하리라"(마 11:28)는 말씀이 삶에서 이루어지게 됩니다.

구원은 첫 번째로 하나님의 은혜로 택하심을 받았다는 것이며, 두 번째로 성령의 역사로 말씀이 들리고 믿음을 소유하게 되었다는 것, 세 번째는 그 믿음으로 회개에 이르고 주님이 내 안에 계신다는 확신을 갖게 된다는 이 세 가지의 구원론을 확실하게 하셔야 합니다.

제3부

하나님 나라 복음을 체험하다

하나님의 구원의 길은 이렇게 열린다

(행 15:12-21; 막 1:3)

미국 뉴저지주 콜드웰의 유흥가를 걷는 두 젊은 이가 있었습니다. 두 사람은 술에 취해서 다시 유흥가를 찾아가고 있었습니다. 마침 그날이 주일이었는데 교회 앞을 지나다가 그중 한 사람이 갑자기 교회에 가겠다고 하고, 또 한 친구는 그냥 술집으로 가서 휴일을 즐기자고 했습니다. 그 두 사람은 의견이 갈려서 결국 한 사람은 교회로 갔고, 한 사람은 술집으로 발길을 돌렸습니다.

그 후 20년이 흐른 뒤에 두 사람의 운명은 상상하지 못할 정도로 너무도 극명하게 바뀌었습니다. 그날 유흥가로 갔던 친구는 머리가 좋아 변호사가 되었지만 뇌물과 범죄에 관련되어 오랜 세월 형무소에서 쓸쓸하게 비참한 삶을 살고 있었습니다. 그러던 중 미국 대통령 취임식을 한다고 세상이 떠들썩했던 어느 날 신문을 보고 깜짝 놀라게 됩니다. 20년 전에 자기와 함께 유흥가를 찾다가 갑자기 교회로 갔던 그 친구가 대통령이 된 것입니다. 그 사람이 누구인지 아십니까? 바로 미국의 22대 그로버 클리블랜드(Grover Cleveland, 1837-1908) 대통령입니다. 그는 깨끗하고 정직한 대통령으로 그 후 24대에도 대통령을 역임한 역사적인 인물입니다. 그는 평소에 늘 "하나님이 은혜를 주실 때 하나님의 품에 안기어야 구원의 기적이 일어납니다"라고 말하면서 그날 술친구와 함께 유흥가로 가다가 하나님께 이끌려 교회에 들어가 목사님 말씀에 큰 감동을 받고 회심하여 대통령이라는 축복의 자리로 인도하신 은혜에 대해 간증했다고 합니다.

그렇습니다. 하나님은 택한 자에게 오늘도 은혜를 주십니다. 그 은혜를 놓치지 말고 붙잡아야 구원이 있고 축복의 길이 열리는 것입니다. 이것은 굉장히 중요한 이야기입니다. 하나님께서는 구원을 다 이루어 놓으셨습니다. 그것을 믿는 것과 구원의 길을 여는 것은 여러분의 선택에 달려 있습니다. 오늘 말씀의 핵심은 하나님께서는 물질이나 질병의 문제나 자녀, 인간의 미래에 대한 모든 것을 다 이루어 놓으셨지만 구원의 길은 여러분이 열어야 한다는 것입니다.

"이르되 주 예수를 믿으라 그리하면 너와 네 집이 구원을 받으리라 하고"(행 16:31).

하나님은 어디에도 제한받지 않으시는 분이시며, 절대적인 주권으로 역사하실 수 있는 능력을 가지고 계신 분이십니다. 그러나 충격적인 것은 우리 안에 와 계신 주님은 나에게 제한을 받으신다는 사실입니다. 이것이 사랑입니다. 여러분이 하나님의 구원의 역사를 선택하지 않음에도 불구하고 강제로 우리를 끌고 가시는 분이 아니라는 의미입니다. 저수지에 물이 가득 차 있지만 수로를 열어줘야 물이 하류로 흘러가듯이, 여러분 안에 계신 주님을 흘려보내는 통로가 되기로 선택할 때 그제서야 그분은 우리가 열어놓은 길을 따라 세상에 나타나게 되는 것입니다.

그러나 안타깝게도 내 생각과 내 판단으로 그 통로를 막고 있다면 하나님께서 다 이루어 놓으신 구원을 나타낼 수가 없습니다. 그리고 그 하나님의 축복과 구원은 고여 있을 수밖에 없습니다. '나'라는 내 생각과 감정이 그 길을 틀어막고 있을 때가 너무도 많습니다. 내 생각과 내 감정이 스스로 만든 감옥이 되는 것입니다. 그리고 우리는 스스로 만든 감옥에 갇혀서 스스로 힘들어 하는 것입니다. 그러므로 하나님이 여러분을 고통스럽게 하는 게 아니라는 것을 인식하셔야 '나'라는 감옥에서 탈출할 수 있는 시작점이 될 것입니다.

> "광야에 외치는 자의 소리가 있어 이르되 **너희는 주의 길을 준비하라 그의 오실 길을 곧게 하라** 기록된 것과 같이"(막 1:3).

마가복음 1장에 예수님이 이 땅에 오시기 전에 주의 길을 준비하는 세례 요한이 광야에서 외치는 헌신이 있었습니다. 그러나 주의 길을 예비하는 사명은 세례 요한에게만 국한된 것은 아닙니다. 예수님의 십자가 죽음과 부활 이후에 성령으로 거듭난 자 안에 주님은 와계십니다. 그러므로 새 언약 시대를 살아가는 성도들에게 이 말씀은 재해석되어 또 다른 영적 의미를 줄 수 있을 것입니다. '주의 길을 준비하라 그의 오실 길을 곧게 하라'는 선포는 주님께서 다 이루어 놓으신 여기에 온 하나님 나라를 살아가고 있는 우리에게 주시는 명령이기도 합니다. 광야에서의 요한의 외침이 이제는 여기 온 하나님 나라에 눈뜬 여러분의 구원 선포가 되어야 합니다.

광야는 의지할 것이 아무것도 없는 장소입니다. 그러나 광야는 하나님이 가장 크게 보이는 곳이기도 합니다. 하나님은 이스라엘 백성에게 만나를 통해 인간의 생각으로는 가늠하지 못하는 은혜를 경힘하게 하셨고 세상이 아니라 오직 자신만을 의지하도록 훈련시키셨습니다. 그러므로 '나'라는 우상을 포기한 자에게 주님께서는 찾아와 주시며 하나님의 길을 보여주십니다.

"그러므로 너희가 그리스도 예수를 주로 받았으니 **그 안에서 행하되 그 안에 뿌리를 박으며 세움을 받아 교훈을 받은 대로 믿음에 굳게 서서** 감사함을 넘치게 하라"(골 2:6-7).

'믿음에 굳게 서다'는 인내의 의미가 있습니다. 신앙은 광야에서 고통을 내 힘으로 무조건 참는 것이 아니라 또 다른 세계(하나님 나라)에 굳건히 서는 것입니다. 차원이 다른 하나님 나라를 체험하면 소망이 생깁니다. 인내는 말씀과 성령으로 속사람이 강건해질 때 가능해집니다. 거듭난 성도에게는 환경이 소망이 아니라 하나님 나라 믿음을 소유하게 될 때 소망이 생기는 것입니다. 하나님으로부터 오는 소망은 문제가 보이지 않고 주님만 보이게 됩니다. 세례 요한은 광야에서 주님의 오심을 외쳤지만 이제 우리는 삶의 자리에서 여기 온 하나님 나라를 선포하며 많은 사람들을 구원으로 이끄는 전도자가 되어야 합니다.

사랑하는 여러분! 하나님께서는 이미 독생자를 통하여 우리의 죄를 십자가에서 대속하시고 부활 승천하여 성령을 보내시어 우리의 구원을 다 이루셨습니다. 그것을 믿고 확신하는 자에게는 구원의 길이 다 열리는 것입니다. 그래서 우리는 항상 주님의 구원의 길이 열리도록 주님의 길을 준비해야 합니다.

"그러나 우리는 그들이 우리와 동일하게 주 예수의 은혜로 구원받는 줄을 믿노라 하니라"(행 15:11).

안디옥교회에서 발생한 이방인의 할례 문제로 예루살렘 회의가 열리고 격론이 벌어졌을 때 하나님께서 이방인을 받아 주셨다는 베드로의 발언으로 분위기가 진정되었고, 뒤를 이은 바울과 바나바의 보고는 베드로의 발언에 권위를 더해주었습니다. 이처럼 구원론이 확실하지 않으면 교회는 분쟁과 대립이 있게 되며, 개인의 삶도 혼란으로 흔들리게 됩니다. 예루살렘 총회에서 영적 지도자인 베드로가 유대인이든 이방인이든 구원은 전적인 하나님의 은혜로 이루어진다고 결론을 내렸습니다. 연이어 예루살렘 교회의 대표격인 야고보 사도가 더 자세히 구원의 길이 열리는 것을 말씀하고 있는 것입니다.

"말을 마치매 야고보가 대답하여 이르되 형제들아 내 말을 들으라 **하나님이 처음으로 이방인 중에서 자기 이름을 위할 백성을 취하시려고 그들을 돌보신 것을 시므온이 말하였으니 선지자들의 말씀이 이와 일치하도다** 기록된 바"(행 15:13-16).

바울과 바나바의 보고에 이어 예수님의 동생인 야고보가 발언을 하는데 그는 예수님의 공생애 기간 중에 제자는 아니었습니다. 그러나 예수님의 십자가 사건 이후 부활의 증인이 되었습니다. 그는 단독으로 부활하신 그리스도를 만났고(고전 15:7), 이후 초대 교회의 감독으로서 기둥과 같은 역할을 하였습니다. 야고보가 쓴 야고보서를 보면 행함이 강조되고 있습니다. 야고보는 엄격한 율법 준행자였습니다.

그러므로 야고보가 어떤 입장을 취하느냐 하는 것은 문제 해결에 있어서 대단히 중요했습니다. 그는 이방인 고넬료의 회심 사건을 말하면서 이방인을 부르신 하나님의 은혜에 대해 언급하고, 베드로를 변호하면서 할례로 다툼을 일으킨 이방인 구원의 문제를 해결하고 있습니다.

이제 하나님께서 완성하신 구원이 우리에게 어떻게 그 길이 열리는가를 깊이 생각해 보겠습니다.

1. 누구든지 예수 이름을 소유하고 부르는 자에게 구원의 길이 열립니다

야고보 사도는 베드로의 간증을 듣고 구약의 아모스 선지자의 말씀을 인용하여 유대인이나 이방인 모두 하나님의 이름을 소유한 자가 구원을 받고 구원의 길을 연다는 것을 말씀하고 있습니다.

"선지자들의 말씀이 이와 일치하도다 기록된 바 이 후에 내가 돌아와서 다윗의 무너진 장막을 다시 지으며 또 그 허물어진 것을 다시 지어 일으키리니"(행 15:15-16).

"다윗의 무너진 장막을 다시 지으며"라는 말씀은 실현될 메시아 왕국을 말하는 것으로서 예수 그리스도께서 다윗의 자손으로 오신 때부터 성취되었고 장차 그리스도께서 재림주로 다시 오실 때 완성될 것입니다. 다윗은 그리스도의 그림자였고, 그의 왕국은 장차 실현될 메시아 왕국의 그림자였습니다.

"이는 그 남은 사람들과 내 이름으로 일컬음을 받는 모든 이방인들로 주를 찾게 하려 함이라 하셨으니 즉 예로부터 이것을 알게 하시는 주의 말씀이라함과 같으니라"(행 15:17-18).

"그 날에 내가 **다윗의 무너진 장막을 일으키고** 그것들의 틈을 막으며 그 허물어진 것을 일으켜서 옛적과 같이 세우고 **그들이 에돔의 남은 자와 내 이름으로 일컫는 만국을 기업으로 얻게 하리라** 이 일을 행하시는 여호와의 말씀이니라"(암 9:11-13).

다윗의 장막은 바벨론에 의해서 무너졌지만 예수님이 다시 일으키신다는 예언입니다. 유대인들 가운데에는 신앙을 지키는 자들이 있었고 그들을 '남은 자'라고 부릅니다. 그들과 함께 이방인이지만 하나님을 알고 하나님의 이름을 부르는 자들을 받아주시겠다는 약속입니다. 이와 마찬가지로 바울도 "누구든지 주의 이름을 부르는 자는 구원을 받는다"고 복음을 전하였고, 엄격한 율법을 지켜야만 하나님께서 받아주시는 것이 아니고 다만 그의 이름을 부르기만 하면 누구든지 찾을 수 있다고 말하는 것입니다.

그러므로 성도는 예수 이름을 소유해야 합니다. 그 이름을 부르는 자에게 구원의 길이 열리는데, 문제는 예수의 이름이 없는 자에게 기도는 응답되지 않는다는 것입니다. 우리가 예수 이름으로 기도할 때 응답을 받는데, 그 이름이 없으니 응답도 받지 못하는 것입니다. 예수 이름은 나는 죽고 예수와 연합하여 소유하게 되는데, 우리가 주님과 하나가 된 상태를 '거듭났다, 성령을 받았다, 하나님 나라로 다시 태어났다'고 말합니다. 이때부터 기도의 역사가 나타나는 것입니다.

탕자의 이야기에서도 아버지 집을 떠난 탕자는 아버지의 이름을 사용할 수 없습니다. 그러나 그가 아버지의 집으로 돌아왔을 때 아버지의 모든 재산과 부요를 누릴 수 있는 자격을 부여받게 된 것입니다. 이처럼 하나님과 분리되었던 우리가 주님과 연합된 상태를 구원이라고 말합니다. 즉 우리가 구원을 받아 거듭나면 성령이 임하여 주님과 하나가 됩니다. 포도나무와 가지가 하나가 될 때 우리가 예수 이름을 소유하게 된 것입니다. 그러나 가지가 나무와 떨어져 있는 상태에서 "하나님, 나를 도와주세요"라고 나의 욕구와 필요를 주님을 통해 이루려고 하는 모습이 현재 우리의 영적 현실일지도 모릅니다. 이것은 기독교가 아닙니다.

"나는 포도나무요 너희는 가지라 그가 내 안에, 내가 그 안에 거하면 사람이 열매를 많이 맺나니 나를 떠나서는 너희가 아무것도 할 수 없음이라"(요 15:5).

우리가 주님과 하나가 되었을 때 예수 이름을 사용할 수 있는 자격이 주어집니다. 그때 기적과 성령의 역사가 일어납니다. 하나님과 떨어져 있는 상태에서 '내 문제를 도와주세요' 하는 것은 기독교가 아닙니다. 기도 응답의 비밀은 간단합니다. 우리가 주님과 하나 되면 우리 안에 '예수 이름'을 소유했고, 그 이름에 능력이 있기 때문에 모든 삶의 문을 여는 것입니다.

그러므로 사랑하는 성도 여러분! 예수 이름을 소유한다는 의미를 관념으로 이해하는 것이 아니라 영적 눈을 떠서 하나님 나라를 볼 수 있는 은혜를 구하시길 축복합니다. 내가 죽고 우리 안에 예수가 사심으로 여러분은 예수 이름을 소유하게 된 것입니다. 그러므로 예수 이름을 갖고 있는 우리가 예수 이름을 사용할 때, 그 이름으로 명령할 때 귀신이 쫓겨나가는 것입니다. 할렐루야!

"그 날에는 너희가 아무것도 내게 묻지 아니하리라 내가 진실로 진실로 너희에게 이르노니 **너희가 무엇이든지 아버지께 구하는 것을 내 이름으로 주시리라** 지금까지는 너희가 내 이름으로 아무것도 구하지 아니하였으나 **구하라 그리하면 받으리니 너희 기쁨이 충만하리라**"(요 16:23-24).

예수 이름이 없는 사람은 기도 응답의 열쇠가 없는 것과 같습니다. 기도 응답의 열쇠가 없는 사람은 기도하지 않습니다. 예수 이름이 없는 기도는 응답되지 않기 때문에, 그 사람은 응답에 대한 기대와 믿음을 상실하게 되기 때문입니다. 그러므로 우리는 예수 이름을 소유해야 사용할 수 있는 것입니다. 그러나 성령 받지 않고 내가 열심히 하는 신앙생활은 탈진하고 병이 듭니다. 기도는 내 소원을 비는 것이 아니라, 주님이 이루어 놓으신 구원의 길을 세상을 향하여 흘러가도록 여는 것입니다. 성령을 받고 기도 응답을 체험한 자에게는 기쁨이 충만하므로 병이 떠나가고 회복의 은혜를 경험하게 됩니다.

이처럼 성령을 받아 예수 이름을 소유하여 예수의 이름으로 큰 구원의 길을 연 사람은 베드로입니다. 예수님께서 "사람 낚는 어부가 되라"고 말씀하셨지만, 베드로도 마가 다락방에서 성령을 체험하기 전에는 고기 잡는 어부로 되돌아갔습니다. 그러나 사도행전 3장에 보면 40년간 앉은뱅이로 걸어보지 못한 걸인을 주님의 이름으로 걷게 함으로 5천 명이 믿는 구원의 길을 엽니다.

"베드로가 이르되 은과 금은 내게 없거니와 **내게 있는 이것을 네게 주노니 나사렛 예수 그리스도의 이름으로 일어나 걸으라** 하고 오른손을 잡아 일으키니 발과 발목이 곧 힘을 얻고"(행 3:6-7).

사랑하는 여러분! 우리도 하나님 은혜로 구원받고 거듭나면서 나는 죽고 예수 안(하나님의 나라)으로 태어나 예수 이름을 가진 자입니다. 우리가 예수 이름으로 명령하고 기도할 때 응답이 일어나고 구원의 기적을 이루게 됩니다. 그러므로 사탄은 예수 이름을 소유한 자를 두려워하며, 그 사람 안에 있는 주님의 이름 때문에 머리카락 하나 건드리지 못한다는 사실을 깨달을 때 담대함을 갖게 됩니다.

2. 하나님 은혜로 주신 표적을 전파할 때 하나님의 구원의 길이 열립니다

"온 무리가 가만히 있어 바나바와 바울이 하나님께서 자기들로 말미암아 이방인 중에서 행하신 표적과 기사에 관하여 말하는 것을 듣더니 말을 마치매 **야고보가 대답하여 이르되 형제들아 내 말을 들으라** 하나님이 처음으로 이방인 중에서 자기 이름을 위할 백성을 취하시려고 그들을 돌보신 것을 시므온이 말하였으니"(행 15:12-14).

바울과 바나바는 1차 선교 여행을 통하여 일어났던 많은 하나님의 표적을 예루살렘 총회 석상에서 간증합니다. 바나바의 고향 구브로 섬에서 총독 서기오를 전도할 때 방해자 마술사 엘루마가 눈이 먼 사건(행 13:11-12), 또한 비시디아 안디옥에서 복음을 전할 때 많은 이방인들이 구원을 받았지만 반대파의 핍박으로 이고니온으로 쫓겨났었다는 것, 그러나 기쁨과 성령이 충만했다고 말합니다.

또한 이고니온에서 복음을 전하고 루스드라로 피신하여 복음을 전할 때 나면서 발을 쓰지 못한 자를 걷게 하는 기적이 온 지역에 전파되었다는 것을 전하고 있습니다. 그리고 이고니온과 안디옥에서 온 반대파들의 돌에 맞아 바울은 죽음을 체험했지만, 다시 살아서 성으로 들어가 복음을 전한 놀라운 표적을 총회에서 간증했고 그것을 들은 야고보는 이방인들도 복음만 받아들이면 누구나 구원에 이른다는 확신을 갖고 선포하는 것입니다.

복음을 전하다가 쫓겨나가면서도 기쁨과 성령이 충만했던 바울을 세상이 어떻게 감당할 수 있었겠습니까? 아무도 그를 막을 자가 없었습니다. 이것이 전도자의 능력입니다. 교회를 다니지만 마음과 몸이 병드는 이유는 사람의 소리만 듣고 사람의 의견을 따라가기 때문입니다. 그러나 우리는 하나님께 받은 말씀과 은혜를 전할 때 치유와 회복과 충만한 기쁨을 회복하게 되는 줄 믿습니다. 은혜를 받았다면 전해야 합니다.

앞에서 말씀드렸듯이 미국의 클리블랜드 대통령이 놀라운 하나님의 표적이 있는 구원의 간증을 함으로 수많은 사람들이 주님께 돌아온 것처럼 주님의 이름을 가진 자들의 표적 있는 간증은 수많은 사람들을 구원했고 하나님의 구원의 길을 열었습니다.

"사람이 마음으로 믿어 의에 이르고 **입으로 시인하여 구원에 이르느니라**" (롬 10:10).

'시인한다'는 '로기오'라는 헬라어로 '말씀을 똑같이 반복하여 말한다'는 뜻입니다. 은혜의 말을 하면 그 말이 씨앗이 되어 땅에 심겨져 은혜의 열매를 맺게 되지만, 비판과 판단의 부정적인 언어를 심는다면 그 당시에는 속이 시원할 수는 있지만 그 말로 인해서 어둠의 씨앗이 떨어진다는 것을 반드시 기억해야 합니다. 그러므로 은혜를 전해야 구원의 길이 열립니다. 여러분이 불신자들에게 복음을 전할 때 은혜 받은 이야기만 전하면 됩니다. 다른 사람에게 예수 믿으라고 하기 전에 여러분의 은혜의 간증을 전하면 이것이 전도이며, 여러분의 수명까지 건강하게 살 수 있는 모든 환경이 이미 회복된 것입니다. '왜 우리 집은 환경이 나쁜가'라는 불평과 원망하는 말들이 어둠의 씨앗이 되어 그대로 여러분의 환경이 되는 것입니다.

"예수의 소문을 듣고 무리 가운데 끼어 뒤로 와서 그의 옷에 손을 대니 이는 내가 그의 옷에만 손을 대어도 구원을 받으리라 생각함일러라"(막 5:27-28).

우리가 잘 알고 있는 열두 해 동안 혈루병 걸린 여인의 이야기입니다. 그 당시 예수의 표적에 대해 전하고 소문을 냈던 전도자가 있었기에 그 여인이 말씀을 전해 들었고, 믿음을 갖게 되었을 것입니다. 누군가가 예수님에 대해 전하는 말을 듣고 이 여인에게 구원의 길이 열린 것이며, 기적의 구원이 일어난 것입니다. 그래서 여러분이 주님을 만난 간증은 너무나도 중요합니다. 우리가 받은 은혜를 전할 때 구원의 길이 열리고 하나님의 표적을 전하면 전할수록 더욱 확장되는 역사가 일어나게 됩니다. 할렐루야!

그러므로 평생 받은 은혜를 전하는 것이 성도의 삶이라는 것을 잊지 마시기를 축복합니다. 사랑하는 여러분! 하나님의 구원의 표적을 간증하십시오. 그 말씀은 살아있는 능력의 말씀으로 구원의 길을 열게 됩니다.

앞에서 언급했던 할례 문제로 다툼과 분쟁이 심각했던 안디옥 교회로 되돌아 가보겠습니다. 교회에서 서로 사람의 생각과 말로만 논쟁을 벌였다면 싸움은 파국을 맞이했을지도 모릅니다. 그러나 베드로가 경험한 구원의 은혜를 간증할 때 교회가 잠잠해지고 성령의 역사로 덮여가는 것을 볼 수 있었습니다. 이처럼 베드로는 사람의 말로 그들을 설득하려고 했던 것이 아니라, 오직 자신 안에 있는 하나님의 표적을 전했을 뿐입니다. 베드로 안에 있는 예수 이름을 전할 때 하나님의 질서가 교회를 다스려 가시는 것을 보게 됩니다.

3. 십자가로 세상 죽음을 체험할 때
세상 풍속에서 벗어나서 구원의 길이 열립니다

"그러므로 내 의견에는 이방인 중에서 하나님께로 돌아오는 자들을 괴롭게 하지 말고 **다만 우상의 더러운 것과 음행과 목매어 죽인 것과 피를 멀리 하라고 편지하는 것이 옳으니** 이는 예로부터 각 성에서 모세를 전하는 자가 있어 안식일마다 회당에서 그 글을 읽음이라 하더라"(행 15:19-21).

본문에서 야고보는 이방인 교인에게 우상의 더러운 음식을 먹지 말고, 음행을 멀리하며, 목매어 죽인 짐승의 피를 먹지 말라고 합니다. 그 당시 이방인들의 풍속은 우상에게 제사로 올린 음식을 자연스럽게 먹었고, 남녀가 더러운 음란에 빠져 있었으며, 짐승을 피째 먹는 습관이 있었습니다. 이것을 금해야 한다고 편지를 보내게 됩니다. 구원의 조건이 아니고 건덕(健德)의 조건으로 제시한 것입니다. 이것이 오래전부터 모세가 전한 율법의 정신이라는 것입니다. 여기서 세상의 습관은 구원의 조건도 아니며 하나님이 역사하시는 구원의 길을 막고 있는 것을 볼 수 있습니다.

한국의 기독교 문화적 관점에서 볼 때, 예수 믿고 교회를 다니는 사람이 술을 마시고 담배를 피우면서 전도를 한다면 역사가 일어나겠습니까? 절대로 일어나지 않을 것입니다. 그러면 우리가 어떻게 세상의 습관에서 벗어날 수 있습니까? 이것은 십자가 체험으로 세상의 죽음을 체험해야 합니다. 이러한 나쁜 습관들을 십자가에 넘길 때 막혔던 구원의 길이 열리게 됩니다. 세상의 습관들을 반복하고 있으면서 '나는 하나님의 은혜를 받겠다'는 것은 어불성설입니다. 하나님 나라에 눈뜬 자는 세상 문화에 끌리지 않습니다. 하나님께 붙들리면 세상 습관을 다 내려놓게 되는 이것이 신비입니다.

하나님 나라에 눈을 뜰 때, 내 안에 있는 더러운 세상 습관들을 볼 수 있게 됩니다. 이처럼 영적 눈을 뜬 자는 자기 안에 있는 세상 것들을 십자가에 넘길 수 있게 되는 것입니다. 세상 습관이 하나씩 끊어질수록 구원의 길이 열리는데, 물질, 건강, 자녀, 남편의 길이 열리는 놀라운 비밀을 경험하시기를 축원합니다.

"그러나 내게는 우리 주 예수 그리스도의 십자가 외에 결코 자랑할 것이 없으니 **그리스도로 말미암아 세상이 나를 대하여 십자가에 못 박히고 내가 또한 세상을 대하여 그러하니라**"(갈 6:14).

바울은 율법으로 완전했고 로마 시민권이 있으며, 이스라엘 최고의 가말리엘 문하에서 공부하여 세상적인 최고의 기득권을 갖고 있었지만 주님과 함께 죽고 주님과 함께 부활하는 십자가를 체험하여 세상의 유익한 것을 다 배설물로 여깁니다. 배설물을 매일 쳐다보고 싶은 사람이 있습니까? 그러나 현대인들은 인간의 욕구와 결핍과 두려움을 채우기 위한 수많은 세상 문화에 잡혀 있는 경우가 너무도 많습니다.

"또한 모든 것을 해로 여김은 내 주 그리스도 예수를 아는 지식이 가장 고상하기 때문이라 **내가 그를 위하여 모든 것을 잃어버리고 배설물로 여김은**

그리스도를 얻고"(빌 3:8).

그때부터 바울은 놀라운 하나님의 구원의 도구가 되어 구원의 길을 엽니다. 바울의 손으로 능력이 나타났고 심지어 그의 앞치마나 손수건을 만져도 병이 고쳐지고 귀신이 쫓겨 나갔습니다. 세상에서 소유했던 지식, 권력과 힘, 이 모든 것을 십자가에 넘길 때, 그의 몸은 하나님의 구원의 통로로 사용되었습니다. 여러분도 하나님 나라를 한 번만 체험하게 되면 더러운 습관들이 스스로 하나씩 떨어져 나가기 시작합니다.

"하나님이 바울의 손으로 놀라운 능력을 행하게 하시니 심지어 사람들이 바울의 몸에서 손수건이나 앞치마를 가져다가 병든 사람에게 얹으면 그 병이 떠나고 악귀도 나가더라"(행 19:11-12).

오스왈드 챔버스는 "성도의 세상 습관을 십자가에 하나씩 버릴 때 하늘 문이 하나씩 열린다"라고 말했습니다.

사랑하는 여러분! 하나님의 구원은 이미 완성되었습니다. 여러분이 영적 눈을 뜨고 하나님 나라를 볼 때, 세상 습관과 내 생각과 판단으로 만든 감옥에서 탈출할 수 있게 됩니다. 그러므로 세상 습관을 십자가에 하나씩 내려놓아야 합니다. 그러면 하나님의 길이 하나씩 열립니다. 가장 중요한 것이 기도입니다. 당신의 믿음의 선택이 하나님의 구원의 길을 열어갑니다. 아멘.

복음을 전하다가 쫓겨나가면서도 기쁨과 성령이 충만했던 바울을 세상이 어떻게 감당할 수 있었겠습니까? 아무도 그를 막을 자가 없었습니다. 이것이 전도자의 능력입니다. 교회를 다니지만 마음과 몸이 병드는 이유는 사람의 소리만 듣고 사람의 의견을 따라가기 때문입니다. 하나님께 받은 말씀과 은혜를 전할 때 치유와 회복과 충만한 기쁨을 회복하게 됩니다. 은혜를 받았다면 전해야 합니다.

주님의 이름을 가진 자들의 표적 있는 간증은 수많은 사람들을 구원했고 하나님의 구원의 길을 열었습니다.

"사람이 마음으로 믿어 의에 이르고 입으로 시인하여 구원에 이르느니라"(롬 10:10).

하나님은 우리의 구원을 어떻게 지켜 주시는가?

(행 15:22-35)

러시아의 세계적인 문호 도스토예프스키(1821-1881)의 일화입니다. 그는 러시아의 전제 군주 시절에서 사회주의가 태동하는 격동의 시기에 살았습니다. 그 당시의 군주는 막강 군주였던 니콜라이 1세였습니다. 도스토예프스키는 전제주의에 저항하는 글을 많이 썼다는 죄목으로 붙잡혀 사형 선고를 받고 시베리아 형무소로 끌려가는 열차를 탔습니다. 어느 역에 도착하여 잠깐 쉬고 있을 때, 전도하는 부인을 만나게 되었는데 작은 성경을 전해 주는 것입니다. 당시 28세로 하늘이 무너지는 두려움과 절망 속에서 사형수가 되어 끌려가고 있었던 그에게 성경 말씀 한 구절이 마음 깊이 다가왔습니다.

"두려워하지 말라 내가 너와 함께 함이라 놀라지 말라 나는 네 하나님이 됨이라 내가 너를 굳세게 하리라 참으로 너를 도와주리라 참으로 나의 의로운 오른손으로 너를 붙들리라"(사 41:10).

그는 수도 없이 이 말씀을 읽고 또 읽었습니다. 처형 순간이 찾아왔을 때도 평강의 마음을 가질 수 있었고, 오직 기도하는 마음을 갖게 되었습니다. 형장으로 끌려가 눈이 가려지고 처형을 5분 앞둔 임박한 순간에 "잠깐"이라는 소리가 들리더니 황제의 방면 소식이 전해졌습니다. 정말 극적으로 사형이 중지되었고 그는 시베리아 형무소에 감금되었다가 풀려났습니다. 도스토예프스키는 자신이 살아난 것은 전적으로 하나님의 말씀의 은혜라고 고백하면서, 그 이후에 《죄와 벌》,《카라마조프가의 형제들》과 같은 그의 명작에 큰 영향을 주었다고 말합니다.

도스토예프스키는 "우리가 구원받은 것도 감사하지만, 우리에게 주신 구원을 지켜 주시는 하나님께 감사하라"고 말합니다. 구원을 받은 것도 엄청난 은혜이지만 우리가 받은 구원도 하나님께서 친히 보호해 주시고 지켜 주십니다. 주님이 우리의 구원을 지켜주시지 않는다면 구원을 끝까지 지켜내지 못할 것입니다. 칼빈주의 5대 교리 중 다섯 번째 교리는 '성도의 견인(堅忍)'입니다. 성도의 견인(堅忍, perseveranc: 끝까지 견딤)은 예수 그리스도를 믿고 구원 얻은 사람이 은혜의 상태 안에서 끝까지 견디어 영광에 이른다는 것으로, 이 교리는 다른 말로 구원의 보장에 대한 진리입니다.

그러나 하나님께서 우리의 구원을 지켜주실 때 성도는 인내할 수 있으며 구원을 지켜나가는 것이 가능하다는 것을 알아야 합니다. 내 믿음으로 스스로 나의 구원을 유지할 수 있다고 생각하는 것은 엄청난 교만입니다. 하나님께서 당신의 자녀들을 지키고 계시기 때문에 구원에서 탈락되지 않고 끝까지 붙잡을 수 있다는 이 은혜를 기억해야 합니다. 이 믿음을 소유할 때 여러분의 목숨이 끊어지는 날까지 구원을 놓치지 않을 수 있습니다.

"하나님께로부터 난 자는 다 범죄하지 아니하는 줄을 우리가 아노라 **하나님**

께로부터 나신 자가 그를 지키시매 악한 자가 그를 만지지도 못하느니라"
(요일 5:18).

모세는 태어나자마자 애굽 왕이 산파들에게 히브리 남자 아이들은 모두 죽이라고 한 명령으로 죽게 될 운명에 처했습니다. 그러나 하나님께서는 산파의 마음을 움직이셔서 모세를 살리십니다. 엄청난 은혜입니다. 석 달 후에 아이의 울음소리가 커지자 부모에 의하여 나일강에 갈대 상자에 담겨 버려졌지만, 마침 목욕하던 애굽 공주에게 발견되어 살아났고 애굽의 왕자로 성장했습니다.

그러나 애굽 사람을 죽이는 살인죄를 짓고 미디안 광야로 쫓겨나게 되었고 미디안 제사장인 이드로의 딸을 만나 그 집에 장가들어 40년을 유하게 됩니다. 참 놀라운 것은 모세가 가는 곳마다 하나님께서 그를 보호할 사람들을 만나게 하셨고, 모세('구원')를 친히 지켜 주셨다는 것입니다.

"여호와께서 그를 황무지에서, 짐승이 부르짖는 광야에서 만나시고 호위하시며 보호하시며 자기의 눈동자같이 지키셨도다"(신 32:10).

그렇습니다. 본문에서도 안디옥과 이방 교회가 구원론으로 분쟁과 큰 혼란에 빠졌을 때 예루살렘 총회를 통해 하나님이 친히 보호하시고 지키시는 것을 볼 수 있습니다.

"성령과 우리는 이 요긴한 것들 외에는 아무 짐도 너희에게 지우지 아니하는 것이 옳은 줄 알았노니 우상의 제물과 피와 목매어 죽인 것과 음행을 멀리할지니라 이에 스스로 삼가면 잘되리라 평안함을 원하노라 하였더라"(행 15:28-29).

이제 하나님께서 어떻게 구원받은 자들을 지키시는가 생각해 봅시다.

1. 하나님은 성도의 구원을 기록된 말씀 성경으로 지키십니다

"이에 사도와 장로와 온 교회가 그 중에서 사람들을 택하여 바울과 바나바와 함께 안디옥으로 보내기를 결정하니 곧 형제 중에 인도자인 바사바라 하는 유다와 실라더라 그 편에 편지를 부쳐 이르되 사도와 장로 된 형제들은 안디옥과 수리아와 길리기아에 있는 이방인 형제들에게 문안하노라" (행 15:22-23).

당시에는 성경이 없을 때라서 그저 구전으로 내려오는 문서들이나 쪽복음이 있었을 때입니다. 예루살렘 총회에서 결정된 것을 안디옥교회에 편지로 보내면서 '구원은 율법(할례)이나 인간의 공로가 아니라 오직 은혜로 받은 것'이라는 복음에 대한 교리를 확증합니다. 그 편지가 초대교회의 말씀이 되고 복음이 되어 그들을 지키고 보호하는 울타리가 된 것입니다. 이처럼 성도의 구원을 성경에 기록된 하나님의 말씀으로 지킬 수 있도록 인도하셨고, 그들의 구원이 흔들리지 않고 교회가 지켜지도록 하셨습니다.

성경이 구약 39권, 신약 27권, 총 66권의 정경으로 확정된 것은 397년 카르타고 공의회에서 이루어졌습니다. 하나님께서는 그 성경 말씀으로 오늘날 우리의 구원을 온전히 지키게 하신 것입니다. 성경이 없었다면 우리의 구원을 유지할 수 없었을 것입니다. 비록 성경은 문자이지만 성령이 역사하면 그 말씀은 하나님 아버지의 영원한 생각이요, 주님이 친히 말씀하신 영이요 우리에게 생명이 되는 것입니다.

성경은 문자이지만 성령이 역사하면 하나님의 생각이 되고 하나님의 생명이 됩니다. 그래서 말씀이 우리의 삶을 변화시키는 것입니다. 말씀을 가까이하지 않으면 구원을 지키기 어렵습니다. 사탄이 구원받은 성도들을 공격할 틈을 찾고 있기 때문입니다. 우리의 구원이 흔들리면 이단의 교리에 빠지기도 하고 교회로부터 멀어지게 되고 하나님을 떠나도록 미혹을 받습니다. 그러므로 말씀이 없으면 이 땅에서 우리의 미래를 지킬 수 없습니다. 어떻게 하면 여러분의 구원과 가정, 자녀를 지킬 수 있겠습니까?

"하나님의 말씀은 살아 있고 활력이 있어 좌우에 날선 어떤 검보다도 예리하여 **혼과 영과 및 관절과 골수를 찔러 쪼개기까지 하며 또 마음의 생각과 뜻을 판단하나니**"(히 4:12).

'마음의 생각과 뜻을 판단한다'는 것은 성경 말씀이 '하나님의 뜻과 사람의 생각을 구별하게 한다'는 의미입니다. 거짓 자아인 내 생각과 내 마음으로 살기 때문에 인생의 끝이 망하고 병이 드는 것입니다. 하나님의 뜻을 모르고 내 생각으로 사는 사람은 미래가 없습니다. 자기 생각과 마음으로 만든 것이 감옥입니다. 그런데 성경 말씀은 사람의 생각인지 아니면 하나님의 생각인지 쪼개서 분별할 수 있게 합니다. 그리고 우리가 주님의 생각을 붙잡을 수 있도록 인도하시고 삶의 승리로 이끄십니다.

그러므로 사람의 생각과 하나님의 생각을 구별해 주는 것이 말씀이라는 것이며, 말씀이 내 생각을 주님의 생각으로 바꿀 수 있는 능력을 주시는 것입니다. 구원받은 성도의 구원을 지켜 주시는 것은 말씀입니다. 기도할 때 성령의 역사로 성경의 한 구절이 '레마'로 들려질 때 말씀이 살아서 우리의 생각을 구별하여 제하여 버리고, 하나님의 생각을 좇아가도록 함으로써 구원의 길이 열리는 축복을 주십니다. 여러분의 연약한 몸이 강건해지고 막혔던 사업과 자녀의 문제가 풀어지는 삶의 구원으로 연결되며 운명이 바뀝니다.

오늘날의 기독교의 수많은 위대한 지도자들은 성경 말씀이 레마로 들려 그들의 구원을 지키고 사람들을 바른길로 인도하여 오늘날의 우리가 있게 하였습니다.

《천로역정》의 저자 존 번연은 그 심한 12년의 감옥살이에서 그를 살린 말씀 "아버지께서 내게 주시는 자는 다 내게로 올 것이요 내게 오는 자는 내가 결코 내쫓지 아니하리라"(요 6:37)에 영감을 받아 천로역정을 썼습니다.

마틴 루터는 "복음에는 하나님의 의가 나타나서 믿음으로 믿음에 이르게 하나니 기록된 바 오직 의인은 믿음으로 말미암아 살리라 함과 같으니라"(롬 1:17)는 말씀을 레마로 받고 행위가 아니라 믿음으로 구원받는다는 종교개혁으로 중세의 어둠의 율법으로부터 해방의 길을 열었습니다.

존 웨슬리는 "독사의 자식들아 너희는 악하니 어떻게 선한 말을 할 수 있느냐 이는 마음에 가득한 것을 입으로 말함이라"(마 12:34)는 말씀으로 배신자들에 대한 번민과 어둠 속에서 살아날 수 있었고 이 말씀으로 감리교를 창시하였으며 "전 세계는 나의 교구이다"라고 담대하게 선포한 전도자가 된 것입니다.

또한 선교의 아버지 리빙스턴은 "내가 너희에게 분부한 모든 것을 가르쳐 지키게 하라 볼지어다 내가 세상 끝날까지 너희와 항상 함께 있으리라 하시니라"(마 28:20)는 말씀으로 은퇴 후에도 아프리카라는 환경과 원주민들의 위협 속으로 다시 들어가서 사명을 다하고 승리할 수 있었으며, 스코틀랜드 개혁자 존 낙스에게 영혼의 닻을 내린 말씀은 "영생은 곧 유일하신 참 하나님과 그가 보내신 자 예수 그리스도를 아는 것이니이다"(요 17:3)라는 말씀이었습니다.

교리로 구원을 받는 것이 아니라 예수와 연합하여 체험한 자만이 구원에 이른다는 진리를 아는 사람이었습니다. 그렇습니다. 예전이나 지금이나 하나님께서 성도의 구원을 말씀으로 지키십니다. 사랑하는 여러분! 지금 하나님이 나에게 말씀하시는 말씀을 붙드십시오.

2. 하나님은 성도의 구원을 목숨을 아끼지 않는 사명자들을 통해 지켜 주십니다

"사람을 택하여 우리 주 예수 그리스도의 이름을 위하여 생명을 아끼지 아니하는 자인 우리가 사랑하는 **바나바와 바울**과 함께 너희에게 보내기를 만장일치로 결정하였노라"(행 15:25-26).

본문에 '예수 그리스도의 이름을 위하여 생명을 아끼지 아니하는 자를 택하였다'고 기록하고 있습니다. 하나님께서 이방인 또한 구원하시기로 작정하셨다는 것과 구원은 오직 그리스도 예수를 믿는 믿음에 의한 것임이 회의 가운데 확증되자 예루살렘 교회에서는 바울과 바나바, 그리고 교회 사람들 중에서 바사바라고 하는 유다와 실라를 택해 안디옥 교회에 파송하기로 결정합니다. 이처럼 예수 이름을 위해서 생명을 아끼지 않는 바울과 바나바를 통해서 교회가 복음 위에 든든히 서가게 됩니다.

그러므로 목숨을 아끼지 않는 하나님의 사람들을 통하여 하나님은 일하시며, 나는 죽고 예수가 역사하시도록 자신을 내어드린 사람들에게 주님의 일을 맡기시는 것을 볼 수 있습니다. 그러나 우리는 내 목숨을 위해 하나님을 이용하고 있지는 않습니까? 목숨을 아끼지 않고 복음을 전했던 주기철, 손양원 목사님과 같은 영적 지도자들과 성도들이 있었기에 한국 교회가 지금 존재하고 있으며, 그런 자들을 통해 구원이 지켜지는 것입니다. 자기 목숨을 아끼지 않는 사람 안에는 나는 죽고 주님이 사시기 때문에, 주님이 역사하시고 그분께서 구원을 지켜 주신다는 영적 진리를 놓치지 말아야 합니다.

"보라 이제 나는 성령에 매여 예루살렘으로 가는데 거기서 무슨 일을 당할지 알지 못하노라 오직 성령이 각 성에서 내게 증언하여 **결박과 환난이 나를 기다린다** 하시나 내가 달려갈 길과 주 예수께 받은 사명 곧 하나님의 은혜의 복음을 증언하는 일을 마치려 함에는 나의 생명조차 조금도 귀한 것으로 여기지 아니하노라"(행 20:22-24).

바울은 예수 이름을 위하여 생명을 아끼지 않는 자로서, 십자가에서 이미 자신의 죽음을 체험했기에 온전히 주님을 나타내는 사람입니다. '나는 죽고 내 안에 예수가 사시기 때문에 나에게 두려움이 없다'는 바울의 메시지는 예루살렘에서 자신이 어떤 고초를 당한다고 해도 아무런 상관이 없다는 담대한 신앙고백이었습니다. 그렇습니다. 생명조차 귀한 것으로 여기지 않는다는 바울을 세상에 막을 자가 없습니다.

이처럼 복음을 위해 목숨을 아끼지 않는 바울과 바나바를 통해 안디옥 교회가 율법이 아닌 진정한 복음으로 지켜지고 보호되었습니다. 오늘날 한국 교회의 위기는 생명을 아끼지 않는 지도자와 성도가 드물기 때문입니다. 예배는 참석하지만 사람 듣기에 좋은 소리만 들으려 하고 사람의 생각으로 판단하니 교회가 위태할 수밖에 없는 것입니다.

그러면 사도 바울은 그의 제자들에게 어떻게 영적 가르침을 전했는가에 대해 고린도전서 10장을 통하여 말씀드리겠습니다.

"나와 같이 모든 일에 **모든 사람을 기쁘게 하여 자신의 유익을 구하지 아니하고 많은 사람의 유익을 구하여 그들로 구원을 받게 하라**"(고전 10:33).

자신의 유익을 구하지 말고 많은 사람들에게 유익을 주어 구원받을 수 있도록 하라고 말씀합니다. 교회 안에서 자기의 유익을 구하고 절대 손해 보지 않으려고 하는 우리 자신의 모습을 되돌아봐야 합니다. 십자가에서 죽고 하나님 나라를 체험한 사람은 내 개인의 유익을 추구하려고 하다가도 멈춰서서 오히려 자신이 주님께서 열어 놓으신 길을 틀어막고 있다는 사실에 눈을 뜨게 되고 이제는 다른 사람의 유익을 구할 수 있게 됩니다.

제가 심하게 몸살을 앓았을 때 기도하면서 몸을 회복하고 있었는데, 그때 하나님께서 "당연한 것을 감사할 줄 알아야 중간의 사람이다"라고 말씀하셨습니다. '내가 누려왔던 모든 것들이, 내가 지나왔던 모든 것들이, 내가 걸어왔던 모든 순간이 당연한 것이 아니라 은혜였소'라는 찬양이 있습니다. 당연한 것을 감사할 줄 알 때, 대단한 사람이 아니라 '중간 정도 사람'이라는 것입니다. 그 말에 충격을 받았고 주님의 은혜에 머물러서 눈물을 흘렸습니다. 우리가 당연한 일을 감사하기 어렵다면 중간도 못 된다는 것입니다.

예를 들어 택시를 요금을 내고 탔지만 감사하지 못했고, 식당에서 음식을 먹고 돈을 내면서 감사하지 않았다면 우리의 삶이 낮은 차원에 머물러 있다고 볼 수 있을지도 모르겠습니다. 제게 큰 충격이었습니다.

사랑하는 여러분! 그러면 높은 차원의 삶은 어떤 것일까요? 당연하기는커녕 좀 억울한 일까지도 감사할 수 있을 때, 즉 범사에 감사할 때, 하나님은 천국 인생이라고 말씀하십니다. 제가 주님께 "왜 그래야 합니까?"라고 질문할 때 "이 모든 것들이 주님께서 직접 그 사람을 통하여 행하도록 하셨기 때문에 감사하라"는 감동을 주셨습니다. 그 순간 감사와 회개의 눈물이 흘렀습니다. 그리고 이 말씀을 이해했습니다.

> "또 누구든지 너로 억지로 오 리를 가게 하거든 그 사람과 십 리를 동행하고 네게 구하는 자에게 주며 네게 꾸고자 하는 자에게 거절하지 말라" (마 5:41-42).

사랑하는 여러분! 일상에서 만나는 사람들을 통해 우리를 돕는 천사의 역할을 하게 하심으로써 주님의 도우심으로 구원을 받고 구원을 지키고 있는 것입니다. 그러므로 범사에 감사합시다. 그러나 우리는 세상 속에서 주님을 놓치고 지나갈 때가 너무 많습니다. 그래서 주님의 임재를 민감하게 느끼지 못하고 무시하게 되는 경우가 있습니다. 음식점에 가서도 그 음식을 만든 분들께 감사하지 않고 돈을 지불하기 때문에 당연한 것으로 여깁니다.

그러나 당연한 것에 감사함으로 중간이라도 되는 성도가 되시기를 권면 드리며 주님의 임재를 놓치지 않는 은혜를 경험하시기를 축원합니다. 모든 것을 계산하고 따지는 사람이 아니라 목숨을 내어 놓은 사명자들을 통해 하나님께서는 역사를 이루어 가신다는 사실을 기억하면서 여러분이 주님의 일에 동역하는 제자가 되시기를 축원합니다.

3. 성령을 통하여
하나님은 우리의 구원을 지키십니다

"성령과 우리는 이 요긴한 것들 외에는 아무 짐도 너희에게 지우지 아니하는 것이 옳은 줄 알았노니 **우상의 제물과 피와 목매어 죽인 것과 음행을 멀리 할지니라 이에 스스로 삼가면 잘되리라 평안함을 원하노라** 하였더라"(행 15:28-29).

성령은 우리로 하여금 예수를 체험하게 하시며, 하나님 아버지의 마음을 알게 하십니다. 성령은 기도하는 자에게 알려 주시며 지켜 주십니다. 성령은 오늘도 예수님을 구주로 믿는 자들에게 영원히 함께하시며 어떤 어려움 속에서도 지혜를 주시고 가야 할 길을 가르쳐 주십니다. 기도하지 않는 사람은 앞에 일어날 일에 대해 알지 못하기 때문에 두려움에 빠지고 불확실한 미래에 대한 불안을 안고 살아갑니다. 기도는 호흡입니다. 기도하지 않으면 숨이 끊어지는 것과 마찬가지로 영적 사망에 이르고 길을 잃게 됩니다.

"보혜사 곧 아버지께서 내 이름으로 보내실 성령 **그가 너희에게 모든 것을 가르치고 내가 너희에게 말한 모든 것을 생각나게 하리라**"(요 14:26).

"그러나 **진리의 성령이 오시면 그가 너희를 모든 진리 가운데로 인도하시리니** 그가 스스로 말하지 않고 오직 들은 것을 말하며 **장래 일을 너희에게 알리시리라**"(요 16:13).

사랑하는 여러분! 우리는 성령이 아니시면 하루도 우리의 신앙을 지킬 수도 없고 영원한 삶을 살 수 없습니다. 성령님은 오늘 우리를 하나님의 천사로 눈동자처럼 지키시고 보호하십니다.

"모든 천사들은 섬기는 영으로서 구원 받을 상속자들을 위하여 섬기라고 보내심이 아니냐"(히 1:14).

본문에서도 성령이 역사하니 예루살렘 총회에서 결정된 것을 다 듣고 그렇게 엄청난 다툼에 빠졌던 유대인과 이방인들이 순응하고 기뻐하는 것입니다.

"그들이 작별하고 안디옥에 내려가 무리를 모은 후에 편지를 전하니 읽고 그 위로한 말을 기뻐하더라"(행 15:30-31).

또 바울과 바나바는 성령의 도움이 있기에 혼란스럽고 자기들을 배척한 안디옥 교회로 다시 돌아가서 행위가 아닌 은혜로 구원을 받는다는 말씀을 가르침으로써 교회가 든든히 세워지고 회복되는 기쁨의 성령의 역사를 경험하게 됩니다.

"바울과 바나바는 안디옥에서 유하며 수다한 다른 사람들과 함께 주의 말씀을 가르치며 전파하니라"(행 15:35).

사랑하는 여러분, 하나님은 이처럼 구원받은 자녀들에게 받은 구원을 지키시고 보호하십니다. 그러므로 하나님께서 지켜 주시는 구원을 놓치지 말고 붙잡으시기를 축원합니다. 오직 주님을 바라보십시오. 승리는 이미 확보되었습니다. 아멘!

심하게 몸살을 앓았을 때 기도하면서 몸을 회복하고 있었는데, 그때 하나님께서 "당연한 것을 감사할 줄 알아야 중간의 사람이다"라고 말씀하셨습니다. '내가 누려왔던 모든 것들이, 내가 지나왔던 모든 것들이, 내가 걸어왔던 모든 순간이 당연한 것이 아니라 은혜였소'라는 찬양이 있습니다. 당연한 것을 감사할 줄 알 때, 대단한 사람이 아니라 '중간 정도 사람'이라는 것입니다. 그 말에 충격을 받았고 주님의 은혜에 머물러서 눈물을 흘렸습니다.

주님께 "왜 그래야 합니까?"라고 질문할 때 "이 모든 것들이 주님께서 직접 그 사람을 통하여 행하도록 하셨기 때문에 감사하라"는 감동을 주셨습니다. 그 순간 감사와 회개의 눈물이 흘렀습니다.

기도가
꽉 막힌 감옥에 길을 연다

(행 16:16-31)

　　　　　　　　미국의 유명한 사업가 케몬스 윌슨의 이야기입니다. 어느 날 아침 그가 출근했을 때 책상 위에는 '해고통지서'가 있었습니다. 아무런 설명도 없이 황당하게 해고된 그는 화가 치밀어 올랐습니다. 그리고 직장과 상관에 대한 복수심이 끓어올랐습니다. 여러 달 동안 절망에 빠져 방황하면서 모든 것을 잊으려 했지만 잊을 수가 없었습니다. 가진 돈을 다 쓰고 집에 돌아와 아내에게 이렇게 말했습니다.

"여보, 모든 노력을 다해 보았지만 되는 일이 없어. 죽고 싶어." 그러자 아내가 말했습니다. "여보, 당신이 한 가지 시도해보지 않은 일이 있어요. 당신이 처한 문제에 대해서 진지하게 기도해 보신 적이 없잖아요." 아내의 이 한마디가 그에게 큰 감동으로 다가왔습니다. 며칠 동안 아내와 기도를 하자 자신을 해고한 상사에 대한 미움과 분노가 사라지면서 그 대신 머릿속에 일에 대한 새로운 아이디어가 떠올랐습니다. 희망을 갖게 되자 용기도 생겼습니다.

그는 집을 담보로 융자를 얻어 조그마한 건축업 사무실을 열었습니다. 처음에는 기도가 참 어려웠지만 기도한지 얼마 후에 철저한 회개의 눈물을 흘렸습니다. 그 후에 조그마한 건축업을 시작했고 건축 사업가로 일어서게 됩니다.

그는 기도하던 중에 마음에 소원을 갖게 됐습니다. "제가 방황하며 이 도시 저 도시를 여행할 때 마음에 드는 호텔이 없었습니다. 좋은 곳은 너무 비싸고 분위기가 좋질 않았습니다. 최상의 서비스와 청결, 적절한 가격에 제공할 수 있는 그런 호텔을 짓고 싶습니다." 그의 기도에 하나님께서 응답하셨고, 마침내 그는 하나 둘 호텔을 짓기 시작하여 세계적인 체인망을 지닌 '홀리데이인 호텔'의 오너가 되었습니다. 케몬스 윌슨은 항상 "기도는 사막에서도 하나님의 길을 내게 하신다"라고 말했습니다.

"너희는 이전 일을 기억하지 말며 옛날 일을 생각하지 말라"(사 43:18).

'이전 일을 기억하지 말며 옛날 일을 생각하지 말라'는 말씀이 우리의 삶에서 가능해질 수 있는 방법은 기도입니다. 인간은 과거의 경험으로 현재를 살고 있습니다. 그러므로 '나'라는 감옥에서 살고 있는 사람은 하나님이 주시는 새로운 생각을 받아내지 못하기 때문에 사는 것 자체가 너무 힘들다고 말합니다. 그러나 여러분이 과거의 옛 습관을 끊어낼 때 주님께서 새 생각을 주신다는 약속의 말씀인 것입니다.

"보라 내가 새 일을 행하리니 이제 나타낼 것이라 너희가 그것을 알지 못하겠느냐 반드시 내가 광야에 길을 사막에 강을 내리니"(사 43:19).

광야에 길을, 사막에 강을 내시는 하나님의 새로운 역사의 전제

조건은 먼저 내 생각과 내 느낌으로 사는 옛 습관을 끊어내는 것입니다. 그러나 기도하지 않는 사람은 절대로 자신의 습관을 끊어내지 못합니다. 모든 인간은 과거의 경험들과 느낌들이 심중(잠재의식)에 기록되어 있어서 그 프로그램대로 살아가기 때문에 새 일을 행하시는 하나님 생각을 인식하지 못하는 것입니다. 하나님은 우리에게 새로운 아이디어와 생각을 주시지만 기도하지 않는 사람은 여전히 내 생각으로 삽니다.

제가 40년간 목회하면서 느꼈던 고뇌는 '왜 오랫동안 교회를 다니는 성도들에게 변화가 없으며, 내 생각이라는 감옥에서 탈출하지 못하는가?'에 대한 것이었습니다. 한국 교회의 위기는 '진정한 기도를 배우지 못했기 때문'이라고 진단하게 되었습니다. 저도 날마다 감옥에 갇혀 있습니다. 그러나 기도를 통해서 저는 날마다 해방의 역사를 경험합니다. 기도를 통해서 하나님께 눈을 뜰 때, 내 생각과 감정에서 탈출하므로 상황에 붙잡히지 않고, 주님이 주시는 새 생각과 감정을 받아내게 되기 때문에 하나님께서 새 일을 행하시는 놀라운 은혜를 경험하며 여기까지 올 수 있었습니다.

인간은 과거의 경험으로 형성된 부정적인 생각들, 그리고 자기중심적이며 지나치게 자기 통제적으로 자기 보호적인 사고를 갖고 있는데, 길을 찾기 위해 그런 자기 생각 안에서 쥐어 짜내어 보지만 오히려 삶이 더 꼬이기도 합니다. 내 생각과 감정을 끊어내야 주님의 생각이 들어올 수 있는데, 내 생각이 틀어막고 있기 때문에 수십 년을 예수 믿는다고 해도 주님이 들어오실 수 있는 자리가 없습니다.

'나의 경험이 기준'이 된 거짓 자아 생각 안에는 참신하고 새로운 하나님의 생각이 아닌 죽은 생각이 가득하게 됩니다. 기도해야만 광야에서도 길을 내고 사막에 강을 낼 수 있습니다. 새벽기도도 참석하는 것이 중요한 것이 아니라, 기도를 해야 하는 것입니다. 우리가 이 세상을 살다 보면 정말 사방이 꽉 막힌 감옥 같은 상황을 만나게 됩니다. 그럼에도 불구하고 하나님께서는 상황에 붙잡히지 말고 믿음을 갖고 기도하라고 성경은 말씀합니다.

"여호와의 말씀이니라 **너희를 향한 나의 생각을 내가 아나니 평안이요 재앙이 아니니라 너희에게 미래와 희망을 주는 것이니라**"(렘 29:11).

하나님의 생각은 평안과 미래와 희망을 주는 절대 긍정입니다. 그러나 인간의 옛 생각은 절대 부정이기 때문에 병이 듭니다. 그러므로 주님 안으로 들어가서 그분의 생각을 받아낼 때 과거의 경험으로 쌓여온 부정적 사고를 깨뜨릴 수 있게 됩니다. 이때부터 질병과 가난, 모든 문제로부터 벗어나게 됩니다. 그래서 기도를 배우셔야 합니다.

"너희가 내게 부르짖으며 **내게 와서 기도하면 내가 너희들의 기도를 들을 것이요 너희가 온 마음으로 나를 구하면 나를 찾을 것이요 나를 만나리라**"(렘 29:12-13).

'내게 와서 기도하고 나를 구하라'고 말씀합니다. 하나님께 가까이 가서 기도해야 합니다. 기도를 배운 성도가 한 사람이라도 있는 교회는 무너지지 않습니다. 그러므로 여기 와 있는 하나님 나라에 침노해서 기도의 비밀을 깨달으셔야 합니다.

"많이 친 후에 옥에 가두고 간수에게 명하여 든든히 지키라 하니 그가 이러한 명령을 받아 **그들을 깊은 옥에 가두고 그 발을 차꼬에 든든히 채웠더니**"(행 16:23-24).

본문에도 바울이 마게도냐 빌립보에서 선교할 때 귀신 들린 점쟁이를 예수 이름으로 명령하여 귀신을 내쫓아 자유하게 합니다. 이 일로 바울은 관가에 붙잡혀가 감옥에서 엄청난 고문과 매를 맞고 차꼬에 채여서 다 죽게 되었습니다. 바울은 그 어려운 상황과 두려운 순간에도 기도와 찬양을 올려 하나님의 구원의 길을 열게 됩니다.

"한밤중에 **바울과 실라가 기도하고 하나님을 찬송하매** 죄수들이 듣더라 이에 갑자기 큰 지진이 나서 옥터가 움직이고 문이 곧 다 열리며 모든 사람의 매인 것이 다 벗어진지라"(행 16:25-26).

아무것도 할 수 없는 상황 속에서 바울과 실라는 기도하고 찬양하기 시작했습니다. 하나님께 찬양할 수 있었다는 것은 그들이 이미 영의 세계로 들어갔다는 증거인 것입니다. 이것이 기도이며, 하나님 나라에 들어갔다는 의미입니다. 그러므로 기도를 배우지 못하면 주님의 일을 할 수 없습니다. 바울과 실라의 기도 소리와 찬송을 죄수들이 다 같이 들었으며, 하나님께서 옥문을 여시고 쇠사슬을 풀어 주심으로 그 죄수들 모두 자유의 몸으로 해방되었고 주님께서 행하시는 새 일을 경험하게 됩니다.

우리가 살아가고 있는 세상은 사실 영적인 세계입니다. 여러분이 영적 현실 속에 살고 있으면서도 내 생각과 내 느낌과 경험, 즉 혼(soul)적으로 살고 있다면 인생의 방향을 놓치고 혼동 속에 살아가게 될 것입니다. 그러나 우리를 붙잡아 주시는 하나님의 은혜로 지금을 살아가고 있음에 감사해야 합니다.

이제 바울이 꽉 막힌 감옥에서 기도로 해방되는 역사를 깊이 생각해 봅시다.

1. 성도의 기도는 꽉 막힌 감옥의 두려움에서 참 평강의 길을 엽니다

"그가 이러한 명령을 받아 그들을 깊은 옥에 가두고 그 발을 차꼬에 든든히 채웠더니 **한밤중에 바울과 실라가 기도하고 하나님을 찬송하매** 죄수들이 듣더라"(행 16:24-25).

하나님께 감사함으로 올려드리는 것이 찬미입니다. 사도 바울에게 현 상황은 생각도 해보지 못한 두렵고 힘든 꽉 막힌 상황입니다. 자신의 힘으로는 도저히 무엇을 해결할 수 없는 형편입니다. 그러나 이미 기도로 하나님 나라로 침노한 것입니다. 자기를 포기하고 기도함으로 하나님의 나라로 침노하는 기적이 일어난 것입니다. 이것이 하나님의 놀라운 기도의 축복입니다. 하나님 나라로 침노하는 전제 조건은 '네 자신을 부인하고 자기 십자가를 지는 것'이며, 이것이 기도입니다.

그러나 자아가 강한 사람은 절대 기도하지 않습니다. 기도하지 않는다는 것은 자기 자신을 믿고 있기 때문이며, 자신이 기준인 사람은 자기 생각을 포기하지 않습니다. 하나님 나라는 내 안에 와 있지만, 그 안으로 침노해서 들어가지 못하는 것입니다. 기도하면 신기하게도 나를 내려놓게 되면서 하나님 나라로 들어가게 됩니다. 그 안에는 두려움이 없습니다. 평강과 은혜만 있으므로 찬미할 수 있게 됩니다. 기도는 환경을 바꾸는 열쇠입니다.

"하나님이 우리에게 주신 것은 **두려워하는 마음이 아니요 오직 능력과 사랑과 절제하는 마음이니**"(딤후 1:7).

하나님 나라에는 두려움이 없고 주님의 사랑과 평강만 있습니다. 그러나 세상 속에는 이런 마음이 존재하지 않습니다. 기도로 나를 부인하고 자기 십자가를 질 때 하나님 나라가 열리는 것입니다. 기도하지 않으면 절대 그 나라에 눈을 뜨지 못합니다. 기도로 날마다 하나님 나라에 들어가지 않으면 세상에서 겪는 억울함이나 고통을 이기기 어렵습니다.

주님의 은혜가 여러분을 감싸주실 때, 그 힘으로 회복하고 힘을 얻게 되어 다시 살아갈 힘을 공급받게 되는 것입니다. 이것이 기도의 능력이며, 사도 바울도 기도의 비밀을 깨달았기에 죽음의 문 앞에서도 하나님을 찬미할 수 있었습니다. 그러므로 성도 여러분! 이러한 기도를 배워야 합니다.

바울에게도 기도 후에 기도하기 전과는 완전히 다른 새로운 생각과 감정이 생겼습니다. 기도하기 전에는 인간의 경험으로부터 온 원망과 불평, 두려움을 갖고 있었지만 기도로 하나님 나라에 들어가 주님의 인격과 성품을 경험한 그는 찬양을 올려드립니다.

이처럼 하나님께서 살리시는 기쁨과 평강을 경험한 사람은 질병이 떠나고 문제가 풀리는 역사를 경험하게 되는 것입니다. 기도하지 않으면 시기, 분쟁, 억울함, 분노를 경험하지만, 기도는 절대 긍정, 절대 평강, 절대 감사, 절대 사랑, 절대 은혜로 충만함을 경험하게 합니다.

그리고 주님과 하나 되면 이제 나의 삶을 그분이 이끌고 가시며, 가정과 직장, 자녀를 친히 주장하십니다. 주님이 이끌어 가시니 안 되는 일이 있겠습니까? 기도하지 않는 것은 주님과 분리된 상태를 말하며, 분리된 상태는 '죄'입니다. 그러나 기도는 주님과 내가 하나로 연합된 상태이므로 그 자체가 '하나님 나라'라고 말할 수 있습니다. 그래서 바울은 죽음을 맞이한 로마 감옥에서도 빌립보 교인들에게 주님 안에서 아무것도 염려하지 말고 하나님의 평강을 위하여 기도하라고 명령하는 것입니다.

"아무것도 염려하지 말고 다만 모든 일에 기도와 간구로, 너희 구할 것을 감사함으로 하나님께 아뢰라 **그리하면 모든 지각에 뛰어난 하나님의 평강이 그리스도 예수 안에서 너희 마음과 생각을 지키시리라**"(빌 4:6-7).

기도함으로 주님과 우리의 영이 연합되었다면, 하나님의 평강과 그분의 성품 자체가 '주님 안에 있는 나'의 존재를 말해주는 것입니다. 기도하지 않으면 내 생각이 '나'라고 믿고 인간의 생각대로 살게 됩니다. 그러나 기도하는 사람은 '하나님의 새로운 생각'을 받아서 이 땅에 하나님을 나타냅니다. 기도하는 사람은 사람을 끄는 힘이 있습니다. 그러므로 그 사람이 전하는 복음을 듣고 불신자들도 예수 믿게 되는 것입니다.

"**항상 기뻐하라 쉬지 말고 기도하라 범사에 감사하라 이것이 그리스도 예수 안에서 너희를 향하신 하나님의 뜻이니라**"(살전 5:16-18).

'항상 기뻐하고, 쉬지 말고 기도하며, 범사에 감사하라'는 이것만이 하나님의 뜻이라는 것입니다. 하나님 나라에 들어가면 기쁨과 감사만 있습니다. 항상 주님과 연결되어 있으며 항상 기뻐하고 항상 감사할 때 안 되는 일이 있겠습니까? 항상 부정적이고 세상에 대한 원망으로 사는 사람은 스스로가 만든 감옥에서 살아가고 있는 것입니다. 모든 인간의 질병과 문제의 뿌리는 두려움입니다.

사랑하는 여러분! 이 세상은 천년을 살아도 근심과 걱정, 두려움이 떠나지 않습니다. 이 땅의 진정한 복음은 예수님의 십자가에서 우리 죄를 사하시고 성령을 보내 주시어, 어려운 세상에서 예수 이름으로 기도하면 여기 온 하나님 나라를 체험하여 주님의 평강과 기쁨, 감사가 넘치게 하신다는 것입니다. 두려움을 이길 수 있는 길은 오직 기도로 나를 십자가에 못 박고 주님 안으로 들어가서 하나님 나라를 체험함으로 거기서 절대 평강을 누릴 때 가능해집니다. 그러므로 기도를 배우시기를 축복합니다. 그래서 예수님께서도 제자들을 감람산으로 데려가셔서 기도를 가르치신 것입니다.

2. 성도의 기도는 주님의 마음(말씀)을 가져 이 땅의 어떤 방해물도 길을 열게 됩니다

"한밤중에 바울과 실라가 기도하고 하나님을 찬송하매 죄수들이 듣더라 이에 갑자기 큰 지진이 나서 옥터가 움직이고 문이 곧 다 열리며 모든 사람의 매인 것이 다 벗어진지라"(행 16:25-26).

기도할 때 우리 마음에 말씀이 그려지기 시작합니다. 기도하지 않으면 말씀이 혼(soul)으로 들어갑니다. 그러나 기도할 때 말씀이 심중에 기록되고 프로그램이 되어 현실에서 그대로 나타나게 되는 것입니다. 보이지 않는 영적 현실인 실상이 바뀌면 보이는 현실에서 실체로 나타나게 됩니다. 기도하면 심중(잠재의식)에 말씀으로 새로운 프로그램이 만들어지기 때문에 먼저 우리의 생각이 달라지고, 2차적으로 행동이 달라지는데, 결과적으로 심중에 기록된 말씀은 우리의 사고와 언어체계를 바꿔줍니다. 그러면 이때부터 놀랍게도 우리의 환경이 변화되고 풀리게 되는 것입니다.

하나님의 말씀은 창조의 원동력입니다. 어떤 문제나 환경이라 할지라도 말씀의 창조 능력을 막아설 수 없습니다. 인간의 고통이나 삶의 문제라는 외부환경을 바꾸려고 사람들은 많은 노력을 하고 안간힘을 쓰다가 낙심하고 좌절합니다. 그러나 심중에 말씀으로 실상(reality)을 소유할 때, 즉 내부가 바뀌어야 외부도 변화되는 것입니다.

여기에 중요한 기도의 원리가 있습니다. 바울이 간절히 기도의 행위를 했기 때문에 옥문이 열렸다고 해석하면 너무 단편적이고 진리도 아닙니다. 바울과 실라가 기도로 말씀의 실상(reality)을 소유했기 때문에 그 믿음으로 기도할 때, 옥문이 열리는 실체(substance)로 나타난 것입니다. 우리가 기도할 때, 주님 안으로, 즉 하나님의 나라로 침노하여 세상 생각이 아니라 하나님의 생각과 말씀을 소유할 때, 그 말씀의 실상을 갖게 됩니다. 말씀의 실상(reality)은 구원의 실체(substance)를 이루기 때문에 주님 안에서 세상의 묶인 것은 반드시 그 길이 열리는 것입니다.

"복음으로 말미암아 내가 죄인과 같이 매이는 데까지 고난을 받았으나 하나님의 말씀은 매이지 아니하니라"(딤후 2:9).

그래서 사도 바울은 기도로 마음에 말씀을 심게 됩니다. 그러므로 말씀대로 기도하고, 말씀대로 생각하고, 말씀대로 행할 때 길이 열리는 것입니다. 말씀을 심중에 심으면 어려운 상황에서도 실체로 나타납니다. 말씀은 영이요 생명인데 지식(혼, soul)으로 받아들였기 때문에 능력이 없는 것입니다.

예수님께서 공생애를 살면서 삶으로 그것을 분명히 보여 주신 것이 복음의 극치입니다. 이 세상 만물은 하나님의 말씀으로 창조되었으므로 그분의 명령에 순종하게 되어 있습니다.

"예수께서 깨어 바람을 꾸짖으시며 바다더러 이르시되 잠잠하라 고요하라 하시니 바람이 그치고 아주 잔잔하여지더라 이에 제자들에게 이르시되 어찌하여 이렇게 무서워하느냐 너희가 어찌 믿음이 없느냐 하시니"(막 4:39-40).

바다의 풍랑이 주님이 타신 배를 가로막을 때 주님은 하나님의 창조의 말씀을 가진 주님의 마음으로 명령하시니 주님을 가로막는 바다의 풍랑은 잔잔해지고 길을 여는 것입니다. 엄청난 장애가 있어도 주님의 말씀 앞에 길은 열리게 되어 있습니다. 우주 만물을 창조하신 하나님이 말씀 자체이십니다. 그 말씀이 나에게 역사할 때 우리도 내 심중에 새기고 믿음으로 선포하면 어떤 어려운 환경이라도 붙잡히지 않고 어둠을 깨뜨리고 길을 여는 역사가 일어나는 것입니다. 할렐루야! 이것이 기도 응답의 원리입니다.

또 명절이 되어 예수께서 말씀을 광야에서 전할 때 수만 명이 모였습니다. 물고기 두 마리와 보리떡 다섯 개로 남자 오천 명을 먹이고 열두 광주리가 남게 됩니다. 이 사건은 앞을 가로막는 엄청난 물리적 장애도 하나님 나라 주님의 말씀을 갖는 믿음으로 기도할 때 얼마든지 물리치고 구원의 길을 연다는 것을 우리에게 가르치고 있습니다.

사랑하는 성도 여러분! 말씀 앞에는 장애물이 없습니다. 주님께서 내 안에 역사하고 계시는데 누가 막을 수 있습니까? 말씀을 영이요 생명으로 믿을 때 반드시 이루어집니다. 우리 안에 오신 주님께서 우리를 통해 원대로 일하시도록 통로가 되어 드립시다. 기도하지 않으면 자신의 생각에 붙잡혀 있기 때문에 오히려 주님이 역사하시는 길을 방해하는 역할을 하게 됩니다. 그러나 기도하는 사람은 주님의 생각에 순종하며 나갈 때 주님의 마음을 시원케 해드리는 하나님의 사람이 되는 것입니다. 저는 그것을 꿈꾸며 살아갑니다.

"예수께서 떡을 가져 축사하신 후에 앉아 있는 자들에게 나눠 주시고 물고기도 그렇게 그들의 원대로 주시니라 그들이 배부른 후에 예수께서 제자들에게 이르시되 남은 조각을 거두고 버리는 것이 없게 하라 하시므로 이에 거두니 보리떡 다섯 개로 먹고 남은 조각이 열두 바구니에 찼더라"(요 6:11-13).

사랑하는 여러분! 이 땅에서의 하나님 나라 복음을 깨달아야 합니다. 진정한 복음은 말씀이 예수라는 것입니다. 그 말씀이 영이요 생명이고, 그분이 내 안에 들어와 계시므로 그 말씀대로 생각하고 느끼고 행할 때 나를 통하여 주님이 직접 역사하시는 능력을 나타내게 됩니다. 이처럼 인간의 기준이 아니라 말씀대로 주님을 나타내는 통로를 열어드리는 것이 성도의 신앙생활입니다. 주님의 믿음을 갖게 하셔서 세상의 어떤 장벽도 기도로 길을 열게 하십니다. 이것이 진정한 복음입니다.

3. 성도의 기도는 어떤 상황에서도 하나님의 구원의 길을 열게 합니다

"간수가 자다가 깨어 옥문들이 열린 것을 보고 죄수들이 도망한 줄 생각하고 칼을 빼어 자결하려 하거늘 **바울이 크게 소리 질러 이르되 네 몸을 상하지 말라 우리가 다 여기 있노라 하니** 간수가 등불을 달라고 하며 뛰어 들어가 무서워 떨며 바울과 실라 앞에 엎드리고 그들을 데리고 나가 이르되 선생들이여 내가 어떻게 하여야 구원을 받으리이까 하거늘"(행 16:27-30).

옥문이 열리고 모든 죄수의 쇠사슬이 풀려서 다 도망갔지만 바울만 그 자리에 있습니다. 그것은 인간의 생각이 아닙니다. 바울은 자신의 생각이 아니라 기도할 때 도망가지 말고 여기에서 할 일이 있다는 주님의 생각을 받은 것입니다.

"이르되 주 예수를 믿으라 그리하면 너와 네 집이 구원을 받으리라 하고" (행 16:31).

스스로 목숨을 끊으려고 했던 간수가 구원의 길을 물으니 그에게 생명의 길을 전했고 훗날 그 간수는 빌립보교회의 주축이 됩니다. 하나님의 역사는 이렇게 구원의 길을 여십니다. 그러므로 기도가 하나님의 길을 열며, 인간의 생각을 깨뜨리고 산산조각내실 것입니다. 이것은 인간의 방법이 아니라 오직 승리할 수 있는 하나님의 방법입니다. 이 방법은 기도하지 않으면 절대로 알 수 없습니다.

바사의 다리오 왕 때 다니엘은 이방인이지만 왕에게 큰 신임을 받아 도지사의 위치에 있었습니다. 그런데 간신배들의 모략으로 다리오 왕은 누구든지 왕 외에 다른 자에게 기도하면 사자 굴에 들여놓는다는 악법을 만들게 되었습니다. 그러나 다니엘은 그런 모략에 흔들리지 않고 두려움 없이 전에 하던 대로 계속 기도합니다. 다니엘이 죽음 앞에서도 기도와 감사를 할 수 있었다는 것은 그도 바울과 마찬가지로 이미 하나님 나라에 들어간 사람이라는 표지인 것입니다.

"다니엘이 이 조서에 왕의 도장이 찍힌 것을 알고도 자기 집에 돌아가서는 윗방에 올라가 예루살렘으로 향한 창문을 열고 전에 하던 대로 하루 세 번씩 무릎을 꿇고 기도하며 그의 하나님께 감사하였더라"(단 6:10).

다니엘은 사자 굴에 들어갔지만, 하나님의 천사가 그들의 입을 봉하여 위험에서 안전하게 구해지는 길을 엽니다. 그 후에 다니엘을 모략했던 자들은 모두 사자 굴에 넣어져 사자의 밥이 되었고, 다리오 왕은 다니엘의 삶을 통해 역사하시는 하나님을 직접 보게 되자 하나님은 살아 계시며 영원히 변하지 않으신다고 고백합니다. 다니엘은 비로소 이방의 나라 바사에서 총리가 되어 하나님의 큰 역사의 길을 여는 것입니다. 기도하는 사람을 세상이 당해 내지 못합니다. 할렐루야!

미국의 영성 목회자 리처드 포스터는 "사방이 막혀도 하늘 문만 열면 어디에도 길은 있다"고 말했습니다. 사랑하는 여러분! 성도가 기도하면 어떤 위험한 길에서도 반드시 하나님은 구원의 길을 여십니다. 아무리 꽉 막힌 감옥 같은 상황이라도 기도하심으로 자기가 만든 감옥에서 해방되는 기적을 체험하시기를 축원합니다. 아멘.

세상을 살다 보면 사방이 꽉 막힌 감옥 같은 상황을 만나게 됩니다. 그럼에도 불구하고 하나님께서는 상황에 붙잡히지 말고 믿음을 갖고 기도하라고 말씀하십니다.

"여호와의 말씀이니라 너희를 향한 나의 생각을 내가 아나니 평안이요 재앙이 아니니라 너희에게 미래와 희망을 주는 것이니라" (렘 29:11).

하나님의 생각은 평안과 미래와 희망을 주는 절대 긍정입니다. 그러나 인간의 옛 생각은 절대부정이기 때문에 병이 듭니다. 그러므로 주님 안으로 들어가서 그분의 생각을 받아낼 때 과거의 경험으로 쌓여온 부정적 사고를 깨뜨릴 수 있게 됩니다. 이때부터 질병과 가난, 모든 문제로부터 벗어나게 됩니다. 그래서 기도를 배우셔야 합니다.

하나님을 사랑하는 자,
그럼에도 선을 이룬다

(행 15:36-41; 롬 8:28)

　　어느 선교사의 이야기입니다. 그는 신실한 종으로 오랫동안 기도하고 선교를 떠났습니다. 그런데 타고 가던 배가 큰 풍랑을 만나 다 파선되어서 부서진 판자를 겨우 붙잡고 사람이 하나도 살지 않는 무인도로 떠내려가서 기적적으로 살아났습니다. 그는 실망하기도 했지만 목숨을 살려주신 하나님께 감사했습니다. 일단 그 무인도에서 살아남는 것이 우선이었습니다. 그는 무인도에 있는 나무와 폐자재를 모아서 거처할 수 있는 작은 오두막집을 준비했습니다.

　　다음날 먹을 것을 찾으러 나가서 해 질 무렵에 돌아오는데 어제 만들어 놓은 거처가 불타고 있는 모습을 보게 되었습니다. 그는 완전히 절망했고 이제 무엇 하나 의지할 것이 없었습니다. 허탈함으로 하나님께 "저에게 왜 그러시는 것입니까?"하며 기도하다가 그 추운 바닷가에 임시 움막을 만들어 잠이 들었습니다. 얼마 후 인기척에 나서 놀라 깨어보니 사람들이 웅성거리고 배가 도착해 있었습니다. 알고 보니 그들이 지나가다가 멀리서 불빛이 보여서 구조를 요청한

신호로 알고 왔다는 것입니다.

얼마나 감사한 일입니까? 선교사는 그 배의 도움으로 그가 원했던 선교지로 다시 떠날 수 있었습니다. 그 무인도 사건은 전적인 하나님의 은혜와 도우심으로 알고 평생 선교에 매진할 수 있는 원동력이 되었습니다.

그렇습니다. 우리가 하나님을 정말 사랑한다면 어떤 어렵고 불행한 사건을 통해서도 합력하여 선을 이루시는 하나님을 만날 수 있습니다. 이 믿음이 있어야 문제와 환경에서 벗어날 수 있습니다. 하나님 나라를 체험하면 우리가 누구 때문에 힘들다고 하면서 외부 환경을 탓하거나 원망과 불평을 하는 것이 아니라 선하신 하나님의 뜻을 구하며 인내할 수 있습니다.

> "우리가 알거니와 하나님을 사랑하는 자 곧 그의 뜻대로 부르심을 입은 자들에게는 모든 것이 합력하여 선을 이루느니라"(롬 8:28).

모세는 태어날 때부터 하나님의 섭리로 나일강에서 건짐을 받았고 애굽의 왕자가 되었지만 실수로 사람을 죽임으로 귀향살이 같은 미디안 광야에서 40년을 보냅니다. 그곳에서 그의 인생이 끝날 것 같았지만 80세에 호렙산에서 하나님의 부르심을 받아 200만 이스라엘 백성이 출애굽하는 데 지도자가 됩니다. 미디안 광야 40년은 모세의 형벌이 아니라 이스라엘 백성의 광야 40년을 준비한 기간이 된 것입니다.

만약 모세가 애굽 왕자의 자리에 계속 있었고 광야의 삶을 체험하지 않았더라면 출애굽이라는 하나님의 놀라운 계획에 동역하지 못했을 것입니다. 광야는 직접 몸으로 겪어내지 않은 사람은 하루도 살 수 없는 척박한 땅이기 때문입니다. 놀라운 하나님의 섭리를 인간은 어떻게 가늠이나 하겠습니까? 모세는 하나님의 이 놀라운 보호하심과 섭리를 이렇게 고백합니다.

> "여호와께서 그를 황무지에서, 짐승이 부르짖는 광야에서 만나시고 호위하시며 보호하시며 자기의 눈동자같이 지키셨도다 마치 독수리가 자기의 보금자리를 어지럽게 하며 자기의 새끼 위에 너풀거리며 그의 날개를 펴서 새끼를 받으며 그의 날개 위에 그것을 업는 것같이 여호와께서 홀로 그를 인도하셨고 그와 함께 한 다른 신이 없었도다"(신 32:10-12).

독수리의 새끼들이 처음부터 고공을 솟아오를 수 있는 것은 아닙니다. 독수리는 새끼를 훈련하는 데 특별한 방법을 사용합니다. 새끼가 날기 시작할 때가 되면, 어미 독수리는 자기 날개를 퍼덕이고 펄럭거려서 새끼에게 날아보도록 쪼아서 보금자리 밖으로 몰아내거나 유인해서 날개를 사용해 보게 합니다. 아직 나는 법을 모르는 새끼는 어설픈 날갯짓을 계속하지만, 결국 아래로 곤두박질치게 됩니다. 새끼 독수리가 바닥에 떨어지려는 찰나, 공중을 선회하던 어미 독수리가 큰 날개를 펼쳐 땅에 닿기 직전의 새끼를 자신의 날개로 받아냅니다. 그런 과정을 반복하는 과정에서 새끼 독수리는 날개를 퍼덕거리면서 자연스럽게 나는 법을 배운다고 합니다.

이처럼 스스로 나는 법을 터득하며 성장하는 것은 우리의 삶 속에서도 적용됩니다. 세상살이가 너무 힘들 때, 우리는 '예수 믿는데 왜 내게 이런 어려움이 있습니까?'라는 질문을 하게 됩니다. 그러나 하나님께서 우리를 얼마나 사랑하시며, 어려운 일을 통해서 훈련시키고 계시다는 믿음이 있어야 합니다. 모세는 실수로 40년이라는 광야의 삶을 살았지만, 하나님께서는 그의 실수까지도 가장 위대한 지도자로 훈련시키시는 도구로 사용하셨습니다. 삶에서도 가시라는 이름의 시련이 필요한데 이때 시련에 대해서 취해야 할 자세가 있습니다.

본문 말씀에서도 하나님을 진정으로 사랑하는 사람인 바울과 바나바는 떨어질 수 없는 생명줄 같은 두 사람인데, 마가 요한의 선교 동행 문제로 분쟁을 겪고 서로 헤어지는 엄청난 위기를 맞이합니다.

"바나바는 마가라 하는 요한도 데리고 가고자 하나 바울은 밤빌리아에서 자기들을 떠나 함께 일하러 가지 아니한 자를 데리고 가는 것이 옳지 않다 하여 서로 심히 다투어 피차 갈라서니 바나바는 마가를 데리고 배 타고 구브로로 가고"(행 15:37-39).

이제 하나님께서 어려운 삶 속에서도 어떻게 선을 이루시는가 생각해 봅시다.

1. 하나님께서 위대한 사도 바울이 탄생하는 데 바나바의 협력을 사용하십니다

"바울과 바나바는 안디옥에서 유하며 수다한 다른 사람들과 함께 주의 말씀을 가르치며 전파하니라 며칠 후에 바울이 바나바더러 말하되 우리가 주의 말씀을 전한 각 성으로 다시 가서 형제들이 어떠한가 방문하자 하고"(행 15:35-36).

기독교의 가장 위대한 종인 사도 바울이 탄생하는 데 바나바가 없었다면 불가능할 수도 있었습니다. 바나바는 자신의 전 재산을 하나님께 바치고 사도들을 따라다니면서 바울보다 먼저 열두 제자들에게 인정받은 사람이었으며, 그의 믿음과 헌신은 많은 사람들에게 영향을 미쳤습니다.

바울은 예수 믿는 자를 핍박하러 가다가 다메섹 도상에서 부활의 주님을 만나서 극적으로 회심하여 전도자가 됩니다. 그러나 예수 믿는 자들을 핍박하고 죽이는 일에 앞장섰던 사람이었고, 예수님의 열두 제자로 직접 선택받은 사람도 아니었습니다. 또한 사도됨의 요건인 예수와 그의 제자들과 더불어 다니며 예수의 부활을 직접 목격한 자가 아니라는 이유로 사람들은 바울의 사도권을 의심하였으며, 그는 여러 차례 자신의 사도권을 강조하거나 변호할 수밖에 없었던 상황이었습니다.

이처럼 예루살렘 본 교회에서 인정해주는 사람이 하나도 없을 때, 바나바가 열두 사도를 설득하며 다리를 놓아 만나게 합니다.

또한 바울이 예루살렘에서 복음을 전하다가 유대 율법주의자들로부터 위협을 받게 되어 그의 고향인 다소로 피해 있을 때, 그를 다시 불러내어 안디옥 교회에서 함께 사역하게 한 자도 바나바입니다. 1차 선교여행 때 바울과 동행하면서 루스드라 지방에서 복음 전파할 때 핍박으로 바울이 죽음을 체험하고 살아나는 현장에도 같이 한 사람이 바로 바나바입니다. 그리고 예루살렘의 엄중한 총회 자리에도 함께 참석한 사람이 바나바였으므로. 바울의 선교에 있어서 바나바 없이는 아무것도 할 수 없었습니다.

"바울과 바나바는 안디옥에서 유하며 수다한 다른 사람들과 함께 주의 말씀을 가르치며 전파하니라"(행 15:35).

바나바는 바울보다 연상으로 '위로의 사람'이라고 불릴 정도로 성품이 온유하고 포용력이 크고 겸손한 사람이었습니다. 반면에 바울은 지식과 영적인 능력은 탁월했지만 성격이 좀 날카롭고 불같은 성격을 가진 것 같습니다. 그러나 이 두 사람은 환상적인 콤비였습니다. 서로 없어서는 안 될 바늘과 실과 같은 존재였습니다. 하나님은 이렇게 사람들을 만나고 연합하게 하심으로써 서로의 약점을 보완하여 선을 이루게 하십니다.

구약에서 가장 위대한 왕인 다윗에게도 많은 약점이 있었습니다. 집안도 귀하지 않고 지식도 많지 못한 목동이었습니다. 그러나 그가 이스라엘의 가장 귀중한 왕이 될 수 있었던 것은 둘도 없이 친했던 사울 왕의 아들 요나단이 있었기 때문입니다. 사울 왕은 다윗을 그렇게 미워했지만 요나단은 목숨을 걸고 그를 돕고 구원하게 됩니다.

"다윗이 사울에게 말하기를 마치매 **요나단의 마음이 다윗의 마음과 하나가 되어 요나단이 그를 자기 생명같이 사랑하니라**"(삼상 18:1).

그러므로 목동인 다윗이 이스라엘의 가장 위대한 왕이 된 것은 요나단의 사랑으로 이루어진, 참 아이러니한 사건으로 하나님의 놀라운 사랑의 섭리입니다. 훗날 요나단이 전쟁에 나가서 사망했다는 소식을 듣고 다윗은 옷을 잡아 찢고 크게 슬퍼하며 울며 금식했습니다. 다윗은 왕이 된 후에 사울 왕가와 요나단의 아들을 보호하고 끝까지 지켜주었습니다.

이렇듯 하나님께서는 위대한 지도자를 만들어 가실 때 반드시 협력자를 붙여주셔서 주의 일을 이루어 가도록 하십니다. 이처럼 서로의 협력을 통해 다른 사람을 세워주고 교회가 온전해지는 하나님의 사랑의 역사가 일어나기를 축복합니다.

2. 하나님께서는 하나님을 사랑하는 자들의
인간적 육신의 실패도 허락하십니다

"바나바는 마가라 하는 요한도 데리고 가고자 하나 **바울은 밤빌리아에서 자기들을 떠나 함께 일하러 가지 아니한 자를 데리고 가는 것이 옳지 않다 하여 서로 심히 다투어 피차 갈라서니** 바나바는 마가를 데리고 배 타고 구브로로 가고"(행 15:37-39).

바울과 바나바가 사소한 문제로 심하게 다투는 문제가 발생합니다. 바나바는 2차 선교여행에 생질(조카)인 마가(요한)를 데리고 가자고 제안했으나, 바울은 마가가 선교 도중에 돌아간 이유로 함께 할 수 없다고 주장함으로써 돌이킬 수 없는 다툼에 빠져 서로 헤어지게 됩니다.

'서로 다투다'는 '파록쉬 스모스'라는 헬라어로 '너무 심하게 다투어 수습할 수 없는 분쟁'을 말합니다. 이처럼 유명한 종들도 육신의 성향이 나오면 큰 분쟁이 발생하게 됩니다. 바나바는 조카인 마가를 데리고 가고 싶은 육신(거짓 자아)의 생각이 있었고, 바울에게는 한 번의 실수도 용서하지 못하는 율법적 성향이 있었던 것입니다. 아무리 위대한 하나님의 종이라도 항상 깨어 영의 인도함을 받지 못하면 육신(거짓 자아)에 빠져 분쟁하고 실패합니다.

그러므로 날마다 자기 십자가를 지고 영의 인도함을 받아야 합니다. 기도하지 않으면 하나님의 종이 될 수 없으며, 육신(거짓 자아)의 의식에서 벗어날 수 없습니다.

"그러므로 형제들아 우리가 빚진 자로되 육신에게 져서 육신대로 살 것이 아니니라 **너희가 육신대로 살면 반드시 죽을 것이로되 영으로써 몸의 행실을 죽이면 살리니**"(롬 8:12-13).

그러므로 우리는 날마다 나의 거짓 자아를 부인하는 훈련을 해야 합니다. 부정적인 사고와 감정이 인식될 때, "생각은 내가 아니다, 감정은 내가 아니다"라고 선포하십시오. 날마다 자기를 부인하고 자기 십자가를 질 때, 영의 인도함을 받을 수 있게 됩니다. 아무리 능력의 하나님이시라도 강제적으로 우리 육신의 성향을 죽여주시는 것이 아닙니다. 거듭난 성도들은 자신의 자유의지를 사용하여 육신의 성향을 이겨 나아가야 하는 거룩한 부담이 있는 것입니다.

하나님이 사랑하는 자녀들의 죄를 용납하거나 잘했다고 하신다는 말이 아닙니다. 그럼에도 불구하고 하나님은 종들의 실수를 허락하시며 회개하고 돌아오기를 기다려주시는데, 이것이 하나님의 견인(堅忍)적 사랑이라고 합니다. 이것이 끝까지 참고 기다려주시는 하나님의 인내의 사랑입니다.

모세의 살인, 들릴라의 유혹에 빠졌던 삼손, 다윗의 우리아 아내 밧세바와의 간음, 베드로가 갈라디아 지방에서 외식한 행위(갈 2:11-13)와 같은 육신의 행위를 저질렀음에도 불구하고 하나님은 그들이 자유의지로 회개하고 주께로 돌아오기를 바라고 계십니다. 그것이 바로 하나님의 사랑의 섭리입니다. 그래서 날마다 깨어있는 신앙이 중요합니다. 여기에 중요한 진리가 있습니다. 기도로 깨어있지 못한 사람은 하나님의 사랑의 섭리에 들어가지 못한다는 것입니다.

"이스라엘에 대하여 이르되 **순종하지 아니하고 거슬러 말하는 백성에게 내가 종일 내 손을 벌렸노라 하였느니라**"(롬 10:21).

하나님께서는 항상 팔을 벌리시고 이스라엘 백성이 주님 품에 안기기를 기다리고 계신다는 것입니다. 하나님은 우리의 실수와 잘못을 그분의 사랑으로 견뎌주십니다. 참아주시는 것입니다. 혹여나 잘못을 저질렀다면 그 죄에서 속히 돌이키시고 주께로 돌아오시기를 축원합니다.

3. 하나님께서는 하나님을 사랑하는 자들의 잘못까지도 연합하여 선을 이루십니다

"우리가 알거니와 하나님을 사랑하는 자 곧 그의 뜻대로 부르심을 입은 자들에게는 모든 것이 합력하여 선을 이루느니라"(롬 8:28).

본문을 보면 바울과 바나바의 극한 분쟁 후에 바울은 실라와 함께 2차 선교여행을 떠나고, 바나바는 마가를 동반하고 고향 구브로로 떠나 교회를 돌보게 됩니다. 그러면서 하나님의 구원 역사를 각자의 사역지에서 이루어 가게 됩니다.

"서로 심히 다투어 피차 갈라서니 바나바는 마가를 데리고 배 타고 구브로로 가고 바울은 실라를 택한 후에 형제들에게 주의 은혜에 부탁함을 받고 떠나 수리아와 길리기아로 다니며 교회들을 견고하게 하니라"(행 15:39-41).

사도행전의 저자는 의사였던 누가입니다. 누가는 바울을 중심으로 기록했기 때문에 바나바 이야기는 이후에 나오지 않습니다. 그러나 바울 서신에서는 마가에 대한 이야기가 계속 나오고 있어 바울과 마가 사이를 짐작할 수 있습니다. 교회사에 의하면 마가는 부유한 사람이었으며 후에 바울과 계속 관계를 맺으면서 사역에 협력하였고 로마 감옥에 있는 바울의 후원자가 됩니다. 그래서 바울이 로마 감옥에 있을 때 마가를 불러오라고 했던 것입니다.

2천 년 전 예수님의 승천을 목격한 사도들은 "예루살렘을 떠나지 말고 아버지께서 약속하신 선물을 기다리라"고 하신 예수님의 말씀대로, 예루살렘의 마가 다락방에서 약속하신 성령을 기다리며 기도에 힘썼습니다. 사도행전에는 다락방에 모여 기도하는 사람들의 이름이 열거되어 있는데 사도 베드로, 요한, 야고보를 포함한 11명의 사도들과 120명쯤 되는 제자들이 있었고, 여기에 언급된 '마가 다락방'이 바로 마가의 2층 건물의 2층 방을 말합니다.

"누가만 나와 함께 있느니라 네가 올 때에 **마가를 데리고 오라 그가 나의 일에 유익하니라**"(딤후 4:11).

이처럼 마가는 부유한 자로 안락하게 살았기에 바울과 선교의 고난을 감당하지 못하여 선교에서 돌아가는 오점을 남겼지만 그 후에 바울이 로마 감옥에 갇혀 있을 때 재력으로 상당한 도움을 준 것으로 이해가 되고, 나중에는 베드로의 수행비서가 되어 베드로전·후서를 기록하는 데 크게 일조한 것으로 알려져 있습니다. 그래서 베드로는 마가를 자신의 아들이라고 칭합니다. 마가는 비록 1차 선교여행에서 도망치기는 했지만, 후에 바울과 바나바의 관계를 회복시켰으며 바울과 베드로의 관계 또한 연결하는 결정적인 역할을 했던 사람입니다.

"택하심을 함께 받은 바벨론에 있는 교회가 너희에게 문안하고 **내 아들 마가도 그리하느니라**"(벧전 5:13).

하나님은 마가를 사용하셔서 바울과 바나바의 분쟁을 봉합하고 새롭게 거듭나게 했습니다. 마가로 인해서 일어난 분쟁의 역사가 오히려 초대교회의 바울, 바나바, 베드로 이 세 명의 하나님의 선교 네트워크를 형성하는 큰 역할을 하였습니다. 그래서 마가는 바울에게도 유익한 자가 되었고 베드로에게는 아들의 역할을 한 것입니다.

이처럼 하나님의 역사는 합력하여 선을 이루십니다. 그러므로 교회나 가정은 하나님을 진정으로 사랑하는 사람들을 통하여 어떤 어려움이라도 극복해나가는 것입니다. 상대방의 약점을 채워주고 협력할 때 모든 일이 온전하게 되는 역사가 일어납니다. 그렇습니다. 하나님께서는 하나님을 사랑하는 자들을 통하여 실수까지도 연합하여 선을 이루시는 사랑과 전능의 하나님이십니다.

그래서 종교개혁자 마틴 루터는 "우리가 하나님의 나라에 거하면 천사는 하나님을 직접 섬기고 마귀는 간접적으로 섬기고 있다"고 말했습니다. 사랑하는 여러분! 우리는 교회에서 누구 때문에 어렵고 힘들다고 불평하지만, 진정으로 하나님을 사랑한다면 그 부정적인 일까지도 연합하여 하나님은 선을 이루십니다. 다른 사람을 탓하고 원망하는 것 자체가 스스로 감옥을 만드는 것입니다. 우리 모두 하나님의 사랑하는 자 주님 안에 거하여 어려운 일까지 연합하여 선을 이루는 자가 되기를 축복합니다. 아멘.

독수리의 새끼들이 날기 시작할 때가 되면, 어미 독수리는 새끼들을 쪼아서 보금자리 밖으로 몰아내거나 유인해서 날개를 사용해 보게 합니다. 새끼는 어설픈 날갯짓을 계속하지만, 결국 아래로 곤두박질치게 됩니다. 새끼 독수리가 바닥에 떨어지려는 찰나, 공중을 선회하던 어미 독수리가 큰 날개를 펼쳐 받아냅니다. 그런 과정을 반복하는 과정에서 새끼 독수리는 자연스럽게 나는 법을 배운다고 합니다.

세상살이가 너무 힘들 때, 우리는 '예수 믿는데 왜 내게 이런 어려움이 있습니까?'라는 질문을 하게 됩니다. 그러나 하나님께서 우리를 얼마나 사랑하시며, 어려운 일을 통해서 훈련시키고 계시다는 믿음이 있어야 합니다.

하나님을 사랑하는 자, 그럼에도 선을 이룬다(행 15:36-41; 롬 8:28)

당신은
사랑의 흔적이 있습니까?

(행 16:1-5; 갈 6:17-18; 엡 6:1-4)

5월은 가정의 달입니다. 5월 5일은 어린이날이고, 8일은 어버이날이며, 15일은 스승의 날입니다. 부모님을 공경하고 어린아이를 사랑하며 스승님께 고마워하면서 가정을 지키는 일은 아무리 강조해도 지나침이 없을 것입니다. 성경은 특별히 하나님을 믿는 성도들은 부모님을 더 공경하는 것이 약속 있는 첫 계명이고 이 땅에서 잘되고 장수하는 길이라고 강조합니다.

"자녀들아 주 안에서 너희 부모에게 순종하라 이것이 옳으니라 네 아버지와 어머니를 공경하라 이것은 약속이 있는 첫 계명이니 이로써 네가 잘되고 땅에서 장수하리라 또 아비들아 너희 자녀를 노엽게 하지 말고 오직 주의 교훈과 훈계로 양육하라"(엡 6:1-4).

사랑하는 여러분! 진정한 사랑은 반드시 흔적을 갖게 된다고 말합니다. 그리고 그 흔적은 세상을 살아가는 데 큰 힘이 되고 어둠을 이기는 무기가 되는 것입니다.

시장에서 호떡 장사를 하면서 딸아이 하나를 키웠던 한 어머니의 이야기입니다. 어느 날 어머니는 호떡을 굽다가 급하게 우산을 들고 학원으로 달려갔습니다. 시간이 좀 늦어 수업이 끝나고 부모들이 자기 아이를 챙겨서 데려가고 있었습니다. 이 어머니는 시간도 늦고 빨리 오려다 보니 호떡 장사를 하던 모습대로 가루와 기름이 튀긴 앞치마를 입은 채였고, 얼굴은 가루 반죽이 덕지덕지 묻은 상태였습니다. 우산을 들고 길가에 서 있던 어머니는 자신의 얼굴과 복장이 흉하다는 것을 뒤늦게 알았습니다. 딸이 학원 밖으로 나오기를 바랐지만 끝끝내 나오지 않아 어머니는 그냥 시장으로 되돌아오면서, 딸이 자기 모습이 창피해서 안 나온 것 같아 속상한 마음이었습니다.

얼마 후에 학원에서 미술 경시대회가 있다고 하면서 부모님들을 초청했는데, 그날은 세수도 하고 화장도 하고 옷을 단정히 입고 갔습니다. 그런데 미술학원 원장님께서 딸이 미술대회 대상을 받았다고 그림을 소개했습니다. 이 그림은 "비 오던 그날 길가에서 얼굴에는 가루가 덕지덕지 묻어 있고 기름이 튀어 있는 앞치마를 입고 우산을 가지고 오셔서 딸을 기다리고 있는 엄마 모습을 그린 것"이라고 했습니다. 그리고 그림 위에는 〈이 세상에서 가장 아름다운 우리 엄마〉라고 쓰여 있었습니다. 어머니는 자기 딸을 안고 한없이 울고 또 울었습니다. 아마도 이 순간 엄마와 딸의 가슴 속에는 평생 지워지지 않는 사랑의 흔적이 그려졌을 것입니다. 진정한 사랑은 반드시 흔적이 남기 때문입니다.

"너는 나를 도장같이 마음에 품고 도장같이 팔에 두라 사랑은 죽음같이 강하고 질투는 스올같이 잔인하며 불길같이 일어나니 그 기세가 여호와의 불과 같으니라"(아 8:6).

하나님을 도장같이 마음에 품고 간직하면 그 사랑의 흔적은 죽음보다 강하고, 그 하나님의 사랑의 질투는 스올(지옥)보다 더 강하여 어떤 어둠의 세력도 불같이 다 태운다는 것입니다. 여러분에게는 이러한 하나님의 사랑의 흔적이 있으십니까?

본문 사도행전 16장에 나오는 바울의 제2차 선교 여행에서 바울과 디모데는 아버지와 아들과 같이 서로를 아끼며 목숨을 아끼지 않고 사랑했고 하나님을 위하여 목숨을 바쳐 일한 모습을 보여주고 있습니다.

"바울이 더베와 루스드라에도 이르매 거기 디모데라 하는 제자가 있으니 그 어머니는 믿는 유대 여자요 아버지는 헬라인이라 **디모데는 루스드라와 이고니온에 있는 형제들에게 칭찬 받는 자니**"(행 16:1-2).

루스드라 지방은 바울이 복음을 전하다가 목숨을 잃을 뻔했을 정도로 박해가 심했던 곳이었습니다. 그 참혹한 현장에서 제자들의 기도로 다시 살아난 바울을 경험하면서 제자가 된 사람이 디모데입니다. 그는 바울이 전한 복음을 받아들이고 이제 선교 사역을 함께 하는 동역자로서 같이 떠납니다. 어머니는 유대인이었지만 아버지는 헬라 사람으로 디모데 또한 철저한 이방인이었기 때문에 할례를 꺼려했지만, 복음을 전하기 위해 기꺼이 유대인의 할례를 받았습니다.

바울과 디모데는 서로에 대한 사랑의 흔적과 하나님의 사랑 흔적으로 세상을 넉넉히 이겼다는 것입니다. 이들의 진정한 사랑의 흔적을 생각해 봅시다.

1. 디모데는 헬라 사람, 이방인인데
하나님 사랑을 위하여 할례를 받은 사람입니다

"바울이 그를 데리고 떠나고자 할새 그 지역에 있는 유대인으로 말미암아 그를 데려다가 할례를 행하니 이는 그 사람들이 그의 아버지는 헬라인인 줄 다 앎이러라"(행 16:3).

바울의 아들 같은 제자 디모데는 이방인으로서 할례를 받을 필요가 없는 사람입니다. 그러나 바울은 디모데에게 할례를 받으라고 권했는데, 그 이유는 당시 유대인들의 비방을 받지 않고 하나님의 사랑의 복음을 전파하기 위함입니다.

할례에 대하여 구약 시대부터 현재 새 언약 시대까지 4단계로 연결해서 풀어보려고 합니다. 구약의 할례(창 17:10)는 신약으로 와서 마음의 할례(롬 2:28-29)로, 그 이후에 그리스도의 할례(골 2:11-12)에서 세례(예수와 연합함)로 연결됩니다.

할례는 중요한 영적인 의미를 갖고 있습니다. 할례(circumcision)는 히브리어로 '몰롵', 헬라어로 '페리토메'라고 하는데, 유대 남자아이가 태어난 지 8일 만에 생식기 끝의 포피를 잘라내는 의식입니다. 유대인들은 아브라함이 하나님과 언약을 맺은 상징인 할례를 받음으로 하나님의 선민이 되었다는 의식을 갖고 있었으며, '하나님으로부터 선택받은 자'의 상징인 할례를 받지 않은 자들을 사람 취급도 하지 않았습니다.

"너희 중 남자는 다 할례를 받으라 이것이 나와 너희와 너희 후손 사이에 지킬 내 언약이니라"(창 17:10).

그러나 사도 바울은 생물학적으로 생식기의 표면을 잘라내는 것 자체가 의미가 있는 것이 아니라, 마음의 할례가 중요하다고 강조합니다. 사람들로부터 칭찬받으려고 행하는 할례는 아무런 의미가 없으며, 인간의 마음 안에 있는 죄악을 잘라내는 '마음의 할례'를 하나님께서 인정하신다는 것을 말하고 있는 것입니다. 이제 여기서 끝나지 않습니다.

"무릇 표면적 유대인이 유대인이 아니요 표면적 육신의 할례가 할례가 아니니라 오직 이면적 유대인이 유대인이며 할례는 마음에 할지니 영에 있고 율법 조문에 있지 아니한 것이라 그 칭찬이 사람에게서가 아니요 다만 하나님에게서니라"(롬 2:28-29).

마음의 할례에 이어서 그리스도의 할례를 말하고 있습니다. 육체의 할례는 의미가 없으며 그리스도의 할례를 받아야 한다는 것입니다. 이제 구약에서 육체에 행했던 아브라함의 할례가 그리스도의 할례로 넘어온 것입니다.

"또 그 안에서 너희가 손으로 하지 아니한 할례를 받았으니 곧 육의 몸을 벗는 것이요 그리스도의 할례니라"(골 2:11).

그리고 이제 그리스도의 할례는 세례로 연결됩니다. 그렇다면 현재 우리가 받는 세례, 즉 그리스도의 할례란 무엇입니까? 예수와 함께 십자가에서 죽고 예수와 함께 다시 살아났을 때 육신의 나는 죽고 주님과 함께 거듭난 생명을 소유하게 된 것이 그리스도의 할례, 세례입니다. 이것을 우리가 받을 때 하나님 사랑의 흔적이 우리에게 있게 됩니다. 그러나 진정한 세례의 영적 의미를 모른다면 여러분이 교회를 수십 년 다니고 세례의식을 치렀다고 하더라도 머리로만 믿고 있기 때문에 주님의 사랑의 흔적이 없는 성도가 될 수 있습니다. 그러기에 하나님을 관념으로 이해하고 그분의 능력을 경험하지 못하게 되고 맙니다.

"너희가 **세례로 그리스도와 함께 장사되고 또 죽은 자들 가운데서 그를 일으키신** 하나님의 역사를 믿음으로 말미암아 그 안에서 함께 일으키심을 받았느니라"(골 2:12).

할례는 '남자의 생식기 포피를 자르다'라는 뜻으로 육적인 생명의 근원을 끊어내고 하나님 생명으로 다시 태어났다는 뜻이 됩니다. 그러나 내 생각과 내 느낌으로 여전히 살고 있다면 그리스도의 할례가 무엇인지 전혀 알지 못하는 사람입니다. 나는 죽고 내 안에 예수가 사시는 이것이 그리스도의 할례, 즉 세례입니다. 우리가 그리스도의 할례를 받을 때 하나님의 사랑의 흔적을 소유하게 되는 것입니다.

그러므로 디모데는 이방인임에도 할례를 받음으로써 그리스도의 생명을 받고 십자가 구속을 하나님의 사랑의 흔적으로 소유하며 살아갔던 사람입니다. 그래서 바울은 육적 생명은 끊어지고 하나님의 생명으로 살아가는 디모데를 영적 아들이라고 말한 것입니다.

"사랑하는 아들 디모데에게 편지하노니 하나님 아버지와 그리스도 예수 우리 주께로부터 은혜와 긍휼과 평강이 네게 있을지어다"(딤후 1:2).

디모데는 비록 이방인으로 태어났지만 하나님의 생명으로 태어난 하나님의 사랑의 흔적으로 할례를 하면서까지 평생을 하나님의 사랑의 복음을 전하며 살았습니다. 그 하나님의 사랑의 흔적을 누구를 통해서 받았겠습니까? 그것은 바로 바울이 자신의 생명을 아끼지 않고 전한 복음, 즉 하나님 사랑의 흔적 때문입니다. 사도 바울은 구약의 육적 할례라는 율법과 종교가 아니라 예수 생명을 소유한 흔적으로 푯대를 향해 달려갔던 하나님의 종이었습니다. 이처럼 예수에 대한 지식과 관념이 아닌 하나님 사랑의 흔적을 가진 사람들을 통해서 복음은 전파되는 것이며, 이것이 복음 전파의 영적 원리입니다.

그렇습니다. 성도 여러분! 진정한 사랑은 흔적이 남습니다. 여러분은 수십 년 교회를 다니고 목사, 장로, 집사의 직분으로 열심히 충성한다고 하셨을 것입니다. 그러나 여러분에게 하나님 사랑의 흔적이 있습니까? 우리 안에 하나님 사랑의 흔적이 있어야만 세상으로 그 사랑을 흘려보낼 수 있습니다. 그러나 하나님 나라로 다시 태어나지 못한 사람에게는 사랑의 흔적이 없습니다. 디모데에게 이 사랑의 흔적이 있었기에 사도 바울의 신실한 동역자로 섬기며 영적 아버지와 아들의 관계로 서로 주 안에서 사랑할 수 있었던 것입니다.

"여러 성으로 다녀 갈 때에 예루살렘에 있는 사도와 장로들이 작정한 규례를 그들에게 주어 지키게 하니 **이에 여러 교회가 믿음이 더 굳건해지고 수가 날마다 늘어가니라**"(행 16:4-5).

사랑의 흔적을 소유한 바울과 디모데의 사역을 통해 교회가 더 믿음으로 든든히 세워져 가는 것을 볼 수 있습니다. 교회는 사랑의 흔적을 전하는 곳입니다. 세상 생명을 끊어내고 하나님 생명으로 살아가는 사람들이 모인 곳이 교회이며, 그 생명으로 살아갈 때 여러분에게 은혜와 평강이 넘침으로써 세상 사람들에게 흘려보낼 수 있게 됩니다.

2. 바울은 예수의 십자가 사랑의 흔적을 소유한 자로 평생을 승리로 살았습니다

사도 바울을 통해서 이제 더 깊은 사랑의 흔적 속으로 들어가 보려고 합니다. 바울이 '내 몸에 예수의 흔적이 있다'고 말하는 것은 자기도 주님처럼 억울하게 복음을 전하다가 핍박과 죽음을 체험했지만 하나님의 사랑의 역사로 다시 살아난 경험을 간증하고 있는 것입니다. 예수의 흔적이 있는 사람을 당해낼 자는 없습니다.

"이 후로는 누구든지 나를 괴롭게 하지 말라 내가 **내 몸에 예수의 흔적을 지니고 있노라** 형제들아 **우리 주 예수 그리스도의 은혜가 너희 심령에 있을지어다** 아멘"(갈 6:17-18).

'흔적'은 헬라어로 '스티크마타'로 '도장이 찍힌다'는 뜻입니다. 옛날에 종들이나 말이나 소에게 주인들이 불도장을 찍어서 소유를 표시했는데 그 흔적은 평생 지워지지 않는 흉터였습니다. 이렇게 낙인을 찍음으로써 이 노예가 자신의 소유임을 표시한 것입니다. 바울이 자신의 몸에 예수의 흔적을 지니고 있다고 하는 말은 '나는 예수의 종'이라는 의미입니다. 즉, 자신은 주님과 함께하는 죽음을 체험함으로써 주님의 소유라는 불도장(흔적)이 찍혀 있다는 것을 자랑하고 있습니다.

여러분은 자신이 '예수의 종'이라는 의식을 갖고 있습니까? 아니면 예수를 여러분의 종으로 여기고 있지는 않습니까? 어쩌면 내가 필요할 때 예수를 찾고 이용하려고 하지는 않았는지 우리 모두 주님 앞에 조용히 대면하는 시간이 필요할 것입니다.

바울은 주님의 소유였기에 주님의 이름(주님의 사랑의 흔적)을 사용함으로 세상의 어둠의 세력을 다 물리칠 수 있었습니다. 여러분에게 예수의 흔적이 있을 때, 기도의 응답이 되는 것입니다. 십자가에서 나는 죽고 예수와 하나 됨의 상태에 있을 때 예수 이름을 사용할 수 있는 권한을 부여받게 됩니다. 그러므로 여러분 안에 소유한 예수 이름으로 선포할 때 인간의 한계와 문제를 뚫고 나오는 능력을 경험하게 되는 것입니다.

바울은 자신이 소유하고 있는 이 예수의 흔적에 대해 확실하게 말하고 있습니다. 그는 예수 이름으로 귀신을 내쫓았고, 손수건을 얹었을 때 병든 자가 치유되는 기적이 일어났습니다. 또한 베드로도 예수 이름을 사용하여 앉은뱅이를 일으키는 놀라운 역사를 일으킵니다. 예수 이름이 없다면 기도는 허공에 흩어지는 소리에 불과합니다. 예수 이름을 소유할 수 있는 자격은 '세례'입니다. 내가 십자가에서 죽고 내 안에 예수가 주인 되시는 진정한 세례가 성도 여러분에게 부어짐으로써 예수 흔적을 소유하시기를 축복합니다.

"베드로가 이르되 은과 금은 내게 없거니와 **내게 있는 이것을 네게 주노니 나사렛 예수 그리스도의 이름으로 일어나 걸으라** 하고"(행 3:6).

또 바울은 평생 기도해도 자기 몸에서 지워지지 않는 감당하기 어려운 사탄의 가시(안질, 피부병 혹은 간질병)가 있었으며, 그것 때문에 육체는 약해지고 힘들었지만, 오히려 자신을 고통스럽게 하는 그것 때문에 온전해졌고 주님이 능력이 임하여 약할 때 강함을 자랑할 수 있었다고 간증합니다.

"여러 계시를 받은 것이 지극히 크므로 너무 자만하지 않게 하시려고 **내 육체에 가시 곧 사탄의 사자를 주셨으니 이는 나를 쳐서 너무 자만하지 않게 하려 하심이라**"(고후 12:7).

주님의 사랑의 흔적이 있는 사람은 혹시 세상에서 약해질지라도 그것 때문에 낙심하는 것이 아니라 그 약함을 자랑할 수 있게 됩니다. 그 이유는 자신의 약함으로 인해 주님을 더욱 의지하게 됨으로 오히려 그분의 능력이 인간의 한계를 뚫고 더 강하게 나타나기 때문입니다. 사도 바울도 자신의 육체의 연약함으로 인해 주님 안에 더 깊이 머물러 있었고, 주님과 연합되는 만큼 그분의 강함을 경험할 수 있었다고 신앙 고백합니다. 자신의 육체의 약함 때문에 오히려 주님을 더욱 의지할 수 있었고, 그로 인해 주님의 능력이 자신에게 머물러 있었다는 것입니다. 이것이 능력의 비결입니다. 그래서 기도해야 합니다.

"이것이 내게서 떠나가게 하기 위하여 내가 세 번 주께 간구하였더니 나에게 이르시기를 **내 은혜가 네게 족하도다 이는 내 능력이 약한 데서 온전하여짐이라** 하신지라 그러므로 도리어 크게 기뻐함으로 **나의 여러 약한 것들에 대하여 자랑하리니 이는 그리스도의 능력이 내게 머물게 하려 함이라**"(고후 12:8-9).

또한 '나'라는 거짓 자아가 죽고 육적인 내가 약해질 때 내 안에 계신 주님은 강해지십니다. 그것은 기도할 때 인간의 생각과 감정으로부터 벗어나 내가 죽는 체험을 하게 되는데, 그래야만 내 안에 계신 주님이 나타나실 수 있습니다. 그러므로 기도하는 사람은 자신이 죽기 때문에 불같은 성령의 능력을 나타내게 되는 것입니다.

"**그러므로** 내가 그리스도를 위하여 약한 것들과 능욕과 궁핍과 박해와 곤고를 기뻐하노니 이는 내가 약한 그 때에 강함이라"(고후 12:10).

자신의 약함이나 곤고함을 자랑하는 사람이 어디 있겠습니까? 그러나 주님의 사랑의 흔적을 받은 바울은 자신의 약함을 오히려 자랑거리로 여겼습니다. 그 약함으로 인해 주님이 자신에게 머물러 있다는 것을 너무도 명확하게 경험했기 때문입니다. 주님의 능력은 바울 자신이 십자가에서 죽고 주님을 더욱 의지하고 매달렸기에 가능했던 것입니다. 이것이 기독교 신앙입니다.

그러므로 인간의 약함이 오히려 주님의 능력을 우리 안에 머물러 있게 하며 주님의 강함을 나타낼 수 있는 기회가 된다는 것을 아셔야 합니다. 여러분은 진정한 사랑의 흔적이 있습니까? 자신의 약함을 자랑하는 사람은 언제든지 하나님의 사랑으로 인도함을 받습니다. 그 사랑의 흔적을 받아야 우리도 다른 사람을 진정으로 사랑할 수 있게 됩니다. 사랑의 뿌리는 하나님이시기 때문입니다.

3. 저도 어머니 사랑의 흔적으로 하나님을 만나게 됐고 하나님 흔적을 받았습니다

아버지 주일 설교 준비를 하면서 어머니의 사랑의 흔적을 통해 하나님의 사랑의 흔적을 발견하게 된 저의 간증을 나누려고 합니다. 저는 평생 시편 121편 말씀으로 지금 이 자리까지 목회를 지탱할 수 있었습니다.

"내가 산을 향하여 눈을 들리라 나의 도움이 어디서 올까 나의 도움은 천지를 지으신 여호와에게서로다"(시 121:1-2).

이 말씀을 묵상할 때마다 어머니의 사랑의 흔적이 뭉클하게 생각납니다. 제 나이에도 어버이날이 돌아오면 어머니의 사랑의 흔적이 가슴 깊이 생각납니다. 시편 121편에서 말하려는 것은 이 세상에는 도움이 없다는 것입니다. 눈을 들어 여호와 하나님만을 바라보라는 것이며 우리의 도움은 오직 한 분이시라는 것입니다. '산을 향하여 눈을 들어라'는 말씀을 제가 어릴 적 어머니를 통해 들었던 기억이 납니다.

저는 시골 출신이고 아버지가 일찍 돌아가셨기에 어머니의 사랑 밖에는 생각이 잘 나지 않습니다. 초등학교 다닐 때 학교 앞에 큰 시내가 있었습니다. 지금은 시골도 다 다리가 잘 놓여져 있지만, 그때만 해도 비만 오면 시내의 돌다리는 물에 떠내려가고 범람하여 도저히 건널 수 없었습니다. 그래서 학교 끝나고 비가 오면 냇가를 건너지 못하고 아이들은 늘 나무 밑에서 기다리고 있었습니다. 그러면 부모님이나 형들이 시내를 건너와서 한 사람씩 업고 건너갔습니다. 저도 어머니를 기다렸지만 항상 농사일이 바쁘셔서 제일 늦게 오셨습니다.

그래서 혼자 비를 맞고 기다릴 때가 많았는데, 늦게라도 반드시 우리 어머니는 오셨습니다. 손을 흔드시면서 "경설아! 엄마 간다, 조금만 기다려" 하시고 건너오셔서 저를 업고 시내를 건너면서 하신 말씀이 있습니다. "물을 쳐다보지 마라. 어지럽단다. 저쪽 산을 쳐다 봐라." 그 말씀이 지금도 귀에 생생하게 들립니다. 엄마의 등에 업혀서 가면 저고리에서 나는 땀 냄새와 흙냄새가 코를 찌르지만 그 냄새가 좋았습니다. 그리고 엄마 옷에서 흙과 땀이 내 옷에 오랫동안 배어 있었는데 그 냄새는 참 향긋했었고 지금도 너무 그립습니다. 땀에 찌든 냄새와 "물을 쳐다보지 마라 어지럽단다, 멀리 산을 쳐다보라"는 말씀은 어머님의 사랑의 흔적이 되어 지금도 생각하면 눈물이 납니다.

물론 그 당시 저희 가족은 하나님을 믿지 않았지만 어머니가 하신 말씀은 제가 목회를 하던 어느 날 성령께서 시편 121편 1-2절 말씀과 연결되게 하셨고 저는 어머니의 사랑이 생각나 엉엉 울었던 기억이 있습니다.

그렇습니다. 진정한 사랑의 흔적은 언제든지 지워지지 않고 오래 가며 언제 어디서라도 우리를 하나님께로 인도하고 하나님을 생각나게 합니다. 왜냐하면 이 세상의 모든 사랑의 근원은 하나님이시기 때문입니다.

"사랑하는 자들아 우리가 서로 사랑하자 **사랑은 하나님께 속한 것이니 사랑하는 자마다 하나님으로부터 나서 하나님을 알고 사랑하지 아니하는 자는 하나님을 알지 못하나니 이는 하나님은 사랑이심이라**"(요일 4:7-8).

사랑하는 여러분! 당신도 진정한 사랑의 흔적이 있습니까? 그렇다면 올해 2024년 가족들과 서로 사랑하여 사랑의 흔적을 남기고, 그 사랑의 흔적은 결국 하나님을 체험하게 하실 것입니다. 이것은 모두 성령의 역사입니다. 아멘.

주님의 사랑의 흔적이 있는 사람은 혹시 세상에서 약해질지라도 그것 때문에 낙심하는 것이 아니라 그 약함을 자랑할 수 있습니다. 그러한 약함 때문에 주님을 더 의지하여 주님의 능력이 나타나기 때문입니다.

사도 바울도 자신의 육체의 연약함으로 인해 주님 안에 더 깊이 머물러 있을 수 있었고, 주님과 연합되는 만큼 그분의 강함을 경험할 수 있었다고 고백합니다. 자신의 육체의 약함 때문에 오히려 주님을 더욱 의지할 수 있었고, 그로 인해 주님의 능력이 자신에게 머물러 있었다는 것입니다. 이것이 능력의 비결입니다. 그래서 기도해야 합니다.

하나님이
우리의 삶을 인도하시는 비결

(행 16:6-10; 롬 8:13-14)

영국의 웨스트민스터 사원에 가면 감리교 창시자 존 웨슬리(1703-1791)를 위해 세워진 기념비가 있습니다. 그 기념비에 웨슬리가 남긴 글이 큰 감명을 줍니다.

첫 번째는 '세계는 나의 교구다', 두 번째는 '하나님께서는 당신의 일꾼을 땅에 묻으시나 하나님의 일은 계속해 나가신다', 세 번째는 '세상에서 가장 좋은 것은 하나님께서 우리와 함께하신다'입니다. 이 중 세 번째는 그가 임종 직전에 팔을 높이 들고 승리의 기쁨과 행복에 넘쳐서 외친 말입니다.

이것을 체험한 사람은 지구를 다 준다고 해도 바꾸지 않을 것입니다. 하나님을 만나면 인생의 해답을 찾게 됩니다. 그렇습니다. 이 세상에 가장 행복한 메시지가 있다면 만물을 창조하시고 지금도 만물을 다스리시는 하나님께서 피조물인 우리와 함께하신다는 것 이상 행복이 있겠습니까? 그것을 주님은 제자들에게 확실하게 가르치셨습니다.

"내가 너희에게 분부한 모든 것을 가르쳐 지키게 하라 볼지어다 **내가 세상 끝날까지 너희와 항상 함께 있으리라** 하시니라"(마 28:20).

리빙스턴도 이 말씀 때문에 은퇴 이후 다시 아프리카 선교지로 가서 생을 마감할 때까지 복음을 증거했습니다. 이처럼 위대한 하나님의 종들은 하나님이 자신과 함께하신 체험을 갖고 있습니다.

"돈을 사랑하지 말고 있는 바를 족한 줄로 알라 그가 친히 말씀하시기를 **내가 결코 너희를 버리지 아니하고 너희를 떠나지 아니하리라** 하셨느니라"(히 13:5).

세상의 물리적 환경이나 조건들이 절대로 여러분에게 해답을 줄 수 없습니다. 자신의 힘으로 무엇을 이루었다고 해도 그 기쁨은 잠깐이지 진정한 행복이 아닙니다. 진정한 행복은 하나님 자체이십니다. 그분만이 우리의 만족이십니다. 저는 하나님과 분리된 상태로 만족한 사람을 보지 못했습니다. 말씀을 놓치는 사람은 끝에 가서 비참해지고 맙니다. 그러므로 죽는 순간까지 여러분을 창조하신 하나님과 함께하시기를 축원합니다. 그 행복, 그 세계에 눈이 떠져야 합니다.

그래서 다윗도 시편에서 기쁨과 승리가 하나님으로부터 온다고 말하고 있습니다.

"이러므로 나의 평생에 주를 송축하며 주의 이름으로 말미암아 나의 손을 들리이다 **골수와 기름진 것을 먹음과 같이 나의 영혼이 만족할 것이라 나의 입이 기쁜 입술로 주를 찬송하되**"(시 63:4-5).

이것이 성도의 축복입니다. 기독교를 종교로는 믿지만 우리 영혼의 만족을 주시는 주님을 인격적으로 만난 적이 없기 때문에 세상 신(神)에게 붙잡혀 파괴되고 맘몬에 무너지게 되는 것입니다. 세상의 물질, 공로, 쾌락 등 세상 것으로 행복을 추구했던 솔로몬은 그것이 헛되다는 것을 나중에 깨닫고 이렇게 전도서에 기록합니다.

"전도자가 이르되 헛되고 헛되며 헛되고 헛되니 모든 것이 헛되도다 해 아래에서 수고하는 모든 수고가 사람에게 무엇이 유익한가"(전 1:2-3).

하나님을 떠난 인간의 모든 노력은 헛된 것입니다. 전도서는 솔로몬의 회개서라고 할 수 있습니다. 전도서의 결론은 '인생의 행복과 만족의 근원은 하나님이시다'라는 것입니다. 하나님과 함께하는 축복을 붙잡아야 합니다. 그러므로 세상에 속지 말아야 합니다. 세상의 어떤 좋은 것도 우리에게 참 만족과 기쁨을 줄 수 없습니다.

오직 어떤 어려운 상황 속에서도 환경에 매이지 말고 하나님과 함께하고, 그분의 인도하심을 받을 때 참 승리와 기쁨, 행복을 누리게 됩니다. 주님과 연합된 삶의 경지에 이를 때 비로소 그 사람을 기독교인이라고 말할 수 있을 것입니다. 주님과 내가 분리되어 있는 삶은 아무리 애를 써도 헛발질이 되는 경우가 많고 피곤하기만 합니다.

본문 말씀에서도 하나님께서 사도 바울이 2차 여행을 준비하는 과정에 어떻게 인도하시는지를 볼 수 있습니다. 아시아로 가려고 했던 바울의 계획과는 전혀 다르게 유럽(이방) 지역 마게도냐의 빌립보 선교를 시작하면서 철저히 기도로 하나님의 인도함을 받아 승리합니다.

"바울이 그 환상을 보았을 때 우리가 곧 마게도냐로 떠나기를 힘쓰니 이는 하나님이 저 사람들에게 복음을 전하라고 우리를 부르신 줄로 인정함이러라"(행 16:10).

여기에서 주목할 것은 바울이 어떻게 자신이 계획했던 길을 성령이 막고 계신다는 것을 깨닫게 되었으며 하나님의 인도함을 받을 수 있었는가 하는 것입니다. 바울은 기도할 때 마게도냐로 가라는 인도하심을 깨닫게 되었습니다. 그는 철저하게 하나님의 인도하심을 따라갔습니다.

우리는 하나님의 뜻을 물어보지 않고 내 뜻대로, 내 형편대로 결정하기 때문에 인생의 답을 얻지 못할 때가 많습니다. 그리고 인생의 길을 찾지 못합니다.

혹시 여러분은 자신의 생각으로 계획을 세우고 하나님에게 그 일을 도우라고 요구하고 있지는 않습니까? 이것은 종교입니다. 부처님께 자기의 소원을 비는 것과 같은 것입니다. 그러므로 이것은 그리스도인의 모습이 아니며 내가 아직 죽지 않은 것입니다. 복음에 눈을 뜨지 못한 이것이 한국 기독교의 현주소이기도 합니다.

신약의 새 언약은 하나님 나라에 다 이루어져 있기 때문에 믿음으로 찾아오면 됩니다. 거듭난 성도는 하나님 나라로 다시 태어나 주님과 연합된 존재이므로 그분이 인도하시는 삶을 살아갈 때 놀라운 응답을 받게 됩니다. 이것이 우리가 누리는 최고의 행복입니다.

이제 바울 사도가 하나님의 인도함을 받아 승리하는 길을 생각해 보겠습니다.

1. 주님이 내 안에 사시면서 나의 삶을 인도하심을 굳게 믿어야 합니다

"성령이 아시아에서 말씀을 전하지 못하게 하시거늘 그들이 브루기아와 갈라디아 땅으로 다녀가 무시아 앞에 이르러 비두니아로 가고자 애쓰되 예수의 영이 허락하지 아니하시는지라"(행 16:6-7).

바울은 2차 선교 여행을 통하여 1차 여행에서 전도한 그곳으로 다시 다녀가면서 믿음을 견고히 할 목적으로 이고니아, 루스드라 지방을 들려 아시아 남쪽(에베소 지역)으로 가려고 했습니다. 그러나 성령이 막아서 아시아 북쪽인 브루기아와 갈라디아를 지나 무시아 앞에까지 와서 북쪽 아시아 지역인 비두니아로 가고자 하였으나 성령이 막습니다. 그래서 드로아(유럽으로 통하는 항구)로 내려간 것입니다.

바울은 유대인 중에 로마 시민권을 소유한, 누구보다 똑똑하고 잘난 사람으로 예수 믿는 사람들을 핍박하고 자기 뜻을 따라 살았는데 이제는 성령의 뜻을 따라 사는 사람이 된 것입니다. 여기서 놀라운 것은 선교 여정이 철저히 성령께 붙잡혀 있다는 것입니다. 바울이 성령께 붙잡혀 있었다는 증거는 예수의 영이 아시아에서 말씀을 전하지 못하게 막으셨다는 것과 비두니아로 가고자 하는 자신의 계획을 허락지 않았다는 것을 바울이 인식하고 순종했다는 것입니다.

그러므로 여러분, 내 안에 사시는 주님께서 삶을 인도하신다는 것을 굳게 믿어야 합니다. 이것이 흔들리면 안 됩니다. 내가 잘나서 일이 잘되는 것이 아니라 주님의 인도하심을 따라서 사는 것이 잘되는 해답이라는 것을 깨달아야 합니다. 그런데 내가 열심히 하려고 하다가 인생의 길을 잃어버리는 것입니다. 내 안에 사시는 주님의 인도함을 받지 못하는 사람은 내 생각, 내 판단으로 살게 되는데 그 생각과 감정으로 사는 것이 맞습니까? 그 길이 정말 맞습니까? 그래서 우리가 기도하는 것입니다. 우리의 생각과 느낌을 뛰어넘는 더 높은 차원의 인도함을 받아야 하기 때문입니다.

"너희는 믿음 안에 있는가 너희 자신을 시험하고 너희 자신을 확증하라 예수 그리스도께서 너희 안에 계신 줄을 너희가 스스로 알지 못하느냐 그렇지 않으면 너희는 버림 받은 자니라"(고후 13:5).

주님은 우리 삶의 길을 직접 인도하십니다. 믿음이 있다는 것은 '우리 안에 주님이 사신다'는 증거입니다. 이것을 아는 사람은 믿음이 있는 것입니다. 이것을 확신해야 합니다. 이것이 가장 중요한 주님의 인도함을 받는 비결입니다.

기차가 목적지까지 갈 수 있는 이유는 레일이 깔려있기 때문입니다. 그 길을 따라만 가면 정확히 목적지에 도착할 수 있습니다. 마찬가지로 우리 안에 사시는 주님이 내 삶을 세밀하게 인도하신다는 것을 철저하게 믿어야 합니다. 내 안에 계신 성령은 우리의 자유의지(혼)에 의해 제한을 받으십니다. 이것이 하나님의 사랑입니다.

우리의 삶이 하나님의 의지에 따라 일방적으로 통제당하는 것이 아니라 오히려 그분께서 여러분의 자유의지에 제한을 받으시고 여러분 안에서 고생하고 계신다는 것을 아십니까? 우리는 자신의 상황을 합리화하면서 성령이 인도하고 간섭하지 못하도록 막고 있을 때가 많으며, 목적을 이루기 위해 내가 예수를 끌고 다니는 경우가 허다합니다. 그러나 성령의 간섭하심에 나를 내어드릴 때 진정한 만족과 행복을 경험하게 됩니다.

언젠가 산책을 할 때 "저 강아지를 봐라" 하시는 주님의 음성이 있었습니다. 어떤 사람이 산책하면서 강아지 목에 끈을 매고 오는데 자세히 살펴보니 흥미 있는 모습을 볼 수 있었습니다. 강아지는 자기 멋대로 움직이고 가고 있는 것 같으나 결국은 그 주인이 이끄는 곳으로 따라가고 있었습니다. 단지 목줄의 길이만큼 허락한 공간에서는 마음껏 움직이고 있었지만 결국은 주인이 인도하는 곳으로 따라가고 맙니다.

이렇듯 성도의 삶도 자기가 스스로 결정하고 자기 마음대로 가는 것 같지만 결국은 주님이 이끄시는 대로 살아가고 있다는 것입니다. 이러한 영적 원리에 눈을 떠야 합니다. 그래서 기도를 배워야 합니다. 기도를 놓치지 않아야 합니다. 내 인생 내 맘대로 산다고 고집부리는 강아지는 목에 상처만 날 뿐입니다. 그러나 주인이 이끄는 대로 따라가는 강아지는 사랑받습니다. 그러므로 우리 안에 주인으로 내 인생을 이끄시는 주님과 함께하며 주님의 인도함을 받으시기를 축복합니다.

2. 주님은 내가 죽고 기도해야 될 상황이 되게 하여 주님과 교제하게 하십니다

"밤에 환상이 바울에게 보이니 마게도냐 사람 하나가 서서 그에게 청하여 이르되 마게도냐로 건너와서 우리를 도우라 하거늘"(행 16:9).

바울이 생각한 모든 길이 다 성령에 의하여 막혀 버리고 맙니다. 그래서 바울은 자신을 버리고 기도할 수밖에 없는 상황이 되어 기도 가운데 환상을 보게 된 것입니다. 기도를 배우면서 성령의 인도함을 받게 됩니다. 내가 죽고 나를 내려놓은 자만이 기도하게 됩니다. 내가 살아있는 사람은 기도하지 않습니다. 내가 죽는다는 것은 내 안의 주인이 '예수'라는 것을 인정한다는 증거입니다. 그러므로 기도는 '기도하라'고 해서 되는 것이 아닙니다. 기도는 '되어지는 것'입니다. 내가 십자가에서 죽으면 저절로 되어지는 것이 기도입니다. 내 안에 계시는 주님의 생명과 항상 연결되는 상태가 될 때 '쉬지 말고 기도하라'가 되어지는 것입니다.

그렇습니다. 기도는 내가 주인이 아니라는 것을 깨달은 사람이 하는 것입니다. 강아지가 주인이 어느 방향으로 가는지 쳐다보고 따라가듯이 성도가 주님을 바라보고 그분의 뜻을 물어보는 것이 기도입니다. 주님은 여러분이 기도하기 시작하면 도우시려고 언제나 스탠 바이(stand by)하고 계십니다.

그러나 우리가 기도하지 않고 내가 주인 되어 살기 때문에 주님이 도우실 수가 없습니다. 기도가 나를 살리는 것이라는 인식을 하지 못한 채, 하나님이 자신의 삶에 간섭하는 것을 허용하려고 하지 않습니다. 여러분의 삶 속에서 진정한 정체성과 권위는 내가 얼마나 주님께 순종하는가, 얼마나 기도하느냐에 달려있습니다. 이것에 눈을 뜨셔야 합니다.

바울이 주님과 하나 됨으로 '내가 주님 안에, 주님이 내 안에'가 되어 주님 인도함의 스탠 바이가 된 것입니다. 이것이 복음 시대 기도의 놀라운 비밀입니다. 복음 시대의 기도는 하나님께 무엇을 구하여 무엇을 얻는 것이 아닙니다. 어떤 환경에서도 내가 죽고 주님과 내가 하나가 됨으로 주님께서 지금 여기에서 내가 행해야 할 일(하나님의 뜻)을 알게 되는 것입니다. 바울은 로마 감옥에 있을 때 에베소

교인들에게 주님 안에서의 기도에 대해 말합니다.

"**모든 기도와 간구를 하되 항상 성령 안에서 기도하고 이를 위하여 깨어 구하기를 항상 힘쓰며 여러 성도를 위하여 구하라**"(엡 6:18).

구약에는 성령이 오시지 않았기 때문에 내가 기도하는 것이지만, 새 언약 시대에는 성령 안에서 기도하는 것입니다. 내가 무엇을 얻으려고 하는 기도가 아니라 주님이 다 이루어 놓으신 것을 우리를 통해 나타내는 통로가 되라는 것입니다. 성령 안에서 기도할 때 여러분을 통하여 하나님의 사랑과 은혜, 평강과 기쁨, 부요함과 충만함이 흘러가며 막혔던 문제가 풀리고 일이 되어지는 놀라운 역사를 경험하게 됩니다.

그러므로 내 생각, 내 느낌이 아니라 주님의 생각과 마음을 받아내어 세상에 흘려보내야 합니다. 이것이 복음적 기도입니다. 내 생각으로 결정하고 선택하는 사람은 속은 것입니다.

"또 나를 위하여 구할 것은 **내게 말씀을 주사 나로 입을 열어 복음의 비밀을 담대히 알게 하옵소서** 할 것이니"(엡 6:19).

바울은 로마 감옥에서 할 수 있는 것이 아무것도 없었기에 자기가 죽고 기도한 것입니다. 그리고 에베소 교인들에게 기도를 요청합니다. 그러나 무조건 바울이 감옥에서 석방되도록 육적(거짓 자아)인 기도를 하지 말라는 것입니다. 오직 성령 안에서 기도를 할 것은, 바울이 감옥에 있는 것은 다 주님 안에 있기 때문에 그곳에서 주님의 뜻을 이루어 복음을 담대히 전할 수 있도록 하나님의 말씀이 풍성하게 부어지기를 기도하라는 것입니다. 이것이 성령 안에서의 기도입니다. 할렐루야!

한국 교회의 기도에 대해 저는 '성경과 상관없이 기도하고 성경과 다른 신앙생활을 하고 있다'고 느끼고 있습니다. 그러나 이랜드 사장 박성수 장로의 《이랜드 2평의 성공 신화》라는 책에서 그의 간증을 통해 성경적인 기도를 하는 사람을 만날 수 있었습니다. 그는 30대에 근무력증이라는 희귀병을 믿음으로 극복하고 동대문시장에서 옷을 구매하여 이화여대 앞 2평 크기의 가게에서 자본금 500만 원을 가지고 옷을 팔기 시작했습니다. 시작은 하루에 고작 몇 만 원 벌었지만 나중에는 연 매출 30조 원이 넘는 우리나라 30대 대기업을 이룹니다.

그의 성공 전략은 한 번도 자기가 이랜드 회사의 사장이라고 생각해 본 적이 없고 오직 예수님이 사장이시고 자기는 직원임을 잊지 않고 살았다는 것입니다. 그는 쉬지 않고 기도하는 사람이었습니다. 이랜드 사훈은 '하나님 중심, 믿음 중심, 말씀 중심'이며 '돈 벌어서 남 주자, 공부해서 남 주자'가 슬로건이었다고 합니다. 이처럼 기도하는 사람은 성경적인 삶과 분리되지 않습니다.

3. 주님은 어떤 상황에서도 기도로 주님의 뜻을 알게 하여 인도함을 받게 합니다

바울은 아시아로 선교를 떠나려고 했지만 성령이 그 길을 막았습니다. 결국 기도의 환상 속에서 마게도냐 지방에서 도와 달라고 하기에 주님의 뜻으로 알고 이방 지역인 마게도냐 빌립보지역으로 떠나갑니다. 이는 2차 선교를 시작할 때는 생각도 못 한 일이었지만 주님이 인도하시므로 마게도냐 지방으로 가서 위대한 선교 업적을 이루게 된 것입니다.

"밤에 환상이 바울에게 보이니 마게도냐 사람 하나가 서서 그에게 청하여 이르되 마게도냐로 건너와서 우리를 도우라 하거늘 **바울이 그 환상을 보았을 때 우리가 곧 마게도냐로 떠나기를 힘쓰니 이는 하나님이 저 사람들에게 복음을 전하라고 우리를 부르신 줄로 인정함이러라**"(행 16:9-10).

기도하면 환경이 아무리 어렵다고 할지라도 지금 여기에서 내가 해야 할 일을 성령께서 알려주십니다. 지금 현재를 어떻게 사느냐에 따라 삶이 결정됩니다. 그러나 기도하지 않는 사람은 항상 과거의 상처와 미래에 대한 불안에 붙잡혀 살기 때문에 근심 걱정에 붙잡혀서 현재를 온전하게 살아내지 못합니다. 지나간 고통스러운 과거와 아직 오지 않은 미래를 걱정하기 때문에 현재를 놓쳐버리게 됩니다. 현실이 늘 괴롭습니다. 그래서 여행을 가든지 게임, 술, 일 중독과 같이 다른 곳에서 위안을 받으려고 하지만 한 번도 현재를 제대로 살지 못합니다.

그러나 기도할 때 주님은 지금 여기에서 해야 할 일을 가르쳐주시고 우리의 길을 인도해주십니다. 영생은 현재를 사는 것입니다. 이것이 행복의 비결입니다. 지금 현재 내가 예수 생명에 붙잡혀 영원히 사는 것이 영생입니다. 이것이 천국이라는 것입니다.

사랑하는 성도 여러분! 성도의 성공적인 삶은 인간의 생각으로 이루어지는 것이 아닙니다. 전적인 주님의 인도입니다. 성령의 역사입니다. 성도는 어떤 어려운 상황이라도 주님과 하나라는 믿음으로 기도하면 지금 이 순간 하나님의 뜻을 알게 하시고 인도하십니다.

"하나님이 말씀하시기를 말세에 내가 내 영을 모든 육체에 부어 주리니 **너희의 자녀들은 예언할 것이요 너희의 젊은이들은 환상을 보고 너희의 늙은이들은 꿈을 꾸리라**"(행 2:17).

이것이 성령의 언어입니다. 자녀들에게는 말씀을 통해서 깨닫게 하는 예언을 부어주시고, 젊은이들에게는 비전(vision)을 보이시며, 이 순간에 하나님의 메시지가 내려오고 있다는 것입니다. 그러므로 현재 우리가 가야 할 방향을 보여주심으로 과거와 미래에 붙잡히지 않도록 지금 여기에서 하나님 나라로 들어가게 하십니다. 이것이 영생의 시작입니다.

하나님과 내가 만나는 시간은 오직 지금밖에는 없다는 것을 인식해야 합니다. 지금 이 순간! 그러나 혹시 여러분이 교회를 수십 년 다니고 있기는 하지만 현재를 놓치고 주님을 만나지 못한 채로 교회 출석했다는 것에 안심하고 있지는 않습니까?

구약성경을 보면 이것을 잘 알 수 있는 이야기가 나옵니다. 요압 왕 발락이 선지자 발람에게 큰 선물을 주어 이스라엘을 저주하게 하고 자기들을 축복하게 합니다. 그러나 하나님의 뜻이 아니기에 하늘의 군대 장관이 발람의 길을 막습니다. 발람은 이것을 보지 못했습니다. 그때 나귀가 자기 위에 타고 있는 발람의 발을 벽에 비벼서 다치게 합니다. 발람이 화가 나서 나귀를 세 번 때립니다. 그러자 하나님이 나귀의 입을 열어서 발람을 꾸짖게 됩니다. 발람은 눈이 열려서 하늘의 군대 장관이 칼을 들고 막는 것을 보고 자기가 가는 길이 잘못된 것을 깨닫게 됩니다. 군대 장관은 발람에게 하나님이 지시하는 대로 말하라고 합니다.

"여호와께서 나귀 입을 여시니 발람에게 이르되 내가 당신에게 무엇을 하였기에 나를 이같이 세 번을 때리느냐"(민 22:28).

"그 때에 여호와께서 발람의 눈을 밝히시매 여호와의 사자가 손에 칼을 빼들고 길에 선 것을 그가 보고 머리를 숙이고 엎드리니"(민 22:31).

하나님은 동물의 입을 열어서까지 말씀하시는 분입니다. 이때 영적 눈을 뜬 발람 선지자가 하나님께 엎드립니다. 그렇습니다. 영안이 열리면 우주 만물은 하나님의 음성으로 가득 차 있습니다. 기도하지 않기 때문에 주님의 음성을 듣지 못하고 보지 못하는 것입니다. 만물은 하나님 음성을 알아듣고 있는데 인간은 돈과 게으름, 세상에 붙잡혀서 알아듣지 못하고 있다는 것이 안타깝습니다. 그러므로 성도 여러분! 지금 여기에서 주님의 생명과 음성을 듣고 현재를 살아가시기를 축원합니다. 이것이 영생입니다.

"언어도 없고 말씀도 없으며 들리는 소리도 없으나 그의 소리가 온 땅에 통하고 그의 말씀이 세상 끝까지 이르도다…"(시 19:3-4).

이것을 믿으십시오. 내가 죽고 주님과 하나가 되어 내가 주님 안에, 주님이 내 안에 거할 때 주님은 말씀으로 우리를 인도하십니다. 아멘.

언젠가 산책을 할 때 "저 강아지를 봐라" 하시는 주님의 음성이 있었습니다. 어떤 사람이 산책하면서 강아지 목에 끈을 매고 오는데 자세히 살펴보니 흥미 있는 모습을 볼 수 있었습니다. 강아지는 자기 멋대로 움직이고 가고 있는 것 같으나 단지 목줄의 길이만큼 허락한 공간에서 움직이면서 결국 주인이 인도하는 곳으로 따라가고 맙니다.

이렇듯 성도의 삶도 자기가 스스로 결정하고 자기 마음대로 가는 것 같지만 결국은 주님이 이끄시는 대로 살아가고 있습니다. 내 맘대로 간다고 고집부리는 강아지는 목에 상처만 날 뿐이지만 주인이 이끄는 대로 따라가는 강아지는 사랑받습니다. 우리 안에 주인으로 내 인생을 이끄시는 주님과 함께하며 주님의 인도함을 받으시기를 축복합니다.

하나님이 우리의 삶을 인도하시는 비결(행 16:6-10; 롬 8:13-14)

당신의 관심은
거처입니까? 기도처입니까?

(행 16:11-15; 시 90:1-4)

몇 년 전에 SBS에서 방영했던 '펜트하우스'라는 인기 드라마가 있었습니다. 100층이 넘는 초고층에서 100평이 넘는 아파트를 소유한 최고 부유층 사람들이 누구의 제재도 받지 않고 무제한적인 인간의 욕망, 욕정, 타락한 본능 그대로 살아갑니다. 최소한의 도덕이나 윤리도 상실했고, 나중에는 천륜을 깨뜨리고 불륜도 서슴지 않으면서 서로가 죽고 죽이는, 막장 중의 막장 드라마입니다.

그런데 이 드라마가 매 편마다 30% 이상의 높은 시청률이 나왔다고 합니다. 세상 말로 욕하면서도 계속 보는 드라마였습니다. 1-3편까지 시리즈로 방영될 만큼 인기였다고 합니다. 더 놀라운 것은 출연진들이 연기대상 드라마 부문 주연, 조연 등 상을 다 휩쓸었다고 합니다. 참 아이러니하지요. 다 욕을 하면서 봤던 그 드라마에 출연한 사람들이 상을 받고 박수를 받았다는 것입니다.

인간은 누구나 이처럼 좋은 거처에서 누구의 간섭도 없이 자기 욕망을 따라 살고 싶다는 타락한 어둠의 본성이 있는 것 같습니다. 완전 속은 것입니다. 성경은 말합니다. 인간의 본능은 전적으로 타락해서 그대로 살면 반드시 망한다고 선언합니다.

"기록된 바 **의인은 없나니** 하나도 없으며 깨닫는 자도 없고 하나님을 찾는 **자도 없고** 다 치우쳐 함께 무익하게 되고 선을 행하는 자는 없나니 하나도 없도다"(롬 3:10-12).

욕망대로 살아가는 인간의 모습을 로마서에서 다음과 같이 말합니다.

"그들의 목구멍은 열린 무덤이요 그 혀로는 속임을 일삼으며 그 입술에는 독사의 독이 있고 그 입에는 저주와 악독이 가득하고 그 발은 피 흘리는 데 빠른지라"(롬 3:13-15).

그렇습니다. 현대인들은 자기들의 환경이나 거처만 좋으면 행복할 것이라는 착각에 빠져 모두 욕망의 포로가 되어 살고 있습니다. 이처럼 모든 인간은 예수 없이는 타락한 욕망을 이기지 못합니다. 그리고 그 욕망은 죄악으로 이어져 결국은 사망에 이릅니다.

"**죄의 삯은 사망이요** 하나님의 은사는 그리스도 예수 우리 주 안에 있는 영생이니라"(롬 6:23).

우리 사회에 '영끌'이라는 안타까운 신조어가 있었습니다. 부동산 정책 실패로 집값이 천정부지로 올라가니 젊은이들을 중심으로 영혼을 팔아서라도 빨리 집을 사야 한다는 사회 풍조에서 생긴 말입니다. 지금 빚 갚느라고 고생하는 분들이 참 많습니다. 인간의 욕망이 하나님 안에서 해결되지 못하면, 컨트롤되지 못한 욕망의 결말은 어둠으로 빠지게 됩니다.

"욕심이 잉태한즉 죄를 낳고 죄가 장성한즉 사망을 낳느니라"(약 1:15).

사랑하는 여러분! 우리는 영적 눈이 열려야 합니다. 좋은 거처, 넓은 집이 있다면 좀 편안하고 안락이 있을지 모르지만 진정한 평강과 안식은 하나님께 있습니다. 모세는 진정한 거처는 이 땅에 있지 않고 오직 하나님께 있다고 말합니다.

"**주여 주는 대대에 우리의 거처가 되셨나이다** 산이 생기기 전, 땅과 세계도 주께서 조성하시기 전 곧 영원부터 영원까지 주는 하나님이시니이다 **주께서 사람을 티끌로 돌아가게 하시고 말씀하시기를 너희 인생들은 돌아가라 하셨사오니**"(시 90:1-3).

사람들은 영원히 살 것처럼 생각하지만, 하나님이 보실 때 티끌 같은 존재라는 것입니다. 하나님께서 티끌로 돌아가라고 명하시면 모두 세상에서 먼지와 같이 사라진다는 인간의 실존을 말해주고 있습니다. 이 땅에서 천년만년 영원히 살 것처럼 생각하지만, 하나님이 보실 때 이 세상은 한순간과 같다는 것입니다.

"주의 목전에는 천년이 지나간 어제 같으며 밤의 한순간 같을 뿐임이니이다"(시 90:4).

그러므로 하나님을 만나지 못하고 자기 나름대로 안락한 거처를 만들어 스스로 살아보겠다고 하는 착각이 결국 인간을 망하게 하는 길이라는 것입니다. 우리의 영원한 거처는 하나님입니다. 그래서 이 땅에서 복되고 승리하는 삶을 살기 위해서는 거처보다 기도처가 필요합니다. 우리의 육체는 수명이 다하면 사라지지만 거듭난 우리는 영(spirit)적 존재라는 것에 눈을 떠야 합니다. 그러므로 거처보다 기도처가 중요하다는 것을 깨달아야 합니다.

바울도 2차 선교 여행에서 전혀 생소한 이방 땅 마게도냐 빌립보에 도착하여 거처보다 기도처에 우선순위를 두고 찾는 모습을 볼 수 있습니다.

"거기서 빌립보에 이르니 이는 마게도냐 지방의 첫 성이요 또 로마의 식민지라 이 성에서 수일을 유하다가 안식일에 우리가 기도할 곳이 있을까 하여 문 밖 강가에 나가 거기 앉아서 모인 여자들에게 말하는데"(행 16:12-13).

여러분이 추구하고 있는 것은 거처입니까, 아니면 기도처입니까? 거처보다 기도처를 찾으십시오.

1. 하나님이 우리의 영원한 거처임을 깨닫는 자는 이 땅에서 먼저 기도처를 찾습니다

"안식일에 우리가 기도할 곳이 있을까 하여 문 밖 강가에 나가 거기 앉아서 모인 여자들에게 말하는데"(행 16:13).

'여자들에게 말하다'는 말씀을 전파했다는 의미입니다. 바울은 기도처를 찾아 강가에 나갔다가 거기에 모인 여인들에게 복음을 전했습니다. 여기서 루디아라는 여인이 복음에 눈을 뜨고 자신의 집에 바울의 기도처를 제공하는 역사가 일어납니다. 빌립보에서 교회를 세울 수 있도록 돕고 바울이 로마에서 순교할 때까지 모든 것을 제공했던 사람입니다.

하나님 나라에 눈을 뜬 사람은 삶의 철학이 달라집니다. 루디아는 예수를 믿고 거듭나 '육적인 나는 죽고 영적인 존재'가 된 것입니다. 마음에 말씀이 들릴 때 우리는 살아납니다. 또한 기도처를 구한 바울은 선교에 필요한 것들과 거처까지도 공급받을 수 있었습니다. 이것이 하나님 나라에 눈뜬 자의 축복입니다.

이처럼 말씀으로 사는 사람은 거처를 걱정하지 않습니다. 먼저 기도처를 찾습니다. 거듭나서 주님 안에 있는 우리는 영적 존재라는 것을 인식해야 합니다. 진정한 나는 이미 하나님 나라에 들어가 있는데, 육적인 거처에 우선순위를 둘 이유가 있습니까? 바울이야말로 진짜 금수저였습니다. 그러나 하나님 나라를 체험한 바울은 모든 것을 배설물로 여긴다고 고백하면서 오직 그의 관심은 기도처에 있음을 보여줍니다.

"이는 너희가 죽었고 너희 생명이 그리스도와 함께 하나님 안에 감추어졌음이라"(골 3:3).

예수를 믿는다고 하면서 세상 거처를 추구하는 사람은 영이 죽어 있는 상태라고 진단할 수 있습니다. 우리의 영원한 거처는 주님 안에, 하나님 나라입니다. 그러나 이 땅에서 우리의 육체는 아직 구원을 받지 못했기에 거처가 필요한 것입니다. 우리의 영적인 본질을 제대로 깨닫게 되면 영원한 거처이신 주님과 교제하는 기도처가 필요하게 됩니다. 마태복음 6장에서 예수님은 의식주를 염려하는 제자들에게 진짜 거처는 하나님 나라라는 것을 가르쳐 주십니다.

"그러므로 염려하여 이르기를 **무엇을 먹을까 무엇을 마실까 무엇을 입을까 하지 말라 이는 다 이방인들이 구하는 것이라** 너희 하늘 아버지께서 이 모든 것이 너희에게 있어야 할 줄을 아시느니라"(마 6:31-32).

'무엇을 먹을까, 무엇을 마실까, 무엇을 입을까 하는 염려'는 영이 죽은 자들이 구하는 것이라고 말씀하십니다.

"그런즉 **너희는 먼저 그의 나라와 그의 의를 구하라 그리하면 이 모든 것을 너희에게 더하시리라**"(마 6:33).

먼저 우리가 하나님 나라에 다 이루어져 있는 실상(하나님 자신)을 믿음으로 붙잡으면 우리가 살아가는 데 필요한 거처까지도 다 공급하신다는 약속을 주신 것입니다. 그러나 여러분은 거꾸로 거처를 먼저 구하고 있지는 않습니까? 우리의 진정한 거처는 하나님이십니다. 주님 안에 있는 영적 존재라는 것이 인식될 때 참된 만족을 얻게 됩니다. 그러나 행복의 조건을 세상에 두고 있기 때문에 평생 만족함이 없는 결핍의 상태에서 살다가 안타깝게도 인생을 마치게 될지도 모릅니다. 진정한 거처가 하나님 안에 있다는 것을 가장 잘 보여 주신 분은 바로 예수님이십니다.

"예수께서 이르시되 **여우도 굴이 있고 공중의 새도 거처가 있으되 인자는 머리 둘 곳이 없다** 하시더라"(마 8:20).

예수님은 비록 세상에서 머리 둘 곳조차 없으셨지만 이 땅을 다스리시는 권세를 소유하셨습니다. 이는 하늘에 진정한 기도처를 두고 계셨기 때문입니다. 거처를 추구하는 사람은 세상의 포로가 되지만, 하늘에 기도처를 갖고 계셨던 그분은 세상을 지배하셨던 것입니다. 광야의 빈곤 속에서 오병이어 기적으로 풍성하게 하셨고 바다의 풍랑을 잔잔하고 잠잠케 하셨습니다.

제가 집사였을 때 만났던 '아가페출판사' 창립자인 고 정봉석 장로님은 정말 기도를 많이 하는 분이었습니다. 회사를 여러 개 가지고 있었지만 집은 항상 전셋집에 사셨다고 합니다. 사람들이 '왜 장로님은 집을 사지 않고 셋집에 사시냐?'고 물으면, 장로님은 '이 땅을 떠나면 하늘에 본가가 있는데 우리는 다 나그네 아닌가?' 하시면서 이 땅에 수많은 교회(기도처)를 세우는 데 기여했다고 합니다. 참 훌륭한 분이었습니다. 그분이 부도나고 어려운 회사들을 인수하여 운영하기만 하면 불같이 일어났습니다. 이 땅에서 기도처가 분명하기 때문입니다.

하나님을 이용하여 이 세상에서 나의 거처를 세워가려고 한다면 그것은 기복신앙입니다. 그러나 정봉석 장로님과 같이 먼저 하나님 자신을 추구하는 사람은 삶에서 승리를 맛보게 됩니다. 이처럼 하나님 나라에 눈이 떠질 때 여러분은 하나님 나라를 차원적으로 경험하게 됩니다. 즉, 몸은 이 땅에 살고 있지만, 우리의 영(spirit)은 여기와 있는 하나님 나라에 들어가 있다는 믿음으로 이 세상에 하나님을 나타낼 때 인생의 행복과 만족을 소유하게 되는 것입니다.

그러므로 영원한 거처는 하나님이라는 것을 깨닫고 이 땅에서 기도처를 확실하게 붙잡으시기를 축원합니다. 이것이 여러분 자신과 남편이나 아내, 자녀가 사는 길입니다. 그러나 우리는 세상의 거처에 대한 욕구는 너무 크지만 기도처에 대해서는 너무 희미합니다. 세상의 거처를 추구하는 욕망(거짓 자아)이 죽어야 주님 안에서 기도처(하나님 나라)를 찾고 진정한 만족이 오는 것입니다.

2. 이 땅에서 기도처를 찾은 자는
세상에서 하나님의 열려진 길을 찾게 됩니다

"안식일에 우리가 기도할 곳이 있을까 하여 문 밖 강가에 나가 거기 앉아서 모인 여자들에게 말하는데 **두아디라 시에 있는 자색 옷감 장사로서 하나님을 섬기는 루디아라 하는 한 여자가 말을 듣고 있을 때 주께서 그 마음을 열어 바울의 말을 따르게 하신지라**"(행 16:13-14).

사도 바울은 이방 땅 마게도냐의 빌립보 성에 도착하여 선교를 시작했는데 안식일에 기도할 곳이 없어 강가로 나가보니 여인들이 모여 있었습니다. 거기서 복음을 전하는데 그중에 그 지역에서 가장 유력하고 두아디라 시에서 자색 옷감 장사를 하는 부유한 여인 루디아가 있었습니다. 하나님은 루디아의 마음의 문을 열어 복음을 믿게 하시어 바울을 따르게 하신 것입니다. 기적 중의 기적입니다. 이 여인은 이방인 유대교 신자였습니다.

이 땅에서 기도처가 없는 사람은 애쓰고 고생은 하는데 길이 열리지 않습니다. 자기 힘으로 길을 뚫고 가려고 하니 병이 드는 것입니다. 길은 내가 여는 것이 아닙니다. 길은 예수님이시고 하나님께서 길을 열어주셔야 합니다. 어떤 사람은 자기가 길을 만들려고 애쓰지만 고생만 하고 열매가 적은 가성비 없는 인생이 되는가 하면, 어떤 사람은 생각지도 않았던 길이 열리는 것을 보게 됩니다. 이처럼 길은 인간 스스로 열어가는 것이 아니라 주님만을 구하는 기도처가 있을 때 하나님이 열어가시는데, 이때 가성비가 높아지는 인생이 됩니다. 왜냐하면 하나님이 여러분을 사용하시기 때문입니다. 이것이 얼마나 복된 인생입니까?

"예수께서 이르시되 내가 곧 길이요 진리요 생명이니 나로 말미암지 않고는 아버지께로 올 자가 없느니라"(요 14:6).

그렇습니다. 이처럼 여러분은 기도처가 분명한 인생이 되어야 합니다. 거처에 마음을 빼앗기느라 기도처를 놓쳐버리기 때문에 항상 불안하고 열려진 길을 찾지 못합니다. 그러나 진정으로 하늘에 처소를 둔 자가 이 땅에서 기도할 때 하나님은 이미 준비해놓으신 열려진 길을 만나게 하십니다. 그래서 사도 바울은 빌립보 성에 최고의 기도처와 거처를 준비한 것입니다. 나중에 루디아의 집이 빌립보교회의 교두보가 되고, 바울 선교의 가장 큰 후원자가 됩니다. 하나님이 모든 것을 준비해 두신 것입니다. 이것이 승리의 비결입니다.

"두 사람이 옥에서 나와 루디아의 집에 들어가서 형제들을 만나 보고 위로하고 가니라"(행 16:40).

아합 왕 시대에 선지자 엘리야는 거처를 하늘에 두고 사는 기도의 사람이었습니다. 그가 기도하여 하나님께서는 3년 6개월 동안 비가 오지 않게 했습니다. 백성들이 굶주리고 있을 때 엘리야는 사르밧 과부의 집으로 보내집니다. 그는 하나님이 가라고 하신 말씀을 따라 간 것이며, 엘리야는 하나님과 항상 기도처가 열려 있었던 선지자였습니다. 하나님께서는 기도하는 선지자 엘리야를 통해 굶어 죽어가는 과부의 집을 구원하셨고, 엘리야도 선교의 새 길을 열어갑니다. 사도행전 16장에 루디아의 집이 사도 바울의 선교를 굳건하게 세우고 새로운 시작을 열게 된 거룩한 장소가 되었듯이, 사르밧 과부의 집은 선지자 엘리야의 그 이후에 사역을 위한 하나님의 열려진 길이 된 것입니다.

> "그는 구원도 하시며 건져내기도 하시며 하늘에서든지 땅에서든지 이적과 기사를 행하시는 이로서 **다니엘을 구원하여 사자의 입에서 벗어나게 하셨음이라** 하였더라 **이 다니엘이 다리오 왕의 시대와 바사 사람 고레스 왕의 시대에 형통하였더라**"(단 6:27-28).

다니엘 같은 사람도 하늘에 거처를 둔 사람으로 이 땅의 모든 곳이 기도처인 것입니다. 간신배, 어둠의 세력들이 그를 모함하여 악법으로 사자 굴에 집어넣었지만 하나님께서 사자 입을 봉하여 하루 만에 살아났습니다. 대신 사자 굴에 간신배들이 던져져 다 죽게 되므로 다니엘은 총리가 되어 하나님을 전하게 됩니다. 사자 굴은 오히려 하나님의 준비된 축복의 길이 된 것입니다. 다리오 왕도 하나님을 믿게 됩니다. 이 사건을 통하여 다니엘에게 국무총리가 되는 길이 열렸으며, 자신의 힘으로 길을 연 것이 아니라 하나님께서 친히 여셨습니다.

거듭난 성도는 이미 주님 안에 들어가 있습니다. 육체는 기한이 정해져 있어서 몸이 깨지게 되면 우리의 영(spirit)은 하나님 나라(천국)로 곧바로 들어갑니다. 그러므로 진정한 나는 몸이 아니라 주님 안에 있는 영(spirit)입니다. 성도는 항상 깨어서 '그리스도 의식'을 소유해야 합니다. 이 의식이 없으면 여러분에게는 길이 없습니다. 인생의 벼랑 끝에 몰릴 때 인간은 병들게 됩니다. 그러나 기도처가 분명하면 사방이 다 막혔다고 할지라도 길이 열립니다. 할렐루야! 그러니 이런 사람을 세상이 어떻게 당해낼 수 있겠습니까? 그러므로 성도 여러분! 기도처가 분명하여 열려진 길로 가시기를 축원합니다.

3. 이 땅에서 기도처를 찾은 자에게는
이 땅의 거처도 복되게 하십니다

"그와 그 집이 다 세례를 받고 우리에게 청하여 이르되 만일 나를 주 믿는 자로 알거든 내 집에 들어와 유하라 하고 강권하여 머물게 하니라"(행 16:15).

사도 바울은 거처보다 기도처를 먼저 찾다가 큰 복을 받습니다. 낯선 빌립보 땅에서 그 지역에서 가장 유력한 사람인 루디아를 만나 전적인 지원을 받아 기도처와 거처까지 최고의 자리를 확보한 것입니다. 이 얼마나 놀라운 축복입니까? 이것이 기도처가 확실한 바울에게 열려진 길입니다. 당신의 우선순위는 거처입니까? 기도처입니까?

"꿈에 본즉 사닥다리가 땅 위에 서 있는데 그 꼭대기가 하늘에 닿았고 또 본즉 하나님의 사자들이 그 위에서 오르락내리락 하고"(창 28:12).

구약에서 야곱은 이 땅의 거처의 축복에 관해 누구보다 관심이 많은 사람이었습니다. 형 에서를 속여 장자권(거처)을 빼앗았고 나이 많은 아버지 이삭의 눈을 속여 이 땅의 축복권까지 차지했습니다. 이 사실을 나중에 알게 된 에서가 야곱을 죽이려고 합니다. 그래서 그는 형을 피해 브엘세바에서 하란으로 도망가는 신세가 되었는데, 세상의 복을 추구했던 야곱은 오히려 그의 거처가 엉망이 되어버렸습니다. 그러다가 사막 길에서 돌베개를 베고 잠이 듭니다. 그리고 꿈속에서 기도하다가 하늘의 영광을 봅니다. 하늘에서 사닥다리가 내려오고 천사가 오르락내리락하면서 놀라운 하나님의 응답을 주십니다.

"**내가 너와 함께 있어 네가 어디로 가든지 너를 지키며 너를 이끌어 이 땅으로 돌아오게 할지라 내가 네게 허락한 것을 다 이루기까지 너를 떠나지 아니하리라** 하신지라"(창 28:15).

야곱의 진정한 거처는 세상이 아니라 하나님이라는 것을 분명하게 말씀해주십니다. 그는 아침에 잠이 깬 후에 '벧엘이 하늘의 문'이라고 외칩니다.

"야곱이 잠이 깨어 이르되 여호와께서 과연 여기 계시거늘 내가 알지 못하였도다 이에 두려워하여 이르되 두렵도다 **이 곳이여 이것은 다름 아닌 하나님의 집이요 이는 하늘의 문이로다** 하고"(창 28:16-17).

야곱은 사막 한가운데 혼자 서 있는 이곳이 하늘로 열린 문이라고 고백하고 있습니다. 인간에게 사막은 자기 스스로 길을 만들려고 하는 거짓 자아가 부서지고 하나님 안으로 들어가는 열린 문입니다. 우리가 의지하는 세상의 거처가 다 무너질 때 하나님만을 구하는 기도처를 구하게 되는 것입니다. 야곱은 과연 하나님이 여기 계셨거늘 내가 알지 못했다고 선언합니다.

사랑하는 여러분! 복된 하나님은 거처에 계신 것이 아니라 기도처에 계십니다. 그곳이 땅에서 하늘로 길이 열리는 벧엘입니다. 우리는 하늘로 길이 열리는 벧엘을 지금 소유하고 있어야 합니다.

종교 개혁자 마틴 루터는 "나의 집이 기도처가 되어서 기도하지 않는다면 나의 많은 믿음의 자산을 잃었을 것이다"라는 유명한 말을 했습니다. 사랑하는 여러분! 이 땅에 기도처가 있는 사람은 어떤 곳에 살아도 그곳이 하늘이 열리는 벧엘이 됩니다. 그리고 그가 거처하는 곳은 이 땅에서 가장 복된 장소가 됩니다. 여러분의 관심이 거처인가 아니면 기도처인가, 주님 앞에서 질문해보시고 기도처에 머무시기를 축복합니다. 아멘!

거듭난 성도는 이미 주님 안에 들어가 있습니다. 육체는 기한이 정해져 있어서 몸이 깨지게 되면 우리의 영(spirit)은 하나님 나라(천국)로 곧바로 들어갑니다. 그러므로 진정한 나는 몸이 아니라 주님 안에 있는 영(spirit)입니다.

우리의 영원한 거처는 주님 안, 하나님 나라입니다. 그러나 이 땅에서 우리의 육체는 아직 구원을 받지 못했기에 거처가 필요한 것입니다. 우리의 영적인 본질을 제대로 깨닫게 되면 영원한 거처이신 주님과 교제하는 기도처가 필요하게 됩니다. 기도처가 분명하면 사방이 다 막혔다고 할지라도 길이 열립니다. 그러니 이런 사람을 세상이 어떻게 당해낼 수 있겠습니까? 기도처가 분명하여 열려진 길로 가시기를 축원합니다.

광야에서도
길은 열린다

(행 16:25-40; 사 43:18-19)

　　　　중앙대학교 안성캠퍼스에서 교목으로 오랫동안 사역했던 이제훈 목사님이 쓴 《광야에서 만나는 하나님》이라는 책에서 "하나님은 언제나 광야에서 우리를 만나 주신다. 성도에게 있어서 광야는 외롭고 슬프고 힘든 장소라기보다는 하나님을 만나는 축복의 장소이다"라는 글을 읽었습니다. 참 의미 있고 은혜가 되는 말씀이었습니다. 저도 40년 목회 기간 동안 수많은 광야를 통과하면서 그때그때 하나님께서 만나주셨기에 길을 찾았고 오늘의 제가 있지 않나 싶습니다.

　이것은 이스라엘 백성의 삶도 마찬가지였습니다. 광야에서 하나님을 만나고 축복받는 과정으로 이루어졌습니다. 광야를 통과하면서 성장하게 하셨던 하나님의 섭리를 볼 수 있습니다. 먹을 것으로 만나를 내려주셨고, 목이 마를 때 바위를 쳐서 물을 공급해주셨으며, 요단강을 건너는 경험을 통해 젖과 꿀이 흐르는 가나안 땅으로 인도해주셨습니다.

"네 조상들도 알지 못하던 만나를 광야에서 네게 먹이셨나니 이는 다 너를 낮추시며 너를 시험하사 마침내 네게 복을 주려 하심이었느니라"(신 8:16).

광야라고 해서 꼭 사막이나 황량한 들판만을 말하는 것은 아닙니다. 아무것도 기댈 것이 없는 상황, 그곳이 곧 광야입니다. 행인이 많은 명동 거리를 지나갈 때도, 사람으로 꽉 찬 전철 안이나 직원들로 가득 찬 빌딩 속에도, 차량으로 넘치는 강남 사거리에서도, 모두 낯선 사람들인 것 같고 다들 웃고 있어도 진정한 기쁨은 없고 진정으로 나를 알아주는 사람은 하나도 없는 것 같은 그곳, 그 장소가 바로 광야입니다.

그러나 성경은 광야에서 우리가 하나님을 만날 수 있고 거기에서 길을 찾게 된다고 말합니다. 참으로 역설적입니다. 사랑하는 여러분! 이 세상은 원칙적으로 사실 어디를 가도 다 광야입니다. 진정한 길은 보이지 않는 곳이며, 찬란한 불빛이 반짝일수록 어둠의 길이 많고, 속이는 길이 수없이 많습니다. 진정한 길은 오직 주님밖에 없습니다.

"예수께서 이르시되 **내가 곧 길이요 진리요 생명이니 나로 말미암지 않고는 아버지께로 올 자가 없느니라**"(요 14:6).

그러나 우리는 예수가 아닌 다른 곳에서 길을 찾고 있을 때가 있습니다. 헛걸음을 하고 헤매다가 나중에는 행로가 꼬이기도 합니다. 여기에서 중요한 영적 원리를 알고 계셔야 합니다. 표면적으로는 우리가 광야를 만나는 것 자체가 죽을 것같이 느껴지고 겁이 나기는 하지만, 본질적으로는 주님을 바라보지 않는 것이 여러분에게 깊은 두려움을 갖게 한다는 것을 깨달으셔야 한다는 것입니다. 두려움은 나의 삶의 주인이 오직 예수가 아니라는 반증입니다. 자신의 사업, 명예, 자녀, 재물이 주인인 사람에게 길은 없습니다. 미아가 되고 나중에는 길을 찾지 못하게 됩니다.

그러므로 여러분에게 '오직 여호와'가 모든 것 되시기를 축원합니다. '오직 예수'가 된 사람에게는 세상에서 성공이라고 말하는 것들이 자신에게 축복이 됩니다. 사람들이 부러워하는 좋은 스펙들을 소유했다고 할지라도 오직 예수가 아니라면 세상에는 길이 없습니다. 잘나가는 듯하지만 길이 막히기도 하고 큰 상처를 입기도 합니다. 이것이 세상입니다. 엄청난 광야인 것입니다. 그렇습니다. 여러분! 세상의 것을 다 내려놓고 오직 주님만 바라볼 줄 아는 사람 속에서만 하나님은 우리를 만나 주시고 길을 열어 주십니다.

"오직 여호와를 앙망하는 자는 새 힘을 얻으리니 독수리가 날개 치며 올라감 같을 것이요 달음박질하여도 곤비하지 아니하겠고 걸어가도 피곤하지 아니하리로다"(사 40:31).

'새 힘'은 땅으로부터 오는 힘이 아니라 하늘로부터 오는 힘을 의미합니다. 새 힘은 땅을 정복할 수 있고 세상을 다스리고 사막에 강을 낼 수 있는 힘입니다. 길은 오직 하나님이 여시는 것입니다. 그러므로 주님만을 앙망하는 자만이 넘어지지 않고 승리하게 됩니다.

"아사가 그의 하나님 여호와께 부르짖어 이르되 **여호와여 힘이 강한 자와 약한 자 사이에는 주밖에 도와 줄 이가 없사오니 우리 하나님 여호와여 우리를 도우소서** 우리가 주를 의지하오며 주의 이름을 의탁하옵고 이 많은 무리를 치러 왔나이다…"(대하 14:11).

사방에서 적들이 쳐들어오지만 군사력으로는 도저히 이길 방법이 없었습니다. 그래서 아사 왕도 부르짖고 기도하며 자신을 도와주실 수 있는 분은 오직 여호와뿐이라고 고백하고 있습니다. 세상에서 우리는 사람들의 도움을 받습니다. 그러나 사람들은 누군가를 도울 때 의도와 계산을 가지고 있습니다. 하나님께서 길을 여실 때 여러분에게 돕는 사람들을 붙이시는데, 이처럼 주님의 섭리 속에서 만나는 사람들이야말로 진정한 돕는 자가 되는 것입니다. 그러므로 여러분이 사람의 소리가 아니라 하나님의 소리를 들을 때 길이 보입니다.

"와서 권하여 데리고 나가 그 성에서 떠나기를 청하니 **두 사람이 옥에서 나와 루디아의 집에 들어가서 형제들을 만나 보고 위로하고 가니라**"(행 16:39-40).

본문 말씀에 나오는 사도 바울의 2차 전도 여행지 마게도냐 빌립보 땅은 한 번도 가본 적 없는 이방 땅, 광야 같은 곳입니다. 바울은 누구도 의지할 수 없고 오직 주님만 의지하고 전도하다가, 귀신 들린 여종을 고쳐주고 옥에 갇힙니다. 이보다 더한 광야가 어디 있겠습니까? 그는 다 죽게 되었지만 그는 오직 기도할 때 하나님 나라를 보았고, 찬양할 때 지진이 일어나 옥문이 열리고 쇠사슬이 풀려 죄수들이 풀려나고 간수가 구원받았으며 빌립보 선교의 복된 길을 열어갑니다. 이 기적의 모습을 본 관리들은 그를 옥에서 놓아줍니다. 그러나 바울은 로마 시민권을 가진 자신을 함부로 가두었다는 이유로 나가지 않고 기다렸다가 담당자들의 설득을 통해 당당하게 나갑니다. 그 후 루디아의 집에 가서 그동안 기도해준 교인들과 새롭게 예수 믿게 된 교우들을 만나 위로하고 선교의 길을 다시 떠납니다.

이처럼 아무리 사방이 막혔다고 할지라도 기도 가운데 영적 눈이 열려 하나님 나라를 본 사람은 누구도 감당할 수 없습니다. 기도하는 자는 이미 주님께서 열어놓으신 길을 볼 수 있고, 그 열려진 길을 가게 됩니다. 광야는 어디를 봐도 의지할 곳 없고 홀로 있는 것 같은 환경입니다. 그러나 광야는 역설적이게도 오직 주님만 바라보게 하시며 길을 여시는 그분을 만나는 장소입니다. 바울이 이 광야의 환경에서 어떻게 복된 길을 열어 가는지 깊이 생각해 보겠습니다.

1. 바울은 기도로 감옥 상황을 보지 않고 하나님의 나라를 봄으로 옥문을 엽니다

"그가 이러한 명령을 받아 그들을 깊은 옥에 가두고 그 발을 차꼬에 든든히 채웠더니 한밤중에 바울과 실라가 기도하고 하나님을 찬송하매 죄수들이 듣더라 이에 갑자기 큰 지진이 나서 옥터가 움직이고 문이 곧 다 열리며 모든 사람의 매인 것이 다 벗어진지라"(행 16:24-26).

바울은 귀신들린 점쟁이를 예수 이름으로 고쳐주었지만 억울하게 매를 맞고 차꼬에 채여 감옥에서 죽을 운명입니다. 그러나 그 암울한 감옥 상황에 매이지 않고 기도하여 여기 온 하나님 나라를 바라보고 체험하였습니다. 그리고 오히려 찬송함으로 그 광야 같은 감옥의 상황에서 긍정의 믿음을 선포합니다. 그것이 바울이 기도하고 찬송했다고 말하는 것입니다. 종교 생활이 아니라 기도하는 사람이 되어야 여기 온 하나님 나라를 차원적으로 경험하게 됩니다. 바울의 환경은 어둡고 차디찬 감옥이었지만 기도 가운데 하나님 나라를 보았기 때문에 찬양할 수 있었습니다.

'찬송(찬미)하다'는 '휨내오'라는 헬라어로 '계속 찬송 상태에 감사하고 있었다'는 의미입니다. 바울은 기도를 통하여 몸은 비록 감옥에 있지만, 모든 천사가 자신을 돕고 있으며 다 이루어진 하나님 나라에서 자신이 해방된 자유자임을 보고 하나님을 찬양한 것입니다. 영적 눈이 열려 이것을 볼 수 있는 사람은 기적을 경험하고 길을 열게 됩니다. 하나님 나라에 있는 실상(말씀)을 붙잡아야 실체(환경)가 바뀌는 것입니다.

바울은 여기 온 하나님 나라를 보고 찬미했습니다. 그러기에 흔들리지 않았고 감옥에서 탈출하지 않았습니다. 자신이 있어야 할 그 자리에서 도망가지 않았습니다. 바울은 사람의 소리가 아니라 하나님의 소리에 귀를 기울이고 반응하는 기도의 사람이었습니다. 영적인 눈이 열려서 하나님 나라를 체험하면 하나님의 뜻이 다 이루어졌기에 아무리 어려운 광야 같은 상태에서도 감사하고 찬양할 수 있습니다. 여기에 기적이 일어납니다.

성경은 개념과 지식이지만 기도할 때 영이요 생명이 됩니다. 기도하지 않으면 성경은 혼(soul)적 차원에 머물 수밖에 없지만, 기도 가운데 하나님 나라를 체험할 때 말씀이 영(spirit)이 되는 것입니다. 이때는 어떤 광야에서라도 여러분의 길이 보이게 됩니다. 아직은 온전하지 않지만 차원적으로 여기 와 있는 하나님 나라를 볼 수 있는 사람은 절망적인 문제 앞에서 감사와 찬미를 올려드릴 수 있습니다.

다니엘도 다리오 왕 때 간신배에 의하여 기도한다는 죄로 사자굴에 들어가게 되었습니다. 그는 자신을 죽이기 위해 악법을 만들었다는 것을 알고도 당당히 기도하면서 하나님께 감사합니다. 어떻게 이런 상황 속에서 감사할 수 있습니까? 다니엘은 여기 온 하나님 나라를 보았기에 감사할 수 있었고 주님께서 열어 놓으신 길을 보았던 것입니다. 이것이 여기 온 하나님 나라를 체험하고 복된 실상을 선포하는 것입니다. 그때 해방의 기적이 일어납니다.

> "다니엘이 이 조서에 왕의 도장이 찍힌 것을 알고도 자기 집에 돌아가서는 윗방에 올라가 **예루살렘으로 향한 창문을 열고 전에 하던 대로 하루 세 번씩 무릎을 꿇고 기도하며 그의 하나님께 감사하였더라**"(단 6:10).

사도 바울과 다니엘은 하나님 나라에 눈을 뜬 사람이었고 기도와 감사를 아는 사람이라는 공통점이 있습니다. 이처럼 기도하는 사람은 자신의 감옥과 같은 상황이 보이는 것이 아니라 하나님 나라를 볼 수 있기 때문에 감사할 수 있게 됩니다. 믿음은 보이는 것을 붙잡는 것이 아니라 보이지 않는 것을 붙잡는 것입니다.

마태복음 8장에 나오는 회당장 야이로가 자신의 딸이 죽었다는 소식을 듣고도 보이지 않는 실상을 믿음으로 붙잡을 때 예수님께서도 "네 믿음대로 될지어다"라고 말씀하셨고 상황이 바뀌는 역사가 일어났습니다. 사랑하는 여러분! 아무리 어려운 상황이라도 영적인 눈이 열려 하나님 나라에 다 이루어진 하나님의 뜻을 바라보아야 합니다. 그리고 그 실상을 찬양하고 선포하면 해방의 길은 열립니다. 그것이 예수님이 말씀하신 '믿음'의 선포입니다.

> "예수께서 백부장에게 이르시되 가라 네 믿은 대로 될지어다…"(마 8:13).

예수님께서 백부장 야이로에게 '네가 보이지 않는 하나님 나라를 믿는 믿음대로 되어질 것이다'라고 말씀하신 것입니다.

"우리가 주목하는 것은 보이는 것이 아니요 보이지 않는 것이니 보이는 것은 잠깐이요 보이지 않는 것은 영원함이라"(고후 4:18).

여러분에게 보이는 것은 세상에서의 물리적 환경을 말합니다. 보이는 환경은 잠깐이지만 보이지 않는 하나님 나라는 영원하다고 말씀합니다. 그러므로 육적 눈으로는 보이지 않지만 다 이루어져 있는 하나님 나라를 볼 수 있을 때 영원한 생명을 붙잡게 됩니다.

2. 바울은 자기 생각을 하지 않고 하나님의 생각을 유지함으로 간수를 구합니다

"간수가 자다가 깨어 옥문들이 열린 것을 보고 죄수들이 도망한 줄 생각하고 칼을 빼어 자결하려 하거늘 바울이 크게 소리 질러 이르되 네 몸을 상하지 말라 우리가 다 여기 있노라 하니"(행 16:27-28).

감옥에 갇혔던 죄수들은 모두 도망갔습니다. 보통 일반적인 생각으로 본다면, 바울과 실라도 도망가고 싶었을 것입니다. 그러나 바울은 그 감옥에서 도망가지 않았습니다. 그 이유는 기도 가운데 자기 생각이 아니라 하나님의 생각에 붙잡혔기 때문입니다. 주님의 계획과 뜻을 명확하게 알고 행한 바울을 통해 간수장을 구원하는 일에 자신을 기꺼이 드릴 수 있었던 것입니다.

"간수가 등불을 달라고 하며 뛰어 들어가 무서워 떨며 바울과 실라 앞에 엎드리고 그들을 데리고 나가 이르되 선생들이여 내가 어떻게 하여야 구원을 받으리이까 하거늘 이르되 주 예수를 믿으라 그리하면 너와 네 집이 구원을 받으리라 하고"(행 16:29-31).

사랑하는 성도 여러분! 아무리 급박하고 어려운 상황이라도 기도로 하나님 나라에 들어가 하나님의 생각을 받아내야 합니다. 그래야만 내 생각으로부터 탈출할 수 있으며 여러분이 아무리 어려운 상황, 광야에서도 살 길이 열립니다.

기도는 내 생각을 버리고 하나님 생각을 붙잡는 것입니다. 모든 인간은 자기 생각 속에 갇혀 있기 때문에 병이 듭니다. 과거의 성장 과정에서 다양한 환경으로부터 경험한 것을 바탕으로 형성된 내 생각과 느낌은 왜곡되기도 하고 거짓 자아의 상태라고 할 수 있습니다. 그렇기 때문에 기도하지 않으면 '나'라는 자아 속에서 빠져나오지 못합니다. 기도할 때 하나님께서 주시는 생각을 붙잡아야만 내 생각이라는 감옥에서 빠져나올 수 있게 되는데, 기도하지 않으면 내 생각과 내 감정에 붙잡혀 있게 됩니다. 그러나 기도할 때 이것이 내 생각인지 아니면 주님의 생각인지를 구별할 수 있게 됩니다. 그러면 이때 열려진 길이 보이게 되고 삶의 승리를 경험하게 되는 것입니다. 그러므로 하나님 나라에 눈을 뜨는 것, 즉 기도가 얼마나 중요한가를 깨달아야 합니다.

결국 기도는 '나를 따라오려거든 자기를 부인하고 날마다 제 십자가를 지고 나를 따라야 한다'(눅 9:23)는 말씀이 날마다 삶에서 나타나는 것을 의미합니다. 즉, 거짓 자아의 생각과 감정을 부인하면 예수를 좇을 수 있다는 진리를 가르쳐줍니다. 수많은 사람들이 자신이 만든 길을 가면서 99%를 애쓰고 노력하지만 기도하지 않으면 거의 정상의 코앞에서 1%를 놓치고 미끄러져 버리는 허탄함을 경험하기도 합니다.

회당장 야이로도 자기 딸을 살리려고 예수님을 모시고 가다가 열두 해 동안 혈루증을 앓는 여인을 만나 시간이 많이 지체되었습니다. 그 후 예수님을 모시고 자기 집에 도착하기 전에 하인이 나와서 딸이 죽었기에 예수님을 모시고 갈 필요가 없다고 말합니다. 그때 회당장이 얼마나 황망하고 슬펐겠습니까? 그런데 예수님이 말씀하십니다.

"예수께서 그 하는 말을 곁에서 들으시고 **회당장에게 이르시되 두려워하지 말고 믿기만 하라** 하시고"(막 5:36).

딸이 이미 죽었다는 하인의 말과 두려워하지 말고 믿으라는 예수님의 말이 충돌하고 있습니다. 이때 누구의 말을 따라야 하겠습니까? 야이로는 자신의 생각이 아니라 주님의 생각을 받아들였기에 예수님을 집으로 모시고 갔으며, 결국은 주님이 '달리다굼', 즉 '소녀야 일어나라'고 선포하심으로 죽은 딸을 죽음에서 살리는 길을 연 것입니다.

"그 아이의 손을 잡고 이르시되 달리다굼 하시니 번역하면 곧 내가 네게 말하노니 소녀야 일어나라 하심이라"(막 5:41).

그렇다면 회당장 야이로는 이미 호흡이 끊어진 딸의 죽음이라는 현실 앞에서 어떻게 예수님의 말씀에 믿음으로 반응할 수 있었을까 질문해볼 수 있을 것입니다. 그 이유는 그가 예수님과 가까이 동행했기 때문에 믿음으로 반응할 수 있었고, 주님의 생각을 받아낼 수 있었던 것입니다. 그렇습니다. 기도는 내 생각이 아니라 주님의 생각을 붙잡는 것입니다. 아무리 어렵고 힘든 상황이라도 자기 생각(자기 경험이나 과거에 대한 생각)에 빠지지 않고 오직 기도로 주님의 생각을 받아내어 순종하면 어떤 어둠의 광야에서도 길을 냅니다.

"너희는 이전 일을 기억하지 말며 옛날 일을 생각하지 말라 보라 내가 새 일을 행하리니 이제 나타낼 것이라 너희가 그것을 알지 못하겠느냐 반드시 내가 광야에 길을 사막에 강을 내리니"(사 43:18-19).

어떻게 광야에 길이 생기고 사막에 강이 만들어질 수 있습니까? 하나님이 행하시니 길이 생기고 강이 만들어지는 것입니다. 모두가 망할 것이라는 사업이 잘되고, 중한 질병으로 죽을 것이라는 사람이 회복되는 이유는 기도로 하나님 나라에 눈을 뜨고 내 생각이 아니라 하나님의 생각에 붙잡혔기 때문입니다. 비록 눈에 보이는 현실은 어렵지만 기도 속에서 자신의 생각을 부인한 사람은 사업이 회복되고 병으로부터 치료된 자신을 하나님 나라에서 볼 수 있게 됩니다. 그리고 믿음의 실상을 갖고 있기 때문에 그 실상은 그대로 여러분에게 실제(환경)가 되는 것입니다. 기도하면 여러분에게 열려진 길이 보입니다.

3. 바울은 오직 주님만이 길이기에 낯선 광야의 빌립보 선교의 길을 엽니다

"두 사람이 옥에서 나와 루디아의 집에 들어가서 형제들을 만나 보고 위로하고 가니라"(행 16:40).

바울은 오직 주님만 바라보는 삶을 삽니다. 그는 낯선 마게도냐 빌립보에서 거처보다 기도처를 구하기 위해 기도하다가 강가에서 루디아라는 여인을 만납니다. 루디아는 그 지역에서 가장 유력한 재력

가였습니다. 또한 믿음이 출중한 여인이 되어 그 후 바울의 가장 든든한 선교 조력자가 된 것입니다. 바울이 로마에서 선교하다가 순교하는 순간까지 선교비를 공급하는 하늘의 천사 같은 역할을 합니다.

"빌립보 사람들아 너희도 알거니와 **복음의 시초에 내가 마게도냐를 떠날 때에 주고 받는 내 일에 참여한 교회가 너희 외에 아무도 없었느니라** 데살로니가에 있을 때에도 너희가 한 번뿐 아니라 두 번이나 나의 쓸 것을 보내었도다"(빌 4:15-16).

학자들은 빌립보교회에서 바울과 물질로 동역한 주역은 루디아가 중심이었다고 봅니다. 바울이 자신의 거처보다 기도처를 구했을 때 그의 선교의 마지막 여정인 로마 감옥에 있을 때까지 후원자들을 붙여주셨고 그의 모든 선교사역을 책임져 주셨던 것입니다. 그러나 기도하지 않으면 여러분의 삶에서 모든 공급이 끊어지는 것을 경험하기도 하셨을 것입니다. 그러므로 바울처럼 기도하는 사람을 당해낼 방법이 없습니다.

구약시대에 패역한 아합 왕 때 3년 6개월 동안 비가 오지 않아 가뭄으로 다 굶어 죽어가는 그 시대에 엘리야는 아합 왕을 피해 그릿 시냇가에 숨어 살고 있었습니다. 그가 기도할 때 날마다 까마귀가 먹을 음식과 물을 갖다 주어 그 삭막한 광야에서 생명의 길을 열어 주셨습니다.

"여호와의 말씀이 엘리야에게 임하여 이르시되 **너는 여기서 떠나 동쪽으로 가서 요단 앞 그릿 시냇가에 숨고 그 시냇물을 마시라 내가 까마귀들에게**

명령하여 거기서 너를 먹이게 하리라"(왕상 17:2-4).

이러한 표적이 나타날 때 불신자들이 여러분의 삶 속에서 하나님의 살아계심을 보고 예수를 믿게 됩니다. 또한 여러분 자신도 삶 속에서 나타나는 표적들이 발견될 때 주님의 생명과 연결됨을 경험하게 될 것입니다. 문제가 산더미 같고 죽을 것같이 숨막히는 물리적 현실이 여러분의 환경이 아니라 하나님 나라가 진정한 여러분의 환경입니다. 그러므로 날마다 자신의 한계 속에서 허우적거리고 있는 여러분의 생각이 아니라 주님의 생각을 소유하는 것 자체가 기적입니다. 날마다 주님의 생각을 받아내야 합니다. 이것이 기도입니다.

기도의 성자 조지 뮬러는 항상 "사방이 막혔어도 오직 기도로 하늘길만 연다면 세상에는 언제든지 길이 있다"고 말했습니다. 요즘은 자식 한 명 키우기도 힘들다고 난리인데, 조지 뮬러는 고아 1만 명을 길러냈습니다. 기도함으로 자신의 생각을 부인하고 하나님의 생각을 소유했기 때문에 날마다 고아들의 먹을거리와 필요를 공급받는 것이 가능했던 것입니다.

주님의 산상 보훈에서 가장 큰 축복의 말씀은 마태복음 5장 3절 말씀입니다.

"심령이 가난한 자는 복이 있나니 천국이 그들의 것임이요"(마 5:3).

심령이 가난하다는 말은 헬라어로 '프토코스'로 '절대 빈곤'을 말합니다. 즉 이 세상의 수많은 것을 하나님이 내게 주셨지만 내 소유는 하나도 없다는 것을 깨닫는 것이 심령이 가난한 것입니다. 그때 천국은 당신 것이며 당신에게 길을 열어 주실 것입니다. 그러나 기도하지 않는 사람은 차원적으로 여기 온 하나님 나라를 볼 수 없고 천국을 경험하지 못합니다. 여러분이 천만금을 갖고 있다고 해도 그것은 여러분의 것이 아닙니다. 주님이 이 땅에서 잘 사용하라고 맡겨 주신 것입니다. 오직 주님을 찾는 사람에게 천국이 옵니다. 이것이 기도입니다.

사랑하는 성도 여러분! 당신이 살고 있는 이 현실이 누구도 알지 못하고 기댈 곳 없는 광야라고 생각됩니까? 기죽지 마십시오. 당신의 소망이 오직 예수일 때, 그러면 바로 그곳이 하늘 문이 열리고 주님을 만나는 축복의 장소가 될 것입니다. 성도는 광야에서도 넉넉히 길을 열어갑니다. 광야에도 길은 있습니다. 아멘.

광야라고 해서 꼭 어디 사막이나 황량한 들판만을 말하는 것은 아닙니다. 아무것도 기댈 것이 없는 상황, 곧 그곳이 광야입니다. 행인이 많은 명동 거리를 지나갈 때도, 사람으로 꽉 찬 전철 안이나 직원들로 가득 찬 빌딩 속에도, 차량으로 넘치는 강남 사거리에서도, 모두 낯선 사람들인 것 같고, 다들 웃고 있어도 진정한 기쁨은 없고, 진정으로 나를 알아주는 사람은 하나도 없는 것 같은 그곳, 그 장소가 바로 광야입니다.

그러나 성경은 광야에서 우리가 하나님을 만날 수 있고 거기에서 길을 찾게 된다고 말합니다. 참으로 역설적입니다. 사랑하는 여러분! 이 세상은 원칙적으로 사실 어디를 가도 다 광야입니다. 진정한 길은 오직 주님밖에 없습니다.

저자 **민경설**

민경설 목사는 한국 교회를 전도로 섬겨 부흥의 소망을 꽃피우고자 그가 창도한 '전도 동력(Evangelism Dynamic Power)'의 전파를 멈추지 않는 열정적인 전도자이다. 한국 교회가 인정하는, 전도의 이론과 실제를 겸비한 민경설 목사는 철학박사 및 목회학박사, 명예신학박사, 명예사회복지학박사로서 신학교 강단에서 전도와 목회학을 가르쳐 왔으며, 대전신학대학교 총장을 역임한 신학자이자 행정가이기도 하다. 또한 대한예수교장로회 총회 산하 한국장로교복지재단 대표이사로서 1백여 개의 사회복지기관을 통하여 주님의 섬김을 실천하는 사회사업가이며, 대한예수교장로회 총회 전도학교 교장으로 개교회 평신도를 훈련시켜 전도자로 양성해왔다.
1984년 서울시 구로구 개봉동의 산자락에 광진교회를 개척하고, 시흥시 신도시에 지성전을 설립하여 재적 1만여 성도에 달하는 놀라운 성장을 거듭해왔다. 특별히 그는 침체되어 가는 한국 교회를 되살리고 영혼 구원의 역사를 나누기 위해 30년 전 미래목회연구원을 설립하고 전도동력세미나를 개최하여 놀라운 역사를 증거하고 있다. 지금까지 평신도와 목회자에게 전도 동력을 전수하였으며 현재 4천여 교회의 목회자들이 세미나 회원으로 동참하고 있다.

● **최근 저서**

《하나님의 주권과 전도의 역동성》, 《영혼을 살리는 전도영성》, 《전도 동력의 다이나믹 파워》, 《성도의 거룩한 행진》, 《한 영혼을 천하보다 귀하게》, 《신앙의 최고봉-주님과의 연합》, 《날마다 주님과 함께》, 《잘 하려고 하지 말고 잘 믿어라》, 《365일, 주님의 하루를 살라》(상, 하), 《예수님과 함께 가는 열려진 길》, 《사도행전 시리즈1 - 하나님 나라로 여행하는 사람들》, 《사도행전 시리즈2 - 하나님 나라를 전하는 사람들》, 《사도행전 시리즈3 - 십자가 복음에서 하나님 나라 복음으로》

전도 동력이 임하는
십자가 복음에서 하나님 나라 복음으로
사도행전 강해 3

1판 1쇄 인쇄 _ 2025년 2월 10일
1판 1쇄 발행 _ 2025년 2월 24일

지은이 _ 민경설
펴낸이 _ 이형규
펴낸곳 _ 쿰란출판사

주소 _ 서울특별시 종로구 이화장길6
편집부 _ 745-1007, 745-1301~2, 743-1300
영업부 _ 747-1004, FAX 745-8490
본사평생전화번호 _ 0502-756-1004
홈페이지 _ http://www.qumran.co.kr
E-mail _ qrbooks@gmail.com / qrbooks@daum.net
한글인터넷주소 _ 쿰란, 쿰란출판사
등록 _ 제1-670호(1988.2.27)
책임교열 _ 변미경

© 민경설 2025   ISBN 979-11-94464-29-7   93230

책값은 뒤표지에 있습니다.
이 출판물은 저작권법에 의해 보호를 받는 저작물이므로 무단 복제할 수 없습니다.
파본(破本)은 구입처에서 교환해 드립니다.